宋元學案

四部備要

子部

中華書局據清道光道州何氏刻本校刊

桐鄉陸費逵總勘
杭縣高時顯　吳汝霖輯校
杭縣丁輔之監造

震澤學案表

王蘋 伊川龜山門人安定濂溪明道再傳陸學之先
- 陳長方
- 陳少方
- 楊邦弼
- 章憲
- 章惁
- 周憲
- 范如圭 別見武夷學案
- 曾幾 別見武夷學案
- 陸景端 別見和靖學案
- 施庭先
  - 方翥 見上震澤門人
- 宋宜之
- 曾逮
- 方翥
  - 從子耒 別見劉胡諸儒學案

附翁深父

林光朝別爲艾軒學案

陸九淵別爲象山學案

並次雲講友

附晏明中

陳戊

尹焞別爲和靖學案

張繹別見劉李諸儒學案

並震澤講友

呂本中別爲紫微學案

李子勉

並震澤學侶

宋元學案卷二十九

鄞縣全祖望補本

後學慈谿馮雲濠校刊
鄞縣王梓材重校
道州何紹基重刊

震澤學案

祖望謹案洛學之入秦也以三呂其入楚也以上蔡司教荊南其入蜀也以謝湜馬涓其入浙也以永嘉周劉許鮑數君而其入吳也以王信伯信伯極為龜山所許而晦翁最貶之其後陽明又最稱之予讀信伯集頗啓象山之萌芽其貶之者以此其稱之者亦以此象山之學本無所承東發以為遙出于上蔡予以為兼出于信伯蓋程門已有此一種矣述震澤學案梓材案此卷謝山原底稱平江學案後定序錄改稱震澤

程楊門人胡程再傳

著作王福清先生蘋

王蘋字信伯世居福之福清其父徙吳先生師事伊川其于同門楊龜山輩為後進而龜山最可許之以為師門後來成就者惟信伯也雲濠案葉紹翁四朝聞見錄云震澤少師事龜山以布衣入中祕制

曰爾學有師承親聞道要又曰勉行爾志毋負師言蓋謂龜山也

高宗親征駐驊平江守臣孫佑薦其學行召見對曰民離而聽之則愚合而聽之則聖古語謂謀從衆則合天心以衆之所同固有至公之理也今親征詔下而四方民大和悅以其當于人心耳陛下誠推是心以見于用人則用人必慰人望推是心以見於政事則政事不拂乎人情又曰人主好惡如天無用心於其閒愛而知其惡憎而知其善使朝廷不乏才要道也汲黯之戇漢武帝每惡其妄發及與嚴助論之必以爲社稷臣宇文士及之佞唐太宗每與語至夜分至當羣集則以佞人目之二君不蔽於好惡所以能盡臣下之賢否願陛下察忠佞爲取舍又曰陛下留意春秋臣謂帝王之學當與世儒之學異世儒之學往往于經世大法莫之察世帝王之學在措諸事業此其所以異也上語輔臣曰蘋起草茅而議論若素宦于朝者此通儒也賜進士出身授祕書省正字金師既退應詔陳言奏二事一曰正心誠意二曰辨君子小人三曰消朋黨上嘉納之又奏曰堯舜禹湯文武之道相傳若合符節非傳聖人之道傳其心也非傳聖人之心傳己之心也己之心無異聖人之心萬善皆備故欲傳堯舜以來之道擴充是心焉耳與修神宗實錄兼史館校勘中書舍人朱震實

文閣直學士胡安國徽猷閣待制尹焞皆舉以自代而安國言之尤力謂其學有師承識通世務使司獻納必有裨益以著作佐郎通判常州尋奉祠秦檜惡之以從子誼坐法株連奪官久之復主管台州崇道宮祠先生樸實簡默頽然若與世相忘未嘗著書垂老乃作論語集解未成而卒雲濠案先生著又有易傳見尹和靖書當時曾鏤板于吾邑其于同門蓋亦和靖之亞故和靖之寓虎邱與先生最相得其才氣遠不逮文定然如范伯達曾吉甫皆文定高弟而請益于先生惟謹可以知其所造之粹較之漢上之夾雜殆遠過之呂居仁于程門諸宿老從遊殆徧亦亟推先生惟朱子謂其不過一識伊川之面而所記都差得無太過邪

震澤記善錄

問致知之要曰宜近思且體究喜怒哀樂未發謂之中又曰莫被中字礙只看未發時如何

聞之伊川不偏之謂中不易之謂庸曰是非伊川之言不然則初年之說昔伊川嘗批與叔中庸說曰不倚之謂中其言未瑩吾親問伊川如何未瑩伊川荅甚簡曰中無倚著蓋須是四旁方可言不倚

伊川言顏子非樂道則何所樂曰心上一毫不留若有所樂則有所

倚功名富貴固無足樂道德性命亦無可樂莊子所謂至樂無樂

祖望謹案至樂無樂之說似未可以釋伊川之語

問大哉乾元是喜怒哀樂未發時曰元已是生物之始

問鬼神是陰陽之功用非世俗所謂鬼神也然如明則有禮樂幽則有鬼神況于人乎況于鬼神乎皆以鬼神與人析言之曰明底便是禮樂幽底便是鬼神指事故異名非以鬼神與人爲二也

問將孔孟之言切要處思索如何曰須是玩味咀嚼昔有以此問伊川者伊川答曰若一看有得終不浹洽蓋吾道非如釋道一見了便從空寂去

若未有見且暫放過思不可苦苦則愈遠

學者體究切不可以文義解釋張思叔所謂勸君莫作聰明解也

問伊川說人之生也直是天命之謂性謝顯道曰順理之謂直則是率性之事矣曰伊川說上一折顯道說下一折

問君子何患乎兄弟似無差等曰司馬牛憂無兄弟故以此廣其意蓋語有抑揚也

問仁人心也而又曰以仁存心何也曰觀書不可梏于文義以仁存心但言能體仁耳

人心本無思慮多是記憶既往與未來事乃知事未嘗累心心自累于事耳康節詩既往盡歸閑指點未來都是別支吾故君子思不出其位

學者須是下學而上達灑掃應對卽是道德性命之理禮記凡爲長者糞之禮必加帚于箕上以袂拘而退其塵不及長者以箕自鄉而扱之試體究此時此心如何堯舜揖遜之心卽羣后德讓之心卽黎民於變時雍之心且灑掃者誰與應對者誰與其理微矣樊遲問仁子曰居處恭執事敬與人忠雖之夷狄不可棄也學者只是說過試以此言踐履之體究之斯知上達之理矣聖人之道無本末無精粗徹上徹下只是一理

人而不仁疾之已甚亂也非特彼憤而我之心已先亂矣

伊川四十以後記性愈進今人年長則健忘豈可不知其故哉

祖望謹案信伯大段似和靖後輩則延平亦頗近之然其詞氣所少精采耳其微有差處則以近禪也予以朱子之言細核其語錄因舉其可疑者于後

問浩然之氣塞乎天地之閑曰洞達無閑豈止塞于天地

祖望謹案此言謬矣或者門人記錄之失

問如何是萬物皆備于我先生正容曰萬物皆備于我某于言下有省

祖望謹案此亦近乎禪家指點之語

盡心知性以知天更不須存養矣其次則欲存心養性以事天

祖望謹案此語亦謬

震澤文集

老氏謂爲學日益爲道日損損之又損以至于無想所深曉也于道既得則聖人所以齋戒所以退藏于密所以和順于道德者皆不過此所謂密者意必固我有一尙存則不密矣如釋氏謂鬼神窺覰不見者乃密也答呂舍人居仁

祖望謹案此段亦謬

梓材謹案謝山所節震澤記善錄二十五條震澤文集二條今以文集一條移李子勉傳後記善錄三條移爲附錄又一條移爲陳齊之附錄一條移入明道學案二條移入伊川學案

附錄

先生昔在洛中晚坐張思叔誦逝者如斯夫范元長曰此卽是道體無窮思叔曰如是說便不好先生曰道須涵泳方有自得

范伯達云天下歸仁只是物物皆歸吾仁先生指窗問曰此還歸仁否范默然

祖望謹案此語亦近王伯安格物格到竹子之說

宗杲祭中書呂舍人呂公文云深明造道遊戲大千先生曰釋氏只將此理來遊戲更無用處吾儒則不肯便休以上記善錄

胡五峯與曾吉甫書曰河南之門得其指歸者零落殆盡今之存者叩其所安亦似規矩寬縱不加嚴謹後學將安所正如王學士說佛實見道體只是差之毫釐故不可與入堯舜之道若佛氏實見道體則途轍何容有差伊川謂其略見道體今王氏乃改略為實豈不迷亂學者

梓材謹案此謝山所錄五峯文集與曾吉甫條之上半截也移入于此謝山原底于王學士旁注云王謂信伯

汪玉山曰王信伯理會經旨全不費力嘗說龜山中庸解有過當處且如中庸不可能云有能斯有為之者則與道二矣何必如此中庸自是不可能又如所以行之者一也只是達德有三而其所以行之一而已不必以一為誠

林拙齋紀問曰天游嘗稱王信伯于釋氏有見處後某因見信伯問

之信伯曰非是于釋氏有見處乃見處似釋氏初見伊川令看論語
且略通大義乃退而看之良久旣于大義粗通矣又往求教令去玩
索其意味又退而讀之讀了又時時靜坐靜坐又忽讀忽然有箇入
處因往伊川處吐露伊川肯之某因問其所入處如何時方對飯信
伯曰當此時面前樽俎之類盡見從此中流出
又曰信伯嘗見陳齊之壁閒有溫公畫像正在賓位背後信伯久之
不肯坐須令撤其像乃坐後與一士語及此云不惟是背畫像坐不
便此亦不是書室中玩好之物
祖望謹案伊川之學傳于洛中最盛其入閩也以龜山其入秦
也以諸呂其入蜀也以譙天授輩其入浙也以永嘉九子其入
江右也以李先之輩其入湖南也由上蔡而文定而入吳也以
王著作信伯考信伯師弟之淵源力量似稍淺狹然吳人自安
定以來得重接學統者非其功與棃洲先生嘗以著作語錄不
得爲恨今予幸得見之

震澤講友

肅公尹和靖先生焞別爲和靖學案

張思叔先生繹別見劉李諸儒學案

震澤學侶

文清呂東萊先生本中 別爲紫微學案

李先生子勉

李□□字子勉南康人

附錄

震澤送李子勉序曰子勉予畏友也剛直不屈言行必求合于古人雖忤大臣拂流俗曾不之顧然有爲而爲之未若無心而悉當直前不顧未若應之從容士不可以不宏毅足以有容足以有執乃能溥博淵泉而時出之此宏毅之所以不可偏也予嘗有意于斯而未能願與子勉共進之

震澤門人 胡程三傳

教授陳唯室先生長方

講官陳先生少方 合傳

陳長方字齊之本福州長樂人廣平游氏高弟侁之子也紹興進士江陰軍學教授以母爲吳中林氏女遂居吳中從王信伯遊隱居步里閉戶研窮經史以教學者其說主直指以開人心使學者歸于自得所著書曰步里客談尚書傳春秋傳禮記傳兩漢論唐論上蔡語

論辯證學者稱爲唯室先生信伯門下士以先生爲上座上蔡語錄多佛語先生讀之知其爲江表民語凡若干條當時有鈔上蔡表民語合爲一帙者遂幷以爲上蔡之書而人莫知也其步里客談明季尚有其書而今亡矣弟少方字同之亦從信伯遊時稱王門二陳孝宗朝仕至東宮講官

步里客談

太史公有俠氣故于趙奢穰苴儀秦刺客等作傳更得手以未嘗窺聖賢門戶故五帝三王孔孟紀傳雖補綴事迹亦未盡善

梓材謹案謝山所錄步里客談三條今移入高平學案一條移入龜山學案一條

附錄

震澤記善錄曰陳齊之自言初疑逝者如斯每見先達必問人皆有說以見告及問先生則曰若說與公只說得我底公卻自無所得齊之其後有詩曰閑花亂蕊競紅青誰信風光不繫停問此果能知逝者便須觸處盡相應蓋至此方有所自得

舍人楊先生邦弼

楊邦弼字良佐本建寧浦城人文公億四世孫也紹興十二年進士

第三釋褐太學博士踰年通判信州尋以大理出持湖南漕節不務鉤致甚得大體累官起居舍人使金終于中書舍人先生以從王信伯遊居吳中之震澤探極理趣唯室陳氏之亞吳中建三賢祠以唯室與先生配著作云

隱君章復軒先生憲

章先生悊合傳

章憲字叔度本浦城人其父甫始徙居吳之黃村龜山爲作墓志者也先生初從龜山已而從王信伯遊後從紫微隱居不仕操履高潔餘力學文皆有矩度朱漢上尤重之遂于春秋學者稱爲復軒先生信伯之門唯室兄弟早死其得傳者莫如先生復軒集十卷曾文清公爲之序今不傳其祭信伯文云滔滔者學孰窮涯涘孰致中和孰合內外孰脫章句見之行事學得其源究觀其委如立之平以評斯市蓋有得之言也先生有弟曰悊字季明亦在龜山信伯紫微之門紫微嘗言叔度兄弟學甚勤而求之于予者甚重其將大有所成也

周先生憲

周憲字可則永豐人也從呂紫微遊而卒業于王信伯震澤記善錄其所輯也先生之自序曰某供灑埽于呂公之門大要分是非邪正

明進退出處嚴辭受取予之義而躬行以盡性所言備載童蒙訓春秋說故不復錄公病日漸乃以書屬著作先生曰周憲秀才朴茂可喜有志斯道當蒙與進未及行而公卒曾文清公又以書申公意使行遂受業于先生二年歸見文清命以記錄時尚未敢今三十年矣遺忘日多追其緒言一二以示同志

祖望謹案朱子不以是錄為然而明王文成公極稱之要之其中亦有可取者

知州范先生如圭

文清曾茶山先生幾 並見武夷學案

監稅陸子正先生景端 別見和靖學案

施先生庭先

施庭先字□□鹽官人也隱士德操之姪 雲濠案當作族姪 德操與橫浦為講學友而先生受業于王信伯林艾軒嘗稱之

附錄

施彥執北窗炙輠曰余嘗愛族姪庭先說詩以為言之不足使言之可足卻只如此也嗟歎之不足故詠歌之使嗟歎之可足卻只如此也詠歌之不足故不知手之舞之足之蹈之也使詠歌之可足卻只

如此也惟卻了他不得故獨爲之舞蹈耳

又曰庭先見予書王信伯始見伊川事以爲侍立七十餘日止得不爲血氣所遷一句庭先以爲七十餘日不語便是矣正不在此一句止此庭先具眼處但只此一句亦不是客句

宮教宋先生宜之

宋宜之字□□不知其何所人也亦受業于王信伯嘗錄其語

侍郎曾習庵先生逮

曾逮字仲躬河南人文清公幾次子也累官戶部侍郎嘗從信伯受業其記信伯之言曰師不專在傳授友不專在講習精神氣貌之間自有相激發處是爲善親師友者逮因觀鄉黨一篇所記動容周旋然後知羣弟子所以事夫子用是道也學者稱爲習庵先生有習庵集十二卷

正字方次雲先生翥 附翁深父

方翥字次雲莆田人也元寀之孫由施庭先以事王信伯遂有所得艾軒謂其先我聞道初艾軒嘗慕嵇阮之爲人先生笑曰當求一等人物可以同出于舞雩之下者若此等恐立不定也艾軒悚然有隱君子翁深父者先生每往從之以進士尉閩清到官三百日而去自

是閫門佚宕于風煙無人之處已而有薦之者召除祕書省正字凡九月以風聞論事罷遂乞外先生吐棄一切章句大略與艾軒等亦不肯著書有所嘯詠出于偶然艾軒以為孟浩然一種詩也周教授伯忱見之亦以為豪傑之士其卒也艾軒為之受弔

附錄

從兄略為廣東轉運副使作萬卷樓儲書千二百笥語先生曰次雲才性不出戶十年可移吾書入肝膈矣先生既第不涉仕途凡十八年盡讀之

敬事鹽官施庭先而與陸子靜林謙之為友朱子過莆謁先生甚禮敬之

林竹溪鬳齋學記曰次雲先生謂吾文如雨有則流溢四壑無時一點也無

次雲講友

文節林艾軒先生光朝 別為艾軒學案

文安陸象山先生九淵 別為象山學案

施氏門人 胡程四傳

正字方次雲先生翥 見上震澤門人

次雲家學

縣令方先生耒別見劉胡諸儒學案

□□□□

晏先生明中

晏明中字太易

陳先生戌

陳戌字可行

梓材謹案晏陳二先生謝山稿底附載震澤學案中未詳其里居師承姑附以俟攷

宋元學案卷二十九

劉李諸儒學案表

劉絢

李籲

侯仲良——胡寅 別爲衡麓學案
　　　　胡寧 別見武夷學案
　　　　胡宏 別爲五峯學案

劉立之

朱光庭——朱右 別見北山四先生學案

邢恕——子居實 別見安定學案

並明道伊川門人安定濂溪再傳

張繹

馬伸——何兌——子鎬別見晦翁學案
吳給
周孚先
周恭先
晏敦復
袁溉——薛季宣別爲艮齋學案
附師薛翁
蔣行簡別見兼山學案
焦瑗——沈銖——子煥別爲廣平定川學案
子炳別見廣平定川學案
舒烈
孫允——子枝別見滄洲諸儒學案
沈鏜
沈銘
高閌別見龜山學案

趙敦臨 別見龜山學案

童大定 別見龜山學案

周純明

孟厚

馮理

子忠恕 別見和靖學案

范棫

謝湜

李參

譙定

劉勉之

胡憲 並爲劉胡諸儒學案

張浚 別爲趙張諸儒學案

馮當可

李舜臣

子心傳

高斯得 別見鶴山學案

子道傳

子性傳

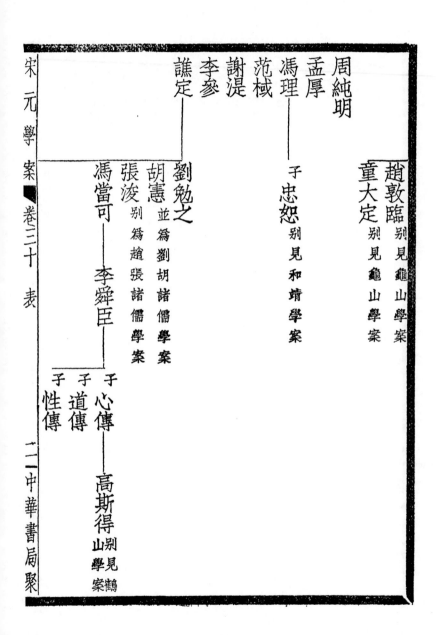

張行成別爲張祝諸儒學案

翟霖

趙彥道

唐棣

暢大隱

范文甫

暢中伯

李處遯

林大節

張閎中

邵溥

李處廉

並伊川門人安定濂溪再傳

宋元學案卷三十

餘姚黃宗羲原本　男百家纂輯　後學慈谿馮雲濠校刊

鄞縣全祖望補定　鄞縣王梓材重校　道州何紹基重刊

劉李諸儒學案

祖望謹案程子弟子最著者劉李諸公以早卒故其源流未廣晉陵周氏兄弟亦爲和靖所許其後馬伸吳給以大節見亦有不稱其薪傳者如邵溥之委蛇僞命李處廉之以墨敗至于邢恕則古公伯寮之倫也與述劉李諸儒學案梓材案程子門人自滎陽上蔡龜山廌山和靖兼山震澤各立學案外並入是卷爲劉李諸儒學案

二程門人胡周再傳

博士劉質夫先生絢

劉絢字質夫其先常山人後徙河南祖舜卿虞部郎中父師旦朝散大夫先生以祖蔭爲壽安縣主簿移潞之長子令督公逋如期而集迄去不笞一人歲大旱府遣吏視傷所蠲稅十二三先生力爭不得還其榜請易之富鄭公歎曰劉絢古縣令也元祐初侍郎韓公維樞

密王公巖叟相繼以經明行修薦爲京兆府教授又爲太學博士卒年四十三先生生質明粹長而温恭自髫齔時即事二程受學焉所受有本末所知造淵微知所止矣孜孜焉不知其他也天性孝弟樂善而不爲異端所惑內日加重而無交戰之病明道嘗謂人曰他人之學敏則有之未易保也斯人之至吾無疑焉少通春秋祖于程氏專以孔孟之言斷經意作傳未就既病與李端伯言曰每暫悶時正坐端意氣即下平居持養氣可忽乎同舍呂與叔過問疾先生曰死生常理無足言者獨念累吾親爾

附錄

先生歿伊川哭之曰聖學不傳久矣吾生百世之後志將明斯道興斯學于既絶力小任重而不懼其難者蓋亦有冀矣以謂苟能使知之者廣則用力者衆何難之不易也游吾門者衆矣而信之篤得之多行之果守之固若子者幾希方賴子致力以相輔而不幸遽亡使吾悲傳學之難則所以惜子者豈止游從之情哉

程子曰質夫沛然

侯仲良曰明道和平簡易惟劉絢庶幾似之

謝上蔡曰朱君留意春秋之學甚善向見程先生言須要廣見諸家

之說其門人惟劉質夫得先生旨意爲多

校書李端伯先生籲

李籲字端伯緱氏人第進士元祐中爲祕書省校書郎卒先生與劉質夫才器志尙頗相同伊川云端伯相聚雖不久未見他操履然才識穎悟自是不能已也又云明道語錄只有端伯本無錯他人多只依說時不敢改動或脫忘一兩字便大別端伯卻得其意不拘言語往往錄得都是先生歿追悼之曰自予兄弟倡明道學能使學者視傚而信從者籲與絢有力焉

附錄

呂正字祭先生文曰子之胸中閎肆開發求之孔門如賜也達子與人交洞照其情和而不流時靡有爭子之于事如控六轡逐曲舞交屈折如意予求友于四方顧所得之幾希志或同而才之不足才或高而志與之違子敏且強予心子契謂其有年以立斯世嗟如之何皇天降災夭于中道使不得盡其才

朱子伊洛淵源錄曰李校書嘗記二程先生語一編號師說伊川稱之而祭文亦有傳道之說蓋自劉博士外他人無此言也

侯荊門先生仲良

侯仲良字師聖河東人二程子舅氏華陰先生無可之孫人有欲館先生于其門者先生造焉則壁垂佛像几積佛書其家人又嘗齋素欲先生從之先生遂行或問之先生曰疏食士之常分若食彼之食則非矣吾聞用夏變夷未聞變于夷者也人有父在而身爲祖母忌日飯僧者召先生先生不往或問之先生曰主祭祀者其父也而子當之則無父矣吾何往焉胡文定與楊大諫書云侯某去春自荆門潰卒甲馬之中脫身相就于漳水之濱今已兩年其安于羈苦守節不移固所未有至于講論經術則通貫不窮商搉時事則纖微皆察因遣子宏從之遊

附錄

尹和靖曰伊川謂侯子議論只好隔壁聽

朱子說侯子論語曰詳味此言以驗此書竊謂其學大抵明白勁正而無深潛縝密沈浸濃郁之味故于精微曲折之際不免疏略時有罅縫不得于言而求諸心乃其所見所存有此氣象非但文字之疵也

承議劉先生立之

劉立之字宗禮河間人嘗官晉城爲承議郎敘述明道事迹者其父

與二程子有舊先生早孤數歲卽養于二程家娶二程叔父朝奉之女郭白雲稱其登門最早精于吏事云參伊洛淵源錄

雲濠謹案宋劉氏名立之者二人其一臨江人字斯立尙書主客郎中爲公是公非二先生之父

學士朱先生光庭

朱光庭字公掞偃師人嘉祐二年進士調萬年簿文潞公舉應制科會仁宗升遐罷試丁艱服除爲修武令改垣曲以樞密臣薦召對呂汲公大防守長安辟簽書判官司馬文正薦召爲左正言歷左司諫右諫議給事中出知亳州復召爲給事中後知潞州遷集賢院學士紹聖元年卒年五十八先生受學于泰山告以爲學之本主于忠信終身力行之雲濠案范內翰爲先生墓誌云神宗問所治何經公對以少從孫復受春秋又云初受學于安定先生告以爲學之本云云此傳似誤合爲一後從二程于洛聞格物致知爲進道之門正心誠意爲入德之方深信不疑其爲諫官奮不顧身以衞師門遂名洛黨之魁蓋傑然自拔于流俗者也

梓材謹案黃氏原本先生傳在泰山學案其後補本又有傳在伊川學案一人不載兩傳先生爲程門大弟子故于泰山卷標

其目而傳與附錄併入于此

附錄

簿萬年數假邑事邑人謂之明鏡

神宗召對言陛下卽位以來更張法度臣下行之或非聖意故有便有不便誠能去其不便則天下均被福矣

温公薦爲左正言首以辨大臣忠邪爲言又請天子燕閒與儒臣講習罷提舉常平官不散青苗錢廣儲蓄備水旱太學置明師以養人材論奏無虛日

太皇太后嘉公正直諭以朝政闕失當安心言之勿畏避公感知遇知無不言時進退大臣損益政事密勿啓沃多見施行

劉摯罷相守鄆州公封還麻制以摯有功大臣不當無名而去言者若指臣爲朋黨願被斥而不辭後鄭雍攻之出知亳州

伊川哭之曰自予兄弟倡學之初衆方驚異君時甚少獨信不疑篤學力行至于沒齒志不渝于金石行可質于神明在邦在家臨民臨事造次動靜一由至誠上論古人豈易其比蹇蹇王臣之節凜凜循吏之風謂當大施于時必得其壽天胡難忱遽止于此七八年閒同志共學之人相繼而逝原注劉質夫李端伯呂與叔范巽之楊應之

相繼而逝也今君復往使予踽踽于世憂道學之寡助則予之哭君豈特交朋之情而已

胡文定曰自熙寧元祐靖國閒事變屢更當其時固有名蓋天下致位廟堂得行所學者然夷考其事猶有憾焉加張天祺朱公掞等可謂奮不顧身盡忠許國而議論亦過矣乃知理未易窮義未易精言未易知心未易盡聖賢事業未易到也

宗羲案朱子言公掞文字有尺幅是見得明也然攷蘇子瞻策問有欲師仁祖之忠厚而患百官有司不舉其職或至于偷法神考之勵精而恐監司守令不識其意流入于刻公掞爲左司諫卽奏學士院不識大體謂仁祖神考不足師法乞正其罪以戒人臣之不忠者此等舉動與孔文仲實在百步五十步之閒洛蜀相持使小人收漁人之利只是見不明也

尚書邢和叔恕

邢恕字和叔陽武人其行事詳具宋史及邵伯温辯誣等書云邢和叔後來亦染禪學其爲人明辯有才後更曉練世事其于學亦日月而至焉者也又云謝良佐曾問涪州之行知其由來乃族子與故人耳伊川曰族子至愚不足責故人情厚不敢疑原注族子謂程公孫

故人謂邢恕孟子既知天安用尤臧氏因問邢七雖爲惡然必不到更傾先生也伊川曰然邢七亦有書到頤云屢于權宰處言之不知身爲言官卻說此話未知傾與不傾只合救與不救便在其閒又問邢七久從先生想都無知識後來極狼狽先生曰謂之全無知識則不可只是義理不能勝利欲之心便至于此也參伊洛淵源錄

附錄

上蔡語錄曰邢七云一日三點檢伯淳先生曰可哀也哉其餘時句當甚事蓋放三省之說錯了可見不曾用功又多逐人面上說一般語伯淳先生責之邢曰無可說先生曰無可說便不得不說

伊川門人

張思叔先生繹

張繹字思叔河南壽安人初以文聞鄉曲一日以科舉之學不足爲適小程子歸自涪時先生年已三十乃往受業讀孟子志士不忘在溝壑勇士不忘喪其元喟然歎曰人能如此則無不可爲之事未及仕而卒伊川嘗言晚得二士謂先生與和靖也

張采謹案思叔大約英分多故有得孟子此兩句

附錄

施氏北窗炙輠曰張思叔伊川高弟也本一酒家保喜爲詩雖拾俗語爲之往往有理致謝顯道見其詩而異之遂召其人與相見至則眉宇果不凡顯道即謂之曰何不讀書去思叔曰某下賤人何敢讀書顯道曰讀書人人有分觀子眉宇當是吾道中人思叔遂問曰讀何書曰讀論語遂歸買論語讀之讀畢乃見顯道曰某已讀論語畢奈何曰見程先生思叔曰某何等人敢造程先生門顯道曰第往先生之門無貴賤高下但有志于學者即授之耳思叔遂往見伊川顯道亦先爲伊川言之伊川遂留門下一日侍坐伊川問曰記曰有所忿懥則不得其正有所恐懼則不得其正有所好樂則不得其正有所憂患則不得其正正卻在何處思叔遂于言有省其後伊川之學最得其傳者惟思叔今伊川集中有伊川祭文十許首惟思叔之文理極精微卓乎在諸公之上也

張橫浦曰惠迪吉逆迪凶非于順道之外復有吉從逆之外復有凶也張思叔伊川高弟也或問人而不仁疾之已甚何以謂亂思叔曰此亂在我非在彼也使日用閒規規以疾人爲心則我之方寸已紊亂矣非方寸外復有亂也此即惠吉逆凶之意

侍御馬東平先生伸

馬伸字時中東平人紹聖四年進士歷西京法曹因張繹求見伊川程子時學禁方興伊川固辭先生十反愈恭毅然對曰使伸朝聞道夕死何憾自是公暇日一造請卒受中庸以歸靖康初孫傅以卓行薦召擢監察御史金人陷汴京立張邦昌衆唯唯先生與御史吳給約秦檜共爲議狀乞存趙氏復嗣君位同院無肯連名者先生獨持以往而銀臺司視書不稱臣卻不受先生投袂叱之曰吾今日不愛一死正爲此爾卽繳申尙書省以示邦昌其書略曰相公不幸迫于強寇使當僞號所以忍須臾死而詭聽之者其心若曰與其虛孫于人而實亡趙氏之宗孰若虛受于己而實存趙以歸爾忠臣義士未卽就死者亦以相公必能立趙孤也今金人北還康王在外國卽有屬宜卽發使通問掃清宮室率羣臣共迎而立之然後歸死司寇伏闕俟命如此則明主必能照察相公忠實存國義非苟生且棄過而錄功矣否則九廟在天雖萬無成理伸必不能爲宋朝叛臣請先伏死都市以明此心邦昌得書氣阻明日議迎孟后垂簾追還僞赦遣使往迎康王既卽位擢殿中侍御史撫諭荊湖廣南所過州縣察吏賢否與民利疚以聞乃先奏孫覿謝克家趨操不正宜加遠竄又奏黃潛善汪伯彥罪惡撫其所爲誠辜倚任陛下隱忍不肯斥逐中原

遺民固已絶望二聖還期在何時邪疏入留中明日改衞尉少卿辭不拜移疾待命二相恚甚必欲殺之責以言辭不實降監濮州酒稅濮逼近敵境先生怡然襆被而行死道中天下識與不識皆冤痛之明年廣陵陷黃汪始以誤國竄殛乃召先生爲衞尉少卿未知其死也尋加直龍圖閣後以胡文定安國言贈諫議大夫先生天資純確問學淵源勇于爲義而所韞深厚每日晨興必整衣冠端坐讀中庸一過然後出視事嘗曰吾志在行道若以富貴爲心則爲富貴所累以妻子爲念則爲妻子所奪而道不可行也山東已擾家尚留于鄆嘗稱孔子言志士不忘在溝壑勇士不忘喪其元今日何日溝壑乃吾死所也門人何兌爲辰州通判覩鄆報秦檜自陳存趙之功他人莫預兌卽逕取先生事狀達尚書省檜大怒下兌荊南詔獄坐削官竄真陽檜死始放還復其官

待制吳先生給

吳給字敦仁□□人嘗爲左司郎官見建炎時政記

梓材謹案先生爲伊川門人官至徽猷閣待制見道命錄

鹽場周先生孚先

周孚先字伯忱晉陵人雲濠案伊洛淵源錄作毗陵人與弟伯溫俱

從伊川學伊川嘗謂先生兄弟氣質純明可以入道其後俱由鄉薦入太學先生調四明鹽場改建德尉不就後丐祠伯温終坑冶官

坑冶周先生恭先

周恭先字伯温伯忱之弟也初見伊川伊川曰從事覺有所得否學者要自得先生問何如可以自得曰思曰睿睿作聖須是于思慮間得之又問顏子如何學孔子到此深邃伊川曰顏子所以大過人者只是得一善則拳拳服膺與能屢空爾兄弟由鄉薦入太學氣質不少異尤篤于信道釋褐授坑冶幹官每以沽名爲戒謂子孫曰吾歿後毋爲誌文碑銘以重吾不德終身恬于進取 修

侍郎晏先生敦復

晏敦復字景初臨川人元獻公殊之曾孫也少學于小程子第進士累官權吏部侍郎請謁不行銓綜平允凡四選格法多所裁定除給事中在職二月論駁二十四事人皆憚之真拜吏部侍郎檜始拜相制下朝士相賀先生有憂色曰姦人相矣及檜倡屈己許和之說先生爭甚力又與張燾等廷爭之檜使所親諭曰能曲從兩府地旦夕可至先生曰薑桂之性到老愈辣終不爲身計誤國家卒不能屈先生靜默如不能言及立朝論事鯁峭無所顧避帝每稱曰卿可謂無

忝爾祖矣

進士袁道潔先生溉 附師薛翁

袁溉字道潔汝陰人少嘗學于河南二程先生舉進士免官避地□州西山中建炎初羣盜劫山先生又避于京房山谷閒王彥卿卽其廬就學李靖兵法先生謝不告轉徙山南時進士屢試宣撫司或勸就試求官先生曰官不可苟求也移居富順鄰家薛翁以賣香自給鄰里莫詳其趨步先生以刺謁之薛翁慢罵不應先生固已疑之矣積日屢造其門薛翁喜而見之先生與之縱論六經薛翁曰子學已博然寡要夫經所以載道而言所以明道何以多爲先生謹受教薛翁喜因以所學授之自是先生所爲益純粹近古由關至夏口岳開府飛欲延致幕下先生見而出語所知曰岳公武人而泥古難乎免矣因家于荊州往來夷陵秭歸諸郡與士大夫言循循然人知其厚德君子也病作歿于二聖寺年七十無子先生學自六經百氏下至博弈小數方術兵書無所不通于易理尤精邃未嘗輕以示人樂善孜孜蓋天性然也與王樞密庶故善樞密家有伊洛遺書先生欲傳未能俄而樞密死先生不遠千里從其諸子傳錄書畢遽行靖康後天下兵荒甫起鄉社義兵所在聚保先生纍以奇計破賊蓋先生當

需才之際文章智略皆足以資世用乃百不施一竟以窮死是可哀已薛艮齋季宣其高第也嘗爲之傳且曰先生以所學纂一文字凡四類曰理曰義曰事其一則忘之矣參薛浪語集

梓材謹案此傳本艮齋所作先生傳少學于河南二程則本之艮齋學案主一案語第攷呂范諸儒蘇季明傳云諳二程受學二程謂小程子蓋以明道爲大程卽以伊川爲二程也此二程則亦小程之謂耳

布衣焦公路先生瑗

焦瑗字公路山東人也嘗遊伊川之門以避地至鄞高憲敏公趙庇民童持之輩以其所得共諮明之其所言多與楊氏合于是日益請業而吾鄉之洛學遂日盛史忠定集言先生以布衣入錢塘聲稱滿朝丞相趙豐公方振洛學已起用和靖漢上諸老欲薦先生力辭不可豐公至尊禮之已而先生來寓大涵之麓居人頗藉藉道先生家居必修容雖見妻子不少惰出與物接動必中禮後生輩多遠之而習爲夷居之流者甚且非笑之而先生不顧也已而漸有從之者望之儼然卽之溫然則已心折及詳叩其議論則有大過人者始皆願附講席而信豐公之譽爲不虛及先生歿而弟子遵其禮法如先生

無恙時雖極貴顯者其容止莊敬衣冠端嚴人之見之不問皆知其爲先生弟子也補

進士周先生純明

周純明字全伯澶淵人都官長孺之子也長孺受業康節早卒康節撫先生如子教之讀書因爲求昏于伊川康節歿先生從伊川卒業喪其嫡母又有所生母之喪疑于爲服爲□伊川亦未決康節之子伯温以問司馬温公温公答曰雜記有三年之練冠則以大功之麻易之又云有父之喪如未歿喪而母死其除父之喪也服其除服卒事反喪服雖諸父昆弟之喪如當父之喪其除諸父昆弟之喪也皆服其除服卒事反喪服是先有喪而重有者皆當別爲服也曾子問曰並有喪如之何何先何後孔子曰其葬也先輕而後重其奠及虞先重而後輕所謂遭同月者也今律令嫡繼慈養諸母皆服齊衰三年則固當同服而設位則當于他所蓋喪服小記妾祔于妾祖姑是其尊卑不可混也伯温以語先生遵而行之

孟先生厚

孟厚字敦夫洛人從伊川又爲王氏學舉業特精獨處一室糞穢不治嘗獻書于伊川伊川云孟厚初時說得也似其後須沒事生事一

日伊川語之曰子何不見尹焞張繹朋友間最好講學然二公皆同齒也先生見和靖曰先生令厚來見二公若彥明固所願見如思叔莫不消見否和靖曰只不消見思叔之心便是不消見焞之心也伊川之葬門人畏黨禍莫敢至獨先生與尹張范棫邵溥送焉

馮東皐先生理

馮理字聖先汝州人自號東皐居士陳恬叔易爲作誌文尹和靖再題其後其子忠恕從和靖學涪陵記善錄者也和靖稱東皐見伊川曰二十年聞先生教誨今有一奇特事伊川問之曰夜間燕坐室中有光伊川曰頤亦有一奇特事請問之伊川曰每食必飽 參伊洛淵源錄

范先生棫

范棫雲濠案一作域洛陽人程子門人 參儒林宗派

梓材謹案二程遺書伊川祭文後載尹子曰先生之葬洛人畏入黨無敢送者故祭文惟張繹范域孟厚及焞四人乙夜有素衣白馬至者視之邵溥也乃附名焉蓋溥亦有所畏而薄暮出城是以後云

博士謝先生湜

謝湜字持正金堂人登元豐進士官至國子博士小程子之高弟也著有易記

謝山答臨川雜問曰謝湜于宋儒林中無所見尹和靖語錄云蜀人謝湜以所著春秋請正程子程子答以更二十年方可講此則當與劉絢同時胡氏行輩稍後之矣今觀其書亦無甚精蘊以之備春秋一種可耳湜嘗赴京先至洛見程子問以何往答曰將試學官程子曰求爲人師而試之乎湜遂不行事見遺書則當以布衣終也

李先生參

李參

梓材謹案先生端伯之弟學于伊川嘗集程氏春秋說附見武夷學案茅堂傳

徵君譙天授先生定

譙定字天授涪陵人少喜佛後學易于郭氏郭氏世家爲南平始祖在漢爲嚴君平之師蓋象數之學也先生後至京聞伊川講道于洛特往見之得聞精義造詣深至浩然而歸靖康初中丞呂好問薦于欽宗召爲崇政殿說書辭不就高宗卽位許翰又薦窶甚與中貴人

鄰饋以衣食不受潛委金去先生袖而歸之上將擢用會金兵至不果復歸蜀愛青城大峨之勝棲遁其中蜀人敬禮不敢名稱之曰譙夫子後以易學授劉白水勉之胡籍溪憲而馮時行張行成則得先生之餘意者也

梓材謹案謝山奉臨川帖子二云有及相隨從而不得置之弟子者如譙定之于程門是也是先生在程門私淑之列于諸弟子當分別載之然謝山于劉胡諸儒序錄言籍溪與白水同師譙天授于趙張諸儒言魏公嘗從譙天授遊皆自先生以上溯伊洛則先生固程門一大宗也萬氏儒林宗派固以先生爲程子門人

翟先生霖

翟霖正叔先生之徒也嘗送正叔西遷道宿僧舍坐處背塑像正叔令轉倚勿背乃問曰豈以其徒敬之故亦當敬邪正叔曰但具人形貌便不當慢或因質此語龜山曰孔子云始作俑者其無後乎爲其象人而用之也蓋象人而用之其流必至于用人君子無所不用其敬見似人者不忽于人可知矣若于似人者而生慢易之心其流必至于輕忽人

梓材謹案此段本在龜山語錄移以立傳

承議趙先生彥道

趙彥道程氏弟子參儒林宗派

梓材謹案先生蓋字景平取王道平平之義有問答語見程氏

遺書

雲濠謹案祁居之誦尹和靖之說云昔有趙承議從伊川學其人性不甚利伊川亦令看敬字趙請益伊川曰整衣冠齊容貌而已承議當卽先生

祕書唐先生棣

唐棣字彥思宜興人雲濠案一作毗陵人官祕書丞有語錄一卷見遺書參伊洛淵源錄

暢先生大隱

暢大隱字潛道洛人遺書第二十五卷卽其所記也遺書言先生許多時學乃方學禪是于此蓋未有得也同上

范先生文甫

暢先生中伯合傳

范文甫暢中伯二人不詳其名見唐彥思錄同上

舍人李先生處遜

李處遜字嘉仲洛人見唐錄後爲中書舍人溺死維揚同上

林先生大節

林大節不詳其鄉里名字行實但遺書言其雖差魯然所問便能躬行然則亦篤實之士也同上

張先生閎中

張閎中不詳其名字有答書見伊川文集同上

梓材謹案以上七先生蓋皆伊川之徒

待制邵澤民溥

邵溥字澤民百源之孫子文之子也進士第靖康初爲戶部侍郎高宗踐祚以例貶官紹興中復待制宣撫川陝師事晁崇福梓材案原文作師事崇福十二父崇福蓋晁子止從父詠之之道奉祠崇福宮而終故謂之崇福云詩文早有能聲有邵氏集十二卷參郡齋讀書志

梓材謹案澤民嘗及伊川之門謝山學案劄記云大宋受命之寶建隆開基所創也圍城中副留守邵溥取而藏之張邦昌遣使奉迎大元帥于山東以爲獻故序錄言其委蛇僞命則有媿

于師門家學者矣

縣令李□□處廉

李處廉者永嘉令也紹興七年以贓敗詔貸死籍其資論者以之攻伊川補

梓材謹案是條本係謝山學案劄記以之爲傳列于小程子門人之末亦瑕瑜不妨並見也

荆門門人胡周三傳

文忠胡致堂先生寅別爲衡麓學案

參議胡茅堂先生寧別見武夷學案

承務胡五峯先生宏別爲五峯學案

和叔家學

邢先生居實別見安定學案

東平門人

通判何龜津先生兌

何兌字太和武陽人官于辰陽始爲小吏南方會東平馬先生以御史宣慰諸道一見賢之奏取爲屬因授以所聞中庸于程夫子之門者且悉以平生出處大節告之詳焉既東平以言事謫死先生歸守

其學終身不少變其端己端物發言造事蓋無食息之頃而不惟中庸是依也鄉人愛敬至以中庸何公目之于他經亦無所不學尤盡心于易作集傳若干卷晚以東平移書僞楚斥使避位之節列上史官宰相惡其分己功逮繫詔獄削籍投荒終不自悔以卒其身先生嘗榜其燕居之堂曰味道蓋取中庸所謂莫不飲食鮮能知味之云也其子叔京屬晦翁爲之記 參朱子文集

雲濠謹案學案東平原傳以先生爲邵武人邵武府志則謂上饒人重和元年進士謝山底本劄紀載何兌龜津易傳龜津其自號也易傳今佚見朱氏經義攷

道潔門人

文憲薛艮齋先生季宣 别爲艮齋學案

知州蔣先生行簡 别見兼山學案

公路門人

簽判沈公權先生銖

沈銖字公權定海人紹興五年進士簽書鎭東軍判官終承務郎嘗學于焦先生公路以傳程氏之學史忠定王稱其忠信質直莊敬端嚴造次必稽孔孟之言是是非非無曲從苟止孝修于家行尊于鄉

面箴人失退無後言其高弟舒烈作行狀謂先生事焦先生極恭其後諸生所以事先生一如之雖已極貴然莫敢墮先生家法子煥炳補

沈先生鏜

沈先生銘合傳

沈鏜沈銘簽判弟兄弟皆焦先生公路之高弟也其事公路終日拱立不以其學成而假借公路之喪心制三年無失禮補

梓材謹案此傳自謝山所作焦先生傳分立之原文但云沈簽判兄弟先生之高弟也二先生之名據沈氏譜補之

憲敏高息齋先生閌

教授趙庇民先生敦臨

通判童持之先生大定並見龜山學案

東臯家學

知軍馮先生忠恕別見和靖學案

天授門人

簡肅劉白水先生勉之

簡肅胡籍溪先生憲並爲劉胡諸儒學案

忠獻張紫巖先生浚 別見趙張諸儒學案

知州馮縉雲先生時行

馮時行字當可蜀人嘗從譙天授遊紹興閒以奉禮郎召對言和議不可信引漢高祖分羹事爲喻忤旨秦檜遂謫先生知萬州尋抵以罪 參史傳

梓材謹案程沙隨述先生嘗言易之象在畫易之道在用號縉雲先生其學傳于李舜臣又案先生之文號縉雲集

郎中張觀物先生行成 別爲張祝諸儒學案

龜津家學 胡周四傳

縣令何臺溪先生鎬 別見晦翁學案

公權家學

端憲沈定川先生煥 別爲廣平定川學案

徵君沈先生炳 別見廣平定川學案

公權門人

進士舒先生烈

舒烈鄞縣人乾道八年進士受業沈簽判公權爲程氏之學其先人嬾堂中丞亶也 補

梓材謹案此傳謝山兼敘蠏堂今節之爲立傳于士劉諸儒樓氏門人之末

教授孫先生允

孫允鄞縣人監嶽吉甫之父也從鄉先生沈簽判學學以眞實爲本教授鄉校者十年參至正四明志

縉雲門人

宗正李子思先生舜臣

李舜臣字子思井研人生四年知讀書八歲能屬文少長通古今推迹興廢洞見根本紹興末張魏公視師江淮先生應詔上書言乘輿不出無以定大計著江東勝後之鑑十篇上之中乾道二年進士第對策論金人世讎無可和之義考官惡焉絀下第調邛州安仁縣主簿有治聲教授成都府改知饒州德興縣民有母子昆弟之訟連年不決爲陳慈孝友恭之道遂爲母子兄弟如初閒詣學講說邑士皆稱蜀先生遷宗正寺主簿重修裕陵玉牒當曾布呂惠卿初用必謹書或謂非執政除免格不應書先生曰治忽所關何可拘常法他所筆削類此尤邃于易嘗曰易起于畫理事象數皆因畫以見舍畫而論非易也畫從中起乾坤中畫爲誠敬坎離中畫爲誠明著本傳三

十三篇朱子晚歲每爲學者稱之所著書羣經義八卷書小傳四卷文集三十卷家塾編次論語五卷鏤玉餘功錄二卷子心傳道傳性傳以性傳官二府贈太師追封崇國公參史傳

梓材謹案黃勉齋爲貫之道傳墓志云自宗正公以文學行誼爲學者師誨諸子必以聖賢爲法

教授家學胡周五傳

監嶽孫吉甫先生枝別見滄洲諸儒學案

子思家學

侍郎李秀巖先生心傳

李心傳字微之子思先生長子也慶元初薦于鄉既下第絶意不復應舉閉戶著書晚以薦爲史館校勘賜進士出身專修中興四朝帝紀甫成其三因言者罷踵修十三朝會要端平三年成書召爲工部侍郎言大兵之後必有凶年蓋其殺戮之多賦斂之重使斯民怨怒之氣上干陰陽之和至于此極也願亟降罪己之詔以回天心未幾復以言去奉祠居潮州淳祐初罷祠復予又罷三年致仕卒年七十有八先生有史才通故實然其作吳畏齋項平甫傳褒貶有愧秉筆之旨蓋其志常重川蜀而薄東南之士云所著成書有高宗繫年錄

二百卷學易編五卷誦詩訓五卷春秋考十三卷禮辯二十三卷讀史考十二卷舊聞證誤十五卷朝野雜記四十卷道命錄五卷西陲泰定錄九十卷辯南遷錄一卷詩文一百卷參史傳

微之語

陳瑩中諸公但攻荆公坐象爲僭不知三代典禮大享先王功臣皆與享焉則尸象必不立受今不論其學術之乖戾而第以坐視人主之拜跪爲逆禮此學術不醇之過也

梓材謹案盧氏藏底謝山于是條標云入微之學案是謝山本爲先生立一學案而序錄無之故以其家學並入于此

東萊之學甚正而優柔細密之中似有和光同塵之弊象山之學雖偏而猛厲粗略之外卻無枉尺直尋之意

道命錄序

嘉定十七年詔尚書都省曰朕惟伊川先生紹明道學爲宋儒宗雖屢被褒榮而世祿弗及未稱崇獎儒先之意可訪求其後特與錄用德音傳播天下誦之蓋自伊川之被薦而入經筵逮今百四十年矣愚嘗網羅中天以來放失舊聞編年著錄次第送官因得竊考道學之廢興乃天下安危國家隆替之所關繫未嘗不嘆息痛恨于惇京

檜侂之際也程子曰周公沒聖人之道不行孟軻死聖人之學不傳夫道卽學學卽道而程子異言之何也蓋行義以達其道者聖賢在上者之事也學以致其道者聖賢在下者之事也舍道則非學舍學則非道故學道愛人聖師以爲訓倡明道學先賢以自任未嘗岐爲二焉自數十年不幸儉邪讒諂之小人立爲道學之目以廢君子而號爲君子之徒者亦未嘗深知所謂道所謂學也則往往從而自諱之可不歎哉子曰道之將行也與命也道之將廢也與命也故今參取百四十年之閒道學廢興之故萃爲一書謂之道命錄蓋以爲天下安危國家隆替之所關繫者天實爲之而非悖京檜侂之徒所能與也雖然抑又有感者元祐道學之興廢係乎司馬文正之存亡紹興道學之興廢係乎趙忠簡之用舍慶元道學之興廢係乎趙忠定之去留彼一時也聖賢之道學其爲厄也已甚矣而義理之在人心者訖不可得而泯也孟子曰聖人之于天道也命也有性焉君子不謂命也故由孔子之言則有天下國家者可以知所戒由孟子之言則修身守道者可以知所任至若近世諸公或先附後畔或始疑終信視其所以則先附後畔皆出于一時利害之私而始疑終信則由夫動心忍性增益其所不能而致此也又有或出或入之士義利交

戰于中而卒之依違俯仰以求媚于世蓋所謂焉能爲有焉能爲無者必也見善明用心剛而卓然不惑于生死禍福之際于道學也其庶幾乎

文節李貫之先生道傳

李道傳字貫之子思先生中子也雲濠案先生由隆州徙居吳興先生少長讀河南程氏書玩索義理至忘寢食雖處暗室整襟危坐肅如也由進士第調蓬州教授吳曦反曦黨以曦意脅先生先生以義折之棄官歸曦平詔以先生抗節不撓進官二等嘉定時累遷著作佐郎首言人才之盛衰繫學術之明晦今學禁雖除而未嘗明示天下以除之之意願下明詔崇尚正義取朱熹論語孟子集註中庸大學章句或問四書頒之太學仍請以周敦頤邵雍程顥程頤張載五人從祀孔子廟時執政有不樂道學者語侵先生先生不爲動以著作郎出知眞州提舉江東常平與漕臣眞西山賑饑窮冬風雪中雖深村窮谷必至賴以全活者甚衆攝宣州守行朱子社倉法入除兵部郎官辭未就李楠覘當路指意乞授以節鎮蜀遂出知果州至九江得疾卒年四十八賜諡文節先生與兄弟相視如師友故其一家之學言論操履一歸于正自蜀來東南雖不及登朱子之門而訪求

所嘗從學者與講習盡得遺書讀之篤于踐履氣節卓然于經史未有論著曰學未至不敢于詩文未嘗苟作曰學未至不暇一日以疾謁告真西山造焉臥榻屏閒大書喚起截斷四字知其用功愼獨如此參史傳

> 梓材謹案魏鶴山爲虞先生剛簡墓志云爲鈐轄爲華陽又得與成都范文叔季才少才少約豫章李思永延平張子真漢嘉薛仲章同郡程叔達李微之貫之唐安宋正仲漢嘉鄧元卿相與切磋于義理之會是先生兄弟固二江諸子學侶也

> 雲濠謹案謝山奉臨川帖子云古人師弟之閒相從不苟故有展轉私淑而不害其爲弟子者如胡文定之于大小程子乃私淑之楊謝諸公之學又李文惠公之于朱子是也文惠當是文節傳寫之譌四川通志作文靖又案宋史端州李尙書大性謚文惠孝宗朝與陳止齋等以言事去然未言其私淑朱子也

少保李成之先生性傳

李性傳字成之子思先生之季子嘉定四年舉進士歷幹辦行在諸軍審計事進對有崇尙道學之名未遇其實帝曰實者何在先生對曰在陛下格物致知以爲出治之本累遷起居舍人兼侍講疏請復

古喪制官至權參知政事尋同知樞密院事未幾落職後以資政殿大學士提舉洞霄宮寶祐二年依舊職提舉萬壽觀兼侍讀以觀文殿學士致仕卒贈少保參史傳

秀巖門人胡周六傳

簽樞高恥堂先生斯得別見鶴山學案

朱氏續傳

長史朱白雲先生右別見北山四先生學案

宋元學案卷二十

呂范諸儒學案表

呂大忠 汲公兄 — 馬涓
　　　　　　　— 張曕

呂大鈞 — 子 義山

呂大臨 並汲公弟 — 周行己 並爲周許諸儒學案
　　　　　　　　— 許景衡
　　　　　　　　— 沈躬行
　　　　　　　　— 謝天申 並見周許諸儒學案

蘇昞 並橫渠明道伊川門人安定高平濂溪再傳

范育

游師雄 — 子 㦤

种師道

潘拯

李復

田腴

呂好問

呂切問 並見滎陽學案

邵清

子 整

蘇大璋

從子 景之 別見劉胡諸儒學案

張舜民

薛昌朝

並橫渠門人

高平再傳

宋元學案卷三十一

餘姚黄宗羲原本　　後學慈谿馮雲濠校刊

男百家纂輯　　鄞縣王梓材重校

鄞縣全祖望補定　　道州何紹基重刊

呂范諸儒學案

祖望謹案關學之盛不下洛學而再傳何其寥寥也亦由完顏之亂儒術幷爲之中絕乎伊洛淵源錄略于關學三呂之與蘇氏以其曾及程門而進之餘皆亡矣予自范侍郎育而外于宋史得游師雄种師道于胡文定公語錄得潘拯于樓宣獻公集得李復于童蒙訓得田腴于閩書得邵清及讀晁景迂集又得張舜民又于伊洛淵源錄註中得薛昌朝稍爲關學補亡述呂范諸儒學案梓材案黄氏本以三呂及其門人別爲藍田學案今從序錄列呂范諸儒學案之首

張程門人范周再傳

龍學呂晉伯先生大忠

呂大忠字晉伯其先汲郡人祖太常博士通葬藍田遂家焉父比部郎中蕡六子五登科先生其長也皇祐中第進士歷知代州遼使至

代設次據主席先生與之爭遼使屈乃移次于長城城北已而復使求代北地神宗將從之時先生晉祕書丞丁艱議奪情副常卿劉忱報使先生辭未行忱已使回遼使又至召同忱入對先生曰彼遣一使來卽與地五百里若使魏王英弼來求關南則如何神宗曰是何言也先生曰然則安可以代北啓其侈心忱曰大忠之言社稷至計願陛下熟思之執政知先生之不可奪也先罷忱先生遂乞終喪制紹聖二年加寶文閣直學士知渭州付以秦渭之事先生奏對欲以計徐取橫山不求近功旣而鍾傅城安西王文郁用事章惇曾布主之先生議不合紹述黨禍起降待制弟汲公大防連遭貶謫先生乞以所進官爲量移徙知同州致仕卒復龍圖直學先生性剛毅質直勇于有爲與其弟和叔大鈞與叔大臨俱遊于張程之門伊川曰晉伯老而好學理會直是到底橫渠亦稱先生篤實而有光輝上蔡曰晉伯弟兄皆有見處蓋兄弟之旣多且貴而皆賢者呂氏也先生爲從官歸見縣令必致桑梓之恭待部吏如子弟于學者多面折其短而樂于成人雖汲公未嘗少假顏色也嘗坐堂上汲公夫人拜庭下二婢掖之先生慍曰丞相夫人邪吾但知二郎新婦耳不病何用人扶汲公爲之媿謝每勸汲公辭位以避滿盈之禍云

附錄

上蔡語錄曰晉伯甚好學初理會箇仁字不透吾因曰世人說仁只管著愛上怎生見得仁只如力行近乎仁力行關甚愛事何故卻近乎仁推此類具言之晉伯因悟曰公說仁字正與尊宿門說禪一般

祖望謹案慈溪黃氏曰上蔡儒其衣冠而講說如此

教授呂和叔先生大鈞

呂大鈞字和叔晉伯之弟嘉祐二年進士授秦州司理監延州折博務改知三原縣移巴西侯官涇陽以父老皆不赴丁艱服除以道未明學未優不復有仕進意久之大臣薦爲王宮教授尋監鳳翔船務元豐五年卒疾革內外灑埽冥然若思久之客至問安交語未終而歿先生爲人剛質常言始學行其所知而已道德性命之際躬行久則自至焉橫渠倡道于關中寂寥無有和者先生于橫渠爲同年友心悅而好之遂執弟子禮于是學者靡然知所趨向橫渠之教以禮爲先先生條爲鄉約關中風俗爲之一變范侍郎育表其墓曰唯君明善志學性之所得者盡之心心之所知者踐之身可謂至誠敏德者矣子義山

呂氏鄉約

德業相勵

德謂見善必行聞過必改能治其身能治其家能事父兄能教子弟能御僮僕能肅政教能事長上能睦親故能擇交遊能守廉介能廣施惠能受寄託能救患難能導人爲善能規人過失能爲人謀事能爲衆集事能解鬭爭能決是非能興利除害能居官舉職

業謂居家則事父兄教子弟待妻妾在外則事長上接朋友教後生御僮僕至于讀書治田營家濟物畏法令謹租賦如禮樂射御書數之類皆可爲之非此之類皆爲無益

右件德業同約之人各自進修互相勸勉會集之日相與推舉其能者書于籍以警勵其不能者

過失相規

過失謂犯義之過六犯約之過四不修之過五

犯義之過一曰酗博鬭訟訟謂告人罪惡意在害人誣賴爭訴得已不已者若事干負累及爲人侵損而訴之者非二曰行止踰違踰禮違法衆惡皆是三曰行不恭遜侮慢齒德者持人短長者恃強陵人者知過不改聞諫愈甚者四曰言不忠信或爲人謀事陷人于惡或與人要約退即背之或妄說事端熒惑衆聽者五曰造言誣毀誣人

過惡以無爲有以小爲大或作嘲詠匿名文書及發揚人之私隱及喜談人之舊過者六曰營私太甚與人交易傷于掊克者專務進取不恤餘事者無故而好干求假貸者受人寄託而有所欺者

犯約之過一曰德業不相勵二曰過失不相規三曰禮俗不相成四曰患難不相恤

不修之過一曰交非其人所求不限士庶但凶惡及遊惰無行衆所不齒者不得已而暫往還者非二曰遊戲怠惰三曰動作威儀謂進退太疏野及不恭者不當言而進言及當言而不言者衣冠太華飾及全不完整者不衣冠而入街市者四曰臨事不恪正事廢忘期會後時臨事怠惰者五曰用度不節

右件過失同約之人各自省察互相規戒小則密規之大則衆戒之不聽則會集之日值月以告于約正約正以義理誨諭之謝過請改則書于籍以俟其爭辯不服與終不能改者皆聽其出約

禮俗相交

禮俗之交一曰尊幼輩行二曰造請拜揖三曰請召送迎四曰慶弔贈遺

尊幼輩行凡五等曰尊者謂長于己二十歲以上在父行者曰長者

謂長于己十歲以上在兄行者曰敵者謂年上下不滿十歲者長者
爲稍長少者爲稍少曰少者謂少于己十歲以下者曰幼者謂少于
己二十歲以下者
造請拜揖凡三條曰凡少者幼者于尊者長者歲首冬至四孟月朔
辭見賀謝皆爲禮見皆具門狀用幞頭公服腰帶鞾笏無官具名紙
用幞頭襴衫腰帶繫鞋唯四孟通用帽子皂衫腰帶凡當行禮而有
恙故皆先使人白之或遇雨雪則尊長先使人諭止來者此外候問
起居質疑白事及赴請召皆爲燕見深衣涼衫皆可尊長令免即去
之尊者受謁不報歲首冬至具己名牓子令子弟報之如其服長者
歲首冬至具牓子報之如其服餘令子弟以己名牓子代行凡敵者
歲首冬至辭見賀謝相往還門狀名紙同上唯止服帽子凡尊者長
者無事而至少者幼者之家唯所服深衣涼衫道服背子可也敵者
燕見亦然曰凡見尊者長者門外下馬俟于外次乃通名凡往見人
入門必問主人食否有他客否有他幹否度無所妨乃命展刺有妨
則少俟或且退後皆放此主人使將命者先出迎客客趨入至廡間
主人出降階客趨進主人揖之升堂禮見四拜而後坐燕見不拜旅
見則旅拜少者幼者自爲一列幼者拜則跪而扶之少者拜則跪扶

而答半若尊者長者齒德殊絶則少者幼者堅請納拜尊者許則立而受之長者許則跪而扶之拜訖則揖而退主人命之坐則致謝訖揖而坐退凡相見主人語終不更端則告退或主人有倦色或方幹事而有所俟者皆告退可也則主人送于廡下若命之上馬則三辭許則揖而退出大門乃上馬不許則從其命凡見敵者門外下馬使人通名俟于廡下或廳側禮見則再拜稍少者先拜旅見則特拜退則主人請就階上馬徒行則主人送于門外凡少者以下則先遣人通名主人具衣冠以俟客入門下馬則趨出迎揖升堂來報禮則再拜謝客止之則止退則就階上馬客徒行則迎于大門之外送亦如之仍隨其行數步揖之則止望其行遠乃入曰凡遇尊長于道皆徒行則趨進揖尊長與之言則對否則立于道側以俟尊長已過乃揖而行或皆乘馬于尊者則回避之于長者則立馬道側揖之俟過乃揖而行若己徒行而尊長乘馬則回避之凡徒行遇所識乘馬者皆放此若己乘馬而尊長徒行望見則下馬前揖已避亦然過既遠乃上馬若尊長令上馬則固辭遇敵者皆乘馬則分道相揖而過彼徒行而不及避則下馬揖之過則上馬遇少者以下皆乘馬彼不及避則揖之而過彼徒行不及避則下馬揖之于幼者則不必下可也

請召送迎凡四條曰凡請尊長飲食親往投書禮薄則不必書專召
他客則不可兼召尊長既來赴明日親往謝之召敵者以書柬明日
交使相謝召少者用客目明日客親往謝曰凡聚會皆鄉人皆坐以
齒非士類則不然若有親則必序若有他客有爵者則坐以爵不相
妨者坐以齒若有異爵者雖鄉人亦不以齒異爵謂命士大夫以上
今陞朝官是若特請召或迎勞出餞皆以專召者爲上客如婚禮則
姻家爲上客皆不以齒爵爲序曰凡燕集初坐別設卓子于兩楹閒
置大杯于其上主人降席立于卓東西向上客亦降席立于卓西東
向主人取杯親洗上客辭主人置杯卓子上親執酒斟之以器授執
事者遂執杯以獻上客上客受之復置卓子上主人西向再拜上客
東向再拜興取酒東向跪祭遂飲以杯授贊者遂拜主人答拜若少
者以下爲客飲畢而拜則主人跪受如常上客酢主人如前儀主人
乃獻衆賓如前儀唯獻酒不拜若衆賓中有齒爵者則特獻如上客
之儀不酢若昏會姻家爲上客則雖少亦答其拜曰凡有遠出遠歸
者則迎送之少者幼者不過五里敵者不過三里各期會于一處拜
揖如禮有飲食則就飲食之少者以下俟其既歸又至其家省之
慶弔贈遺凡四條曰凡同約有吉事則慶之冠子生子預薦登科進

官之屬皆可賀婚禮雖曰不賀然禮亦曰賀娶妻者蓋但以物助其
賓客之費而已有凶事則弔之喪葬水火之類每家只家長一人與
同約者俱往其書問亦如之若家長有故或與所慶弔者不相接則
其次者當之曰凡慶禮如常儀有贈物用幣帛酒食果實之屬衆議
量力定數多不過三五千少至一二百如情分厚薄不同則從其厚
薄或其家力有不足則同約爲之借助器用及爲營幹凡弔禮聞其
初喪聞葬同未易服則率同約者深衣而往哭弔之凡弔尊者則爲
首者致辭而旅拜敵以下則不拜主人拜則答之少者以下則扶之
不識生者則不弔不識死者則不哭且助其凡百經營之事主人既
成服則相率素襆頭素襴衫素帶皆用白生紗絹爲之具酒果食物
而往奠之死者是敵以上則拜而奠以下則奠而不拜主人不易服
則亦不易服主人不哭則亦不哭情重則雖主人不變不哭亦變而
哭之賻禮用錢帛衆議其數如慶禮及葬又相率致賵俟發引則素
服而送之賵如賻禮或以酒食犒其役夫及爲之幹事及卒哭及小
祥及大祥皆常服弔之曰凡喪家不可具酒食衣服以待弔客弔客
亦不可受曰凡聞所知之喪或遠不能往則遣使致奠就外次衣弔
服再拜哭而送之惟至親篤友爲然過期年則不可情重則哭其墓

右禮俗相交之事值月主之有期日者爲之期日當糾集者督其違
漫凡不如約者以告于約正而詰之且書于籍

患難相恤

患難之事七一曰水火小則遣人救之甚則親往多率人救且弔之二曰盜賊近者同力追捕有力者爲告之官司其家貧則爲之助出募賞三曰疾病小則遣人問之甚則爲訪醫藥貧則助其養疾之資四曰死喪闕人則助其幹辦乏財則賻贈借貸五曰孤弱孤遺無依者若能自贍則爲之區處稽其出內或聞于官司或擇人教之及爲求婚姻貧者協力濟之無令失所若有侵欺之者衆人力爲之辦理若稍長而放逸不檢亦防察約束之無令陷于不義六曰誣枉有爲人誣枉過惡不能自伸者勢可以聞于官府則爲言之有方略可以救解則爲解之或其家因而失所者衆共以財濟之七曰貧乏有安貧守分而生計大不足者衆以財濟之或爲之假貸置產以歲月償之

右患難相恤之事凡有當救恤者其家告于約正急則同約之近者爲之告約正命値月徧告之且爲之糾集而繩督之凡同約者財物器用車馬人僕皆有無相假若不急之用及有所妨者則不必借可

借而不借及踰期不還及損壞借物者論如犯約之過書于籍鄰里或有緩急雖非同約而先聞知者亦當救助或不能救助則爲之告于同約而謀之有能如此則亦書其善于籍以告鄉人

百家講案朱子有增損呂氏鄉約改德業相勵爲德業相勸

弔說

詩曰凡民有喪匍匐救之非謂死者可救而復生謂生者或不救而死也夫孝子之喪親不能食者三日其哭不絕聲既疾矣杖而後起問而後言其惻怛之心痛疾之意至不欲生則思慮所及雖其大事有不能周之者而況于他哉故親戚僚友鄉黨聞之而往者不徒弔哭而已莫不爲之致力焉始則致含襚以周其急朋友襚親以進見士喪禮族人相爲又有含見文王世子三日則共糜粥以扶其羸親始死三日不舉火鄉里爲之糜粥以飲食之見問喪每奠則執其禮士之喪朋友奠見曾子問將葬則助其事孔子之喪公西赤爲志子張之喪公明儀爲志原壤母死孔子助之沐椁見檀弓其從柩也少者執紼長者專進止弔非從主人也四十者執紼見雜記孔子從老聃助葬于巷黨及堩日食老聃曰某止柩就道右止哭以聽變此則專進止者也見曾子問其掩壙也壯者待盈坎老者從反哭鄉人五

十者從反哭四十者待盈坎見雜記袒而賵焉賵用車馬所知則賵而不奠兄弟乃奠奠止用羊並見士喪禮不足則賻焉知生者賻賻用布帛以助其費故曰不足則賻見士喪禮凡有事則相焉司徒敬子之喪孔子相有若之喪子游擯國昭子之母死問位于子張並見檀弓斯可謂能救之矣故適有喪者之辭不曰願見而曰比雖國君之臨亦曰寡君承事他國之使者曰寡君使某毋敢視賓客見少儀檀弓雜記主人見賓不以尊卑貴賤莫不拜之明所以謝之且自別于常主也平日見客或主人先拜客或客先拜主人賓見主人無有答其拜者明所以助之且自別于常賓也見曲禮自先王之禮壞後世雖傳其名數而行之者多失其義喪主之待賓也如常主喪賓之見主人也如常賓如常賓故止于弔哭而莫敢與其事如常主故舍其哀而爲衣服飲食以奉之其甚者至于損奉終之禮以謝賓之勤廢弔哀之儀以寬主之費由是則先王之禮意其可以下而已乎今欲引之者雖未能盡得如禮至于始喪則哭之有事則奠之奠不必更自致禮惟代主人之獻爵是也又能以力之所及爲營喪具之未具者以應其求輟子弟僕隸之能幹者以助其役易紙幣壺酒之奠以爲襚除供帳饋食之祭以爲賵與賻凡喪家之待己者悉以他辭

無受焉必以他辭者免異衆嫌庶幾其可也

附錄

先生少時贍學洽聞無所不該一日聞其師說遂遷素志而前日之學博而反約渙然冰釋矣故比他人功敏而得之尤多愛講明井田兵制以爲治道必由是悉撰成圖籍皆可推行

丁比部憂自始喪至葬祭一放古儀所得爲者而居喪一節鉅細規矩于禮又推之祭祀冠昏飲酒相見慶弔之事皆不混習俗粲然有文以相接人咸安而愛之

百家謹案先生比部蕡之第三子也既事橫渠卒業于二程務爲實踐之學取古禮繹其義陳其數而力行之橫渠嘆以爲秦俗之化和叔與有力焉又嘆其勇爲不可及也爲宣義郎會伐西夏鄜延轉運使李稷檄爲從事既出塞稷餽餉不繼欲還安定取糧使先生請于經略安撫使种諤諤素殘忍左右有犯立斬或先刳肺肝坐者掩面諤飲食自若先生告以稷言諤曰吾受將命安知糧道萬一不繼召稷來與一劍耳先生正色曰朝廷出師去塞未遠遂斬轉運使無君父乎諤曰君欲以此報稷先稷受禍矣先生怒曰吾委身事主死無所辭正恐公過耳諤

意折乃竟許稷還是非先生之剛折不撓正氣屈謌稷難免矣彼平居高談性命臨事蓄縮失措視先生直如豘豕耳橫渠之嘆爲勇不可及信哉

真西山曰和叔爲人質厚剛正以聖門事業爲己任所知信而力可及則身遂行之不復疑畏故識者方之季路

正字呂藍田先生大臨

呂大臨字與叔和叔之弟兄弟俱登科惟先生不應舉以門蔭入官曰不敢掩祖宗之德也元祐中爲太學博士祕書省正字范學士祖禹薦其修身好學行如古人可充講官未及用而卒年四十七初學于橫渠橫渠卒乃東見二程先生故深淳近道而以防檢窮索爲學明道語之以識仁且以不須防檢不須窮索開之先生默識心契豁如也作克己銘以見意始先生于羣書博極能文章至是涵養益粹言如不出口粥粥若無能者賦詩曰學如元凱方成癖文到相如始類俳獨立孔門無一事只輸顏子得心齋伊川贊之曰古之學者唯務養性情其他則不學今爲文者專務章句悅人耳目非俳優而何此詩可謂得本矣又曰和叔任道擔當其風力甚勁然深潛縝密有所不逮與叔又曰與叔六月中自緱氏來燕居中必見其儼然危坐

可謂敦篤矣

克己銘

凡厥有生均氣同體胡爲不仁我則有己立己與物私爲町畦勝心橫生擾擾不齊大人存誠心見帝則初無驕吝作我蟊賊志以爲帥氣爲卒徒奉辭于天孰敢侮予且戰且徠勝私窒慾昔焉寇讎今則臣僕方其未克窘我室廬婦姑勃谿安取厥餘亦既克之皇皇四達洞然八荒皆在我闥孰曰天下不歸吾仁癢痾疾痛舉切吾身一日至之莫非吾事顏何人哉睎之則是

姜定庵曰朱子評此銘謂不合以己與物對說不曾說著本意今細玩之立己與物私爲町畦此言未克以前事似亦無傷

未發問答

與叔曰中者道之所由出程子曰此語有病與叔曰論其所同不容更有二名別而言之亦不可混爲一事如所謂天命之謂性率性之謂道又曰中者天下之大本和者天下之達道則性與道大本與達道豈有二乎程子曰中卽道也若謂道出于中則道在中內別爲一物矣所謂論其所同不容更有二名別而言之亦不可混爲一事此語固無病若謂性與道大本與達道可混而爲一卽未安在天曰命

在人曰性循性曰道性也命也道也各有所當大本言其體達道言其用體用自殊安得不爲二乎與叔曰既云率性之謂道則循性而行莫非道此非性中別有道也中卽性也在天爲命在人爲性由中而出者莫非道所以言道之所由出也程子曰中卽性也此語極未安中也者所以狀性之體段如稱天圓地方遂謂方圓爲天地可乎方圓既不可謂之天地則萬物決非方圓之所出如中既不可謂之性則道何從稱出于中蓋中之爲義自過不及而立名若只以中爲性則中與性不合子居對以中者性之德卻爲近之梓材案子居和叔子傳見後與叔曰不倚之謂中不雜之謂和程子曰不倚之謂中甚善語猶未塋不雜之謂和未當與叔曰喜怒哀樂之未發則赤子之心當其未發此心至虛無所偏倚故謂之中以此心應萬物之變無往而非中矣孟子曰權然後知輕重度然後知長短物皆然心爲甚此心度物所以甚于權度之審者正以至虛無所偏倚故也有一物存乎其閒則輕重長短皆失其中矣又安得如權度乎大人不失其赤子之心乃所謂允執厥中也大臨始者有見于此便指此心名爲中故前言中者道之所由出也今細思之乃命名未當爾此心之狀可以言中未可便指此心名之曰中程子曰喜怒哀樂之未發謂

之中赤子之心發而未遠于中若便謂之中是不識大本也與叔曰聖人智周萬物赤子全未有知其心固有不同矣然推孟子所云豈非止取純一無僞可與聖人同乎非謂無毫髮之異也大臨前日所云亦取諸此而已今承教乃云已失大本茫然不知所向聖人之學以中爲大本雖堯舜相授以天下亦云允執厥中何所凖則而知過不及乎求之此心而已此心之動出入無時何從而守之乎求之于喜怒哀樂未發之際而已當是時也此心卽赤子之心此心所發純是義理安得不和前日敢指赤子之心爲中者其說如此來教云赤子之心可謂之和不可謂之中大臨思之所謂和者指已發而言之今言赤子之心乃論其未發之際純一無僞無所偏倚可以言中若謂已發恐不可言心程子曰所云非謂無毫髮之異是有異也有異者得爲大本乎推此一言餘皆可見與叔曰大臨以赤子之心爲未發先生以赤子之心爲已發所謂大本之實則先生與大臨之言未有異也但解赤子之心一句不同爾大臨初謂赤子之心止取純一無僞與聖人同孟子之義亦然更不曲折一一較其同異故指以爲言未嘗以已發不同處爲大本也先生謂凡言心者皆指已發爲言然則未發之前謂之無心可乎竊謂未發之前心體昭昭具在已發

乃心之用也程子曰所論意雖以已發者爲未發及求諸言卻是認已發者爲說辭之未瑩乃是擇之未精凡言心者指已發而言此固未當心一也有指體而言者寂然不動是也有指用而言者感而遂通天下之故是也惟觀其所見何如爾大抵論愈精微言愈易差也

百家謹案此條卽起豫章延平看未發以前氣象宗旨子劉子曰夫所謂未發以前氣象卽是獨中真消息也又曰一喜怒哀樂耳自其蘊諸中言則曰未發自其見諸外言則曰已發蓋以表裏對待言不以前後際言也又曰自喜怒哀樂之存諸中者言謂之中不必其未發之前別有氣象也卽天道之元亨利貞運于於穆者是也自喜怒哀樂之發于外者言謂之和不必其已發之時又有氣象也卽天道之元亨利貞呈于化育者是也惟存發總是一機故中和渾是一性推之一動一靜一語一默莫不皆然此獨體之妙所以卽微卽顯卽隱卽見而慎獨之學卽中和卽位育此千聖學脈也自喜怒哀樂之說不明于後世而聖學晦矣

語錄

赤子之心良心也天之所以降衷人之所以受天地之中也寂然不

動虛明純一與天地相似與神明爲一傳曰喜怒哀樂之未發謂之中其謂此與此心自正不待人而後正而賢者能勿喪不爲物欲之所遷動如衡之平不加以物如鑑之明不蔽以垢乃所謂正也惟先立乎其大者則小者不能奪如使忿懥恐懼好樂憂患一奪其良心則視聽食息從而失守欲區區修身以正其外難矣

百家謹案先遺獻孟子師說云赤子之心視聽言動與心爲一無有外來攙和雖一無所知一無所能卻是知能本然之體逮其後世故日深將習俗之知能換了本然之知能便失赤子之心大人無所不知無所不能不過將本然之知能擴充至乎其極其體仍然不動故爲不失獨夫子云知之爲知之不知爲不知是知也有知之有不知知之量也以爲知之以爲不知知之體也人以爲事事物物皆須講求豈赤子之心所能包括不知赤子之心是箇源頭從源頭上講求事物則千紅萬紫總不離根若失卻源頭只在事物講求則翦綵作花終無生意此說可謂盡赤子之心矣百家因思前未發問答中伊川云赤子之心不可謂中一語反不如先生之語無病蓋赤子之心如穀種滿腔生意盡在其中何嘗虧欠極大人之能事豈能于此穀種之

外添得一物

我心所同然卽天理天德孟子言同然者恐人有私意蔽之苟無私意我心卽天心

萬物之生莫不有氣氣也者神之盛也莫不有魄魄也者鬼之盛也故人亦鬼神之會爾鬼神者周流天地之閒無所不在雖寂然不動而有感必通雖無形無聲而有所謂昭昭不可欺者人受天地之中以生良心所發莫非道也在我者惻隱羞惡辭讓是非皆道也在彼者君臣父子夫婦昆弟朋友之交亦道也在物之分則有彼我之殊在性之分則合乎內外一體而已是皆人心所同然乃吾性之所固有也

誠者理之實然一而不可易者也

實理不二則其體無雜其體不雜則其行無閒故至誠無息

自灑掃應對上達乎天道性命聖人未嘗不竭以教人但人所造自有淺深所得亦有大小也仲尼曰吾無隱乎爾又曰有鄙夫問于我我叩其兩端而竭焉然子貢高弟猶未聞乎性與天道非聖人之有隱而人自不能盡爾如天降時雨百果草木皆甲坼其盛衰大小之不齊膏澤豈私于物哉

呂博士說補

必有事焉而勿正浩然之氣充塞天地雖難得而言非虛無也必有事焉但正其名而取之則失之矣

附錄

小程子曰與叔守橫渠說甚固每橫渠無說處皆相從纔有說了更不肯回

田誠伯曰讀呂與叔中庸解想見其人補

朱子曰與叔惜乎壽不永如天假之年必所見又別程子稱其深潛縝密資質好又能涵養某若只如呂年亦不見得到此田地了

宗羲案朱子于程門中最取先生以爲高于諸公大段有筋骨天假之年必理會得到至其求中之說則深非之及爲延平行狀謂其危坐終日驗未發時氣象而求其所謂中蔡淵亦云朱子教人于靜中體認大本未發時氣象分明卽處事應物自然中節又卽先生之說也故學者但當于本原上理會不必言語自生枝節也

又曰與叔之文如千兵萬馬飽滿伉壯

百家謹案先生論選舉欲立士規以養德勵行更學制以量材進藝定貢法以取賢斂才立試法以區別能否修辟法以興能

備用嚴舉法以覈實得人制考法以責任考功其論甚悉實可施行也呂氏六昆汲公既爲名臣更難先生與晉伯和叔三人同德一心勉勉以進修成德爲事而又共講經世實濟之學嚴異端之教富鄭公致政于家爲佛氏之說先生與書曰古者三公內則論道于朝外則主教于鄉此豈世之所望于公者哉鄭公謝之其嚴正如此

問呂與叔云性一也流行之方有剛柔昏明者非性也有三人焉皆一目而別乎色一居乎密室一居乎帷箔之下一居乎廣都之中三人所見昏明各異豈目不同乎隨其所居蔽有淺深爾竊謂此言分別得性氣甚明若移此語以喻人物之性亦好頃嘗以日爲喻以爲大明當天萬物咸覩亦此日爾茅屋之下容光必照亦此日爾日之全體未嘗有小大只爲隨其所居而大小不同爾不知亦可如此喻人物之性否朱子曰亦善

葉水心習學記言曰程氏四箴但緩散舉固講學中事也曾子仁以爲己任不如是何以進道而呂大臨克己銘方以不仁爲有己所致其意鄙淺乃釋老之下者 補

博士蘇先生昞

蘇昞字季明武功人學于橫渠最久後師二程和靖初爲科舉之學先生謂之曰子以狀元及第卽學乎抑科舉之外更有所謂學乎和靖未達他日會茶先生舉盞以示曰此豈不是學和靖有省先生令詣二程受學梓材案和靖未從明道此二程當作小程元祐末呂晉伯薦自布衣召爲太常博士坐元符上書入黨籍編管饒州卒

百家謹案先生得罪遭貶行過洛館和靖所頗以遷謫爲意和靖曰當季明上書時爲國家計邪爲身計邪若爲國家計當欣然赴饒若爲進取計則饒州之貶猶爲輕典先生渙然冰釋孫鍾元先生曰季明能成彥明于始彥明能成季明于終朋友之益大矣哉

附錄

季明嘗以治經爲傳道居業之實居常講習只是空言無益質之兩先生伯淳先生曰修辭立其誠不可不子細理會能修省言辭便自要立誠若是修省言辭爲心只是爲僞也若修其言辭正爲立己之誠意乃是體當自家敬以直內義以方外之實事道之浩然何處下手惟立誠纔有可居之處則可以修業也終日乾乾大小大事卻只是忠信所以進德爲實修業處正叔先生曰治經實學也譬諸草木

區以別矣道之在經大小遠近精粗高下森列于其中譬如日月在上無不見者一人指之不若衆人指之自見也如中庸一卷書自至理便推之于事如國家有九經及歷代聖人之迹莫非實學也如登九層之臺自下而上者爲是人患居常講習空言無實者蓋不自得也爲學治經最好苟不自得則盡治五經亦是空言今有人心得識達所得多矣有雖讀書卻在空虛者未免此弊

横渠門人 高平再傳

學士范巽之先生育

范育字巽之邠州三水人舉進士爲涇陽令以養親謁歸從張横渠學以薦授崇文校書監察御史裏行神宗諭之曰書稱堲讒說殄行此朕任御史意也先生請用大學誠意正心以治天下國家因薦横渠等數人西夏入環慶詔先生行邊還言寶元康定閒王師與夏人三戰三北今再舉亦然豈中國之大不足支數郡乎由不察彼己妄舉而驟用之爾坐劾李定親喪匿服罷御史知韓城縣久之知河中府加直集賢院徙鳳翔以直龍圖閣鎮秦州元祐初召爲太常少卿改光祿卿樞密都承旨出知熙州時又議棄質孤勝如兩堡先生爭之曰熙河以蘭州爲要塞此兩堡者蘭州之蔽也棄之則蘭州危蘭

州危則熙河有腰膂之憂矣又請城李諾平汝遮川曰此趙充國屯田古榆塞之地也不報入爲給事中戶部侍郎卒高宗紹興中採其抗論棄地及進築之策贈寶文閣學士

龍圖游景叔先生師雄

游師雄字景叔武功人受學橫渠第進士爲儀州司戶參軍遷德順軍判官元祐初爲宗正寺主簿執政將棄四寨訪于先生對曰此先帝所立以控制夏人者也若何棄之不聽因著分疆錄遷軍器監丞吐蕃寇邊其酋鬼章青宜結乘閒脅屬羌搆夏人爲亂謀分據熙河乃擇先生與邊臣措置聽便宜從事既至諜知夏人聚兵天都山前鋒屯通遠境吐蕃將攻河州先生欲先發以制之請于帥劉舜卿舜卿曰彼衆我寡柰何先生曰在謀不在衆遂分兵爲二姚兕將而左种誼將而右卒破洮州擒鬼章捷聞百寮表賀遣使告永裕陵言者以爲邀功生事止遷一官歷集賢校理權副陝西轉運召詣闕哲宗勞之曰洮河之役可謂高功但恨賞太薄耳對曰皆上稟廟算臣何力之有惟將士勳勞未錄此爲歉也因陳其本末拜衞尉少卿帝數訪邊防利病先生具慶歷以來邊臣施置臧否朝廷謀議得失及方今禦敵之要凡十六事名曰紹聖安邊策上之歷知邠州河中府秦

州陝州進直龍圖閣自復洮之後諸國悉入貢卒年六十先生之學以經世安攘爲主非瑣瑣章句矇瞳其精神以自列于儒者之比也故其志氣豪邁于事功多所建立議者以用不盡其材爲恨修

謝山游景叔墓誌跋曰游先生墓誌雖言與橫渠游而不言受業疑非弟子然其文則張公舜民其書則邵公篪其篆則章公楶皆元祐黨人之同岑而所鐫工人爲安民尤可珍予方修宋儒學案得此爲之喜而加餐梓材案宋史云學于橫渠

忠憲种先生師道

种師道字彝叔洛陽人少從橫渠學以祖世衡蔭補三班奉職試法易文階爲熙州推官權同谷縣又通判原州提舉秦鳳常平議役法忤蔡京旨換莊宅使知德順軍又謂其詆毀先烈罷入黨籍屏廢十年後擢知懷德軍累遷洛州防禦使知渭州詔帥七路兵征臧底城八日克之徽宗得捷書喜進秩從童貫爲都統制拜保靜軍節度使貫謀伐燕使之盡護諸將諫曰鄰有盜不能救又乘之而分其室無乃不可乎貫不聽遼使來請曰女真之叛本朝亦南朝所惡也今射一時之利棄百年之好結豺狼之鄰基他日之禍謂爲得計乎貫不能對先生諫宜許之又不聽密劾其助賊王黼怒責致仕而用劉延

慶代之延慶敗績盧溝帝思其言召用之已復致仕金人南下趣召之加檢校少保靜難軍節度使京畿河北制置使時先生方居南山豹林谷聞命即至洛陽以其春秋高天下稱爲老种卒贈開府儀同三司後加贈少保謚忠憲修

祖望謹案橫渠弟子埒于洛中而自呂蘇范以外寥寥者呂蘇范皆以程氏而傳而南渡後少宗關學者故洛中弟子雖下中之才皆得見于著錄而張氏諸公泯然可爲三歎予于宋史得游种二公于晁景迂集得張舜民于童蒙訓得田腴于程子語錄得薛昌朝于閩志得邵清而潘拯乃關中一大弟子竟莫得其詳

潘康仲先生拯

潘拯字康仲關中人嘗問人之學非願有差只爲不知之故遂流于不同不知如何持守程子言且未說到持守持守甚事須先在致知致知盡知也窮理格物便是致知參程氏遺書

梓材謹案此條見遺書卷十五入關語錄關中學者所記伊川先生語或云明道先生語又案伊洛淵源錄龜山誌銘辯云凡公卿大夫之賢者于當世有道之士莫不師尊之其稱先生有

二義一則如後進之于先進或年齒居長或聲望早著心高仰之故稱先生若韓子之于盧仝歐陽永叔之于孫明復是也其一如子弟之于父兄居則侍立出則杖屨服勤至死心喪三年若子貢曾子之于仲尼近世呂與叔潘康仲之于張橫渠是也

據此則先生之事橫渠可知矣

修撰李潏水先生復

李復字履中長安人也雲濠案先生世居開封祥符以父官關右遂爲長安人朱子語錄稱爲閩人蓋傳寫之誤學者稱爲潏水先生以進士累官中大夫集英殿修撰先生于呂范諸子爲後輩然猶及橫渠之門紫髯修目負奇氣喜言兵事于書無所不讀亦工詩崇寧中邢恕爲涇原經略使謀立邊功以洗誣謗宗廟之罪因納許彥圭之說請用車戰法及造舟五百艘將直抵興靈以控夏國時先生方爲熙河漕使詔下委之先生奏云奉聖旨令本司製造戰車三百兩臣嘗覽載籍古者師行固嘗用車蓋兵不妄動征戰有禮不爲詭遇多在平原廣野以車可行今盡在極邊戎狄乘勢而來雖鷙鳥飛翥不如是之迅下寨駐軍各以保險爲利其往也車不及期居而保險車不能登歸則敵多襲逐爭先奔趨不暇回顧安能收功非若古時之

可用也臣聞此議出于許彥圭彥圭因姚麟而獻說朝廷遂然之不知彥圭虜爲輕妄唐之房琯嘗用車戰大敗于陳濤斜十萬義軍無有脫者畿邑平地且如此況今欲用于峻阪溝谷之閒乎又戰車比常車闊六七寸運不合轍牽拽不行昨來兵夫典賣衣物自賃牛具終日方進五七里遂致兵夫逃亡棄車于道大爲諸路之患今乞便行罷造如別路已有造者乞更不牽拽前來又乞罷造船奏云經略使乞打船五百隻于黃河順流放下至會州西小河內藏放有旨專委臣監督一年了當契勘本路只有船匠一人須乞于荆江淮浙和雇又釘線物料亦非本路所出觀恕奏請實是兒戲且造船五百隻若自今工料並備亦須數年自蘭州駕放至會州約三百里北岸是敵境豈可容易會州之西小河鹹水闊不及一丈深止一二尺豈能藏船黃河過會州入韋精山石峽險窄自上垂流直下高數十尺船豈可過至西安州之東大河分爲六七道水淺灘磧不勝舟載一船所載不過五馬二十人雖到興州又何能爲又不知幾月得至此聲若出必爲夏國侮笑臣未敢便依指揮擘畫恐虛費錢物終誤大事疏上徽宗感悟罷之已而卒以議邊事不合罷官久之金人犯關中先生已老且病高宗以舊德強起之知秦州空城無兵卒死于賊修

祖望謹案宋史不爲先生立傳洪文敏公特載二疏于隨筆中
稱其忠鯁然似未知先生之死事者若知之則宋史曾經文敏
之手不應但附見之邢恕傳中也予讀樓宣獻公集始得之先
生論孟子集義養氣之旨謂動必由理故仰不愧俯不怍無憂
無懼而氣自充舍是則明有人非幽有鬼責自歉于中氣爲喪
矣故曰無是餒也朱子稱其能得大旨所著有潏水集今無傳
予從三館中得見永樂大典則先生之集在焉 雲濠案潏水集
四十卷乾道閒刻于饒郡即朱子所謂信州本後多散佚今存
十六卷其閒有經解易象算術五行律呂及所上奏議詩則失
傳久矣 大喜欲鈔之而予罷官遂不果
梓材謹案宋有兩李復一即先生一字信仲見水心集謝山答
臨川雜問云潏水是關中之李復在元祐紹聖時極稱博學關
中之有文名者也信仲與之同名時之相去則甚遠

太學田誠伯先生腴

田腴字誠伯安邱人也後徙河南從橫渠學而與虔州宿儒李潛善
每三年治一經學問通貫當時無及之者尤不喜佛學力詆輪迴之
說曰君子職當爲善建中靖國閒以曾子開薦除太學正崇寧初罷

去先生之叔明之安定先生高弟也其學專讀經書不治子史以爲非聖人之言皆不足治而先生不以爲然曰博學詳說然後反約如不徧覽非博學詳說之謂也先生嘗言近世學者無如橫渠先生正叔其次也蓋其守關學之專如此右丞呂好問兄弟嚴事之補

田先生說呂紫微居仁記

予用心多使氣勝心每心有所不善者嘗使氣勝之自知如此未得爲善

祖望謹案此不免把捉故未善

居敬行簡之言仲弓未以聖人之言爲然而聞之而聖人以仲弓之言爲然也學聖人者如仲弓可也

祖望謹案李君行亦然

公羊不知聖人之意立言多害如毋以子貴及人臣無將至令兩漢時尊丁傅及誅大臣蓋用公羊之說

讀經自當先看解說但不當有所執擇其善者從之若都不看不知用多少工夫方可到先儒見處

讀書須是盡去某人說某人說之心然後經可窮

祖望謹案先生叔明之謂讀經不必看諸家故先生有前一條

之說而又以此一條防其弊

梓材謹案謝山所錄田先生說凡六條其一條移爲藍田附錄

太學邵彥明先生清

邵清字彥明古田人元祐閒太學諸生有十奇士號先生與焉嘗從張橫渠學易遂不復出有故人任河南尹召之先生曰子以富貴驕我邪卒不往參姓譜

待制張浮休先生舜民

張舜民字芸叟邠州人也慶歷中范文正公見其所作異之舉進士爲襄樂令新法行先生上書謂裕民所以窮民強內所以弱內辟國所以蹙國以堂堂之天下不當與小民爭利時皆壯之已而環慶帥高遵裕辟掌機宜文字坐軍中作詩訕謗謫監郴州酒稅以赦得原元祐初司馬温公舉先生才氣秀異剛立敢言召試得祕閣校理除監察御史疏論西夏強臣爭權戎心桀驁豈宜加以爵命當興師問罪因及太師文彥博左遷判登聞鼓院臺諫交章爭之請還先生職名不報逾年通判虢州提舉秦鳳路刑獄入爲金部員外郎祕書少監使遼還除直祕閣陝西路運使俄知陝州徽宗卽位韓儀公忠彥爲左相除諫議大夫居職七日所上事六十章極陳陝西之弊河北

之困尋爲吏部侍郎兼侍講時儀公引范恭獻公純禮爲右丞而召劉公安世呂公希純還禁從以先生列九卿朝班有起色門下侍郎李清臣恨之首罷右丞外除安世帥定武希純帥高陽使不得入朝又出先生以龍圖閣待制知真定儀公不能遏也曾布爲右相亦惡諸君子范致虛乃奏曰河北三帥連橫恐非社稷之福于是安世希純同日報罷而先生亦以改同州謝表言紹聖逐臣云脫禁錮者何止一千人計水陸者不啻一萬里又曰古先未之或聞畢竟不知其罪坐訕謗落職知鄂州然清臣亦爲布陷出守北京先生遂坐元祐黨籍謫楚州團練副使商州安置凡五年許自便尋復集賢殿修撰致仕其歸也杜門自守不見賓客時爲山游跨一羸馬葛巾道服飢則啖麪一甌人皆服其清德紹聖中贈寶文閣直學士先生少慷慨論事其使遼也見邪律延禧爲皇太孫所喜者名茶古畫音樂姬侍因著論以爲他日必有張義潮挈十三州以歸朝者當不四十年見之其文豪邁有理致而尤長于詩自稱年踰耳順方敢言詩百世之後必有知音者自號浮休居士有畫墁集一百卷雲濠案畫墁集今存八卷先生之從橫渠學見于晁景迂集中他書無所攷也攷橫渠之卒先生爲之乞贈于朝以爲孟軻楊雄之流且景迂及與先生遊

者必不妄惜乎畫墁集今世無是本予雖曾從永樂大典中見之而未得鈔其論學之緒言耳補

梓材謹案謝山所節呂紫微童蒙訓有一條云崇寧間張公芸叟既貶復歸閉門自守不交人物時時獨遊山寺芒鞋道服跨一羸馬所至從容飲食一甌澹麪更無他物人皆服其清德今檢謝山補撰張先生傳已入其中則此乃采入諸學案而未刪去者也故于紫微學案節之

殿丞薛先生昌朝

薛昌朝字景庸橫渠門人嘗爲御史論新法程子嘗曰天祺有自然德器似箇貴人氣象只是卻有氣短處規規太以事爲重傷于周至卻是氣局小景庸只是才敏須是天祺與景庸相濟乃爲得中也陳古靈嘗薦先生于朝曰才質俱美持法端直可置臺閣時先生爲殿中丞充秦鳳熙洛路句當補

晉伯門人范周三傳

臺諫馬先生涓

馬涓字□□南部人其父從政初未有子買一妾詢知其父母死不克葬故自鬻遂歸妾不責所負後夢一翁謝曰我妾父也聞之上蒼

矣願君家富貴涓涓不絕及生先生因以夢中語爲名元祐中登進士第一晉伯帥秦州先生入判幕府自稱狀元晉伯謂曰狀元云者及第未除官之稱也既爲判官則不可今科舉之習既無用修身爲己之學不可不勉又教以臨政治民之要先生自以爲得師焉後立朝爲臺官有聲崇寧二年陷黨事安置吉州參姓譜

附錄

□□□曰馬涓官南京元城在焉馬涓廷試日元城作詳定官所取也而涓不修門生禮元城微不喜客以告涓曰不然省闈專設主文是以有門生之稱殿試蓋天子自爲座主豈可稱門生于他人幸以此謝劉公也元城聞而是之自是甚懽補

太學張先生瞻

張瞻字景前□□人晉伯爲秦帥先生之父爲倅遣之聽講及入太學晉伯曰微仲弟不必見不如見與叔弟其時汲公爲宰相而晉伯以爲不必見則知先生蓋亦有志于實學者也

和叔家學

呂先生義山

呂義山字子居和叔先生之子也范侍郎育稱其能紹家學亦嘗請

業于程門與叔嘗致書伊川先生書曰大臨更不敢拜書先生左右恐煩枉答只令義山持此請教蒙塞未達不免再三浼瀆唯望乘閒口諭義山傳誨一二幸甚是先生能傳程門講席往復之語其有得于學可知矣伊川與與叔先生解中字不可卽謂之性先生對以中者性之德伊川以爲近之 補

祖望謹案和叔止一子見行狀則義山之卽爲子居無疑程子集中註云子居和叔之子一云義山之字夫和叔之子卽義山也一云二字蓋門人不知而誤增之胡文定公又疑其爲邪子居則尤無稽之言關中自南渡後道梗不通接藍田學派遂至無徵今僅得列名學案而其生平之詳不可得而攷矣

藍田門人

正字周浮沚先生行己

忠簡許橫塘先生景衡 並爲周許諸儒學案

太學沈石經先生躬行

閤門謝先生天申 並見周許諸儒學案

景叔家學 高平三傳

運使游先生璣

游⿰立義殿院師雄子也知眞定縣時朝廷新得燕山其倉廩虜人皆席卷去燕山大饑朝廷命府州縣輸糧調牛車所在鼎沸惟先生寂然無所爲吏人懼更進言之曰姑去訴縣糧已集將行矣吏人皆叩頭言罪不細且此事非倉卒可辦今尚未蒙處分柰何諸縣且行矣先生曰使諸縣行乃自已而諸縣皆行先生乃召其民曰輸粟事如何民皆曰晚矣先生曰不然吾所以不徵汝糧調汝牛車者正以吾自有糧在燕山故也民驚曰如何先生曰汝第往燕山固自有糧也汝每鄉止擇能辦事者數人賫輕貲往糴之民皆惘然遂斂出金銀一一爲區處畢臨行又謂其人曰有餘金當盛買牛車以歸民至燕山所在糧運坌集米價頓落河北等路米有餘遂糴納之先至者以糧兌久不得納皆賣牛車以自給其遺人遂以餘金買之皆乘而歸後其事達朝廷遂擢先生爲河北運使參北牕炙輠

梓材謹案謝山學案標目有先生之名而未爲傳其名作議蓋本施氏北窗炙輠也近得游景叔墓誌石刻于諸味青學博星构蓋景叔諸子名皆從立先生爲景叔第三子舉進士則作⿰立義爲是云

誠伯門人

右丞呂先生好問

縣令呂先生切問 並見滎陽學案

彥明家學

邵蒙谷先生整

邵整字宋舉彥明子自號蒙谷遺老與從□景之以家學自相師友教授生徒常百餘人邑人蘇大璋從之遊終其身先生少嘗從合沙鄭少楳學易傳六十四卦圖說 參姓譜

教授邵先生景之 別見劉胡諸儒學案

蒙谷門人 高平四傳

知州蘇雙溪先生大璋

蘇大璋字顒之古田人也學于蒙谷先生少穎悟年十三通周易成慶元進士爲道州教官以闡揚正學爲己任召試館職除正字遷著作郎力言禁錮道學之非忤大臣意遂累章丐外知吉州歸自號雙溪 補

周許諸儒學案表

周行己

族孫 去非 別見嶽麓諸儒學案

吳表臣

子 松年

曾孫 潔

潘凱

方來 別見水心學案

王十朋 別見趙張諸儒學案

胡一桂 別見木鐘學案

鄭伯熊 浮沚私淑

弟 伯英

從弟 伯謙

節卿續傳

陳傅良 別爲止齋學案

葉適 別爲水心學案

陳亮 別爲龍川學案
蔡幼學 別見止齋學案
朱伯起
別附 木待問
林光朝 別爲艾軒學案
呂祖謙 別爲東萊學案
並公叔講友
鄖鵬舉 附見龍川學案
張淳 別見艮齋學案
並景望同調

許景衡
李迎
林季仲
林叔豹
林仲熊

謝天申
並伊川藍田門人伊川藍田
安定濂溪橫渠再傳高平三傳

林季貍
別附蕭振

沈躬行
伊川藍田塘人與深父門人安定濂溪公管氏橫渠再傳
高平古靈三傳

從弟琪
從子大廉
從孫季豐
從子大經
從曾孫體仁別見止齋學案

劉安節
弟安禮

劉安上

戴述
弟迅

鮑若雨
潘閔
陳經正
陳經邦
陳經德
陳經郛
並伊川門人安定濂溪再傳
趙霄 —— 弟霑
張煇 —— 子孝愷 —— 陳傅良別爲止齋學案
　　 —— 諸葛純 —— 子說
蔣元中並周許講友
蔡元康

潘安固
並周許學侶

徐誼 別爲徐陳諸儒學案

劉軫——子天益
並平陽續傳

宋元學案卷三十二

餘姚黃宗羲原本　　後學慈谿馮雲濠校刊
男百家纂輯　　鄞縣王梓材重校
鄞縣全祖望補定　　道州何紹基重刊

周許諸儒學案

祖望謹案世知永嘉諸子之傳洛學不知其兼傳關學攷所謂九先生者其六人及程門其三則私淑也而周浮沚沈彬老又嘗從藍田呂氏遊非橫渠之再傳乎鮑敬亭輩七人其五人及程門晦翁作伊洛淵源錄累書與止齋求事蹟當無遺矣而許橫塘之忠茂竟不列其人何也予故謂爲晦翁未成之書今合爲一卷以志吾浙學之盛實始于此而林竹軒者橫塘之高第也其學亦頗啓象山一派述周許諸儒學案梓材案周許諸先生原列永嘉學案之一謝山序錄始定爲周許諸儒學案

程呂門人胡張再傳

正字周浮沚先生行己

周行己字恭叔永嘉人也學者稱爲浮沚先生少而風儀秀整語音如鐘十行並下遊太學時新經之說方盛而先生獨之西京從伊川

遊持身艱苦塊然一室未嘗窺牖嘗作顏子不貳過論曰過不必大毫末萌于心而天地爲之應悟不必久斯須著于心而天下歸其仁伊川亦稱之呂與叔時在同門先生亦師事之豐清敏公爲司業一日騶從鬨于堂下先生上書規之清敏爲巽謝焉時兩賢之成元祐進士求監洛中水南糴場以便從學先生未達時從母有女爲其太孺人所屬意嘗有成言而未納采至是其女雙瞽而京師貴人欲以女女之先生謝曰吾母所許吾養志可也竟娶之愛過常人伊川常語人曰某未三十時亦不能如此然其進銳者其退速當慎之其後先生嘗屬意一妓密告人曰勿令尹彥明知也又曰此似不害義伊川聞曰此安得不害義父母之體而以偶賤倡乎謝上蔡曰恭叔不是擺脫不開只爲立不住便放倒耳胡文定曰恭叔才識高明只緣累太重若把得定便長進矣崇甯中官至太學博士願分教鄉里以便養親許之尋教授齊州大觀三年侍御史毛口劾先生師事程氏卑汙苟賤無所不爲遂罷歸築浮沚書院以講學宣和中除祕書省正字卒于鄆所著有周博士集三十卷梓材案陳直齋書錄解題浮沚先生集十六卷後集三卷云先生所居謝池坊有浮沚書院○雲濠案周博士集三十卷本之萬歷溫州府志攷宋史藝文志稱周行

己集十九卷正合前後兩集之數温志蓋傳譌也永樂大典本浮沚集八卷見四庫書目予從永樂大典得見之其文蓋學東坡者先生以偶墮狎邪之故遂爲謝尹諸公所譏然攷其晚年所造似已爲不遠之復未可以此一節抹殺之晦翁謂先生學問靠不得者恐太過也永嘉諸先生從伊川者其學多無傳獨先生尙有緒言南渡之後鄭景望私淑之遂以重光故水心謂永嘉之學覘千載之已絕退而自求克兢省以禦物欲者周作于前鄭承于後然則先生之功不可沒也修

浮沚語

先生教人爲學當自格物始格物者窮理之謂也欲窮理直須思始得思之有悟處始可不然所學者恐有限補

百家謹案伊洛之學東南之士龜山定夫之外惟許景衡周行己親見伊川得其傳以歸景衡之後不振行己以躬行之學得鄭伯熊爲之弟子梓材案鄭先生爲浮沚私淑弟子其後葉適繼興經術文章質有其文其徒甚盛

祖望謹案浮沚時與許景衡劉安節安上戴述趙霄張煇沈躬行蔣元中稱元豐太學九先生族孫去非爲張南軒高弟

附錄

先生作浮沚記曰予浮雲其仕泛然出油然歸有名無位凡民如也有鄉無居逆旅如也僦室浮光山之下古西射堂之遺址巋然小洲繚以勺水予視吾生若漚起滅不常若萍去留無止于是名之曰浮沚其西爲閣名曰漚閣其東爲軒名曰萍軒其北爲室名曰桴室室者窒也窒吾心之陰幽不善也其南引舟而渡名曰筏渡渡者度也度一切陽明之善也是吾居也因水而爲洲因洲而爲室因室而爲名因名而爲義皆浮義也故吾不獨浮其仕又且浮其居不獨浮其居又且浮其生生有之而何得無之而何失古之有道者貧而樂窮而通豈謂是與非曰能之願學焉 補

忠簡許橫塘先生景衡

許景衡字少伊瑞安人也學者稱爲橫塘先生伊川講學浙東之士從之者自先生始成紹聖進士歷仕至殿中侍御史東南之未定也詔兩浙江東路權免茶鹽比較賊平依舊徵之先生疏言茶鹽人所日用當視食者之多寡以爲歲額之高下今被兵州縣戶口減半而歲額必使與舊比東南赤子何以堪命三疏得請燕山之役力言童貫不可用且列其罪數十條又言譚稹罰未稱罪時以用兵故誅求

益甚先生言財不足當節用民已困當厚恤之元豐左藏庫日支約三十六萬緡今費一百二十萬非舊制者可減營繕諸役花石綱運非舊制者可罷凡吏員以點檢文字祗應準備爲名及伶官伎藝待詔之屬因事增置祿費尤多與夫無名之功賞非常之賜予僥倖之請求宜一切省絶常賦之外又以買糴爲名與其他抑配者不可一二數監司督責州縣促辦百姓破產相屬爲民父母豈不惻然加恤乎王蔡亂政日甚先生言尚書省比闕長官而同知樞密亦久不除雖近例以三公通治然文昌政事之本樞密總兵之地各有任屬安可虛位況近年賞罰僭濫官吏猥多姦贓狼籍財匱民困軍政縱弛邊備不嚴陝西諸路地震彌月京東淮東積水害稼此正敷求輔佐振舉紀綱之時望博考公議愼選忠賢以補政府之闕王黼大怒適知洋州吳巖夫以書抵執政言先生之賢而誤達于黼以是逐之欽宗卽位以左正言召中丞陳過庭引親避嫌改太常少卿兼諭德已而除中書舍人上書論人君心術及時政而耿南仲以舊學執政深惡鯁直之士李光程瑀相繼被斥先生爭之會過庭拜中書侍郎先生復引嫌南仲乃誣先生視大臣進退爲去就與同官晁說之俱罷胡文定公爭之不報已而有詔召還則京師被圍道梗信絶高宗卽

位之八日以給事中召至則除中丞時宗忠簡公守東京小人撼之先生力言其不可罷又言方今人材未備而政事不立意欲節浮費輕賦役愼命令明賞罰平寇盜嚴武備汰奸貪抑親黨申公論以革往事之弊浙西軍變提刑下招安之令旣降請授以官先生謂作亂而反得受爵非政刑也罷之惟駐蹕之議則李忠定公主南陽宗忠簡公主還京而先生獨請東幸建康黄潛善之兄潛厚爲戶部尚書先生極論其不可乃罷尚書之命猶以延康殿學士領財計再疏言之高宗甚向用先生遂拜右丞入政府而潛善等益忌之初先生謂天下方多事當調和同列以求濟已而嘆曰調和不可爲也則請閒爲上極言之潛善等益恨會議改鈔法先生曰國家號令失信于天下垂三十年而鈔法最甚尤而效之柰何遂止有從臣汙僞命者宰相以其有文欲復使典制先生曰是大辱國此而可用孰不可用也或謂正二月之交乃太乙正遷之日宜于禁中設壇望拜上以爲問先生曰修德愛民天自降福何迎拜太乙之有潛善等惡宗忠簡公謗之不已先生廷辯之曰澤忠義之節居守之功非特臣能言之東都宗廟所在北抗強敵責任不輕必欲易之非左右大臣不可謗者默然初李忠定公爲相遂定南陽之議忠定去位議亦罷而忠簡累

請還京先生獨謂二鎮未復不宜居危地南陽漕運不繼且當居建康及金人攻汜水高宗尙在廣陵先生請幸建康益力會有傳信王榛將入洛者高宗懼遂下還京之詔汪黃實主東幸而故以渡江之議罪先生以資政殿大學士奉祠先生聞還京之舉憂之至瓜洲得暍疾舟至京口而卒夷攷當時之議自以李宗之北面爲是而東幸爲怯此不足爲先生諱也然汪黃本主東幸及怵于傳聞始議還京而借渡江之議以傾先生是則小人之醜正可爲太息者且汪黃之主東幸特以自便其私而先生則主于擇險而守其所見正不同及夫倉卒下還京之詔漫無牧圉之備羽書猝至狼狽渡江然後知先生之早計較之李宗雖有遜而小人當媿死矣故先生旣卒而高宗思之曰朕自卽位以來執政忠直遇事敢言無如張慤許景衡者賜諡忠簡明年先生夫人胡氏乞借所僦官屋詔以給其家所著有橫塘集三十卷雲濠案橫塘集四庫釐爲二十卷予從永樂大典中會見之以下補

先生論學詩

咨爾學者學古之道惟古善教有倫有要其學維何致知格物反身而誠物我爲一匪曰我私推之斯行親親長長而天下平

閤門謝先生天申

謝天申字用休瑞安人也見于伊川語錄和靖先生亦雅重之以賢良薦知閤門

祖望謹案晦庵伊洛淵源錄用休名天申而止齋集名佃豈其人有二名邪

梓材謹案陳止齋重修瑞安縣學記云始林介夫先生不爲新經以春秋教授于鄉既而許公景衡與沈公躬行謝公佃偕同郡諸儒又嘗越數千里外竊從程呂二氏問學此卽謝山所謂止齋集名佃者亦據此可見許謝二先生皆從藍田遊矣

太學沈石經先生躬行

沈躬行字彬老永嘉人也不喜舉業之學而好古學講明禮經喪葬之制初從塘奧先生林石遊安定古靈之再傳也已而從伊川兼師同門藍田呂氏其學以中庸大學爲本篤信而力行之卓然以聖賢爲依歸王氏廢春秋先生獨手摹石經春秋藏于家云梓材案王氏廢春秋句猶仍葉水心之說

謝山跋水心先生石經春秋詩曰嘉祐開封石經片紙隻字不存人閒幷不得如成都孟蜀之本尚見于藏書之目亦異事也

讀水心詩集有曰石經春秋一代奇寶王氏爲熙豐學廢不用瑞安沈彬老搨而有之其孫體仁閣以庋焉予爲名曰深明梓材案體仁字仲一別見止齋學案又案慈湖作深明閣記謂彬老爲仲一族曾王父則仲一乃彬老從曾孫非其孫也詩曰唱昔洛門初上石未久翻遭焚書厄是所指者開封之石經也然予攷嘉祐本當宋時流傳亦寡不特春秋水心特因荆公不解春秋而遂以此尤之其實荆公斷爛朝報之言出于人所附會尹和靖嘗辯之矣且荆公不解春秋而要何嘗廢石經之春秋後世有誤解水心之詩者將復增荆公一過可不辯與

梓材謹案浮沚爲先生父子正墓誌云洛陽程正叔京兆呂與叔括蒼龔深之與鄉先生林介夫皆傳古道名世宗師學者莫得其門君能資躬行從之遊而鄉黨朋友咸稱之據此則先生又爲龔氏門人

伊川門人 胡周再傳

知州大劉先生安節

劉安節字元承永嘉人也嗜學有所未達思之夜以繼日必至于得而後已少與從父弟安上相友愛師事伊川遊太學成元符進士主

諸暨簿祭酒率其屬表留太學不報尋除萊州教授未行改河東提學管句文字召對便殿先生言春宮宜愼擇官屬雖左右趨走者必惟其人又論節儉及君子小人和同之異上稱善卽日擢監察御史自學禁起伊川弟子無顯者至先生與許公景衡始見用已而除起居郎次年遷太常少卿爲宮官所誣劾謫守饒州州饑大發廩賑之又檄旁郡無遏糴軍儲不足他州皆强取諸民先生曰歲荒如此重困之可乎他司宜有相通者市人爲在官者所擾多逃散先生安集之未幾飢者充乏者濟逃者復于是與之治賦裁制貢奉之須俾屬縣先期戒民無倉卒之擾移知宣州饒之民遮留之涕泣不忍別曰吾州自范文正公而後始見劉公甫至宣大水先生分遣其屬具舟拯溺而躬督之昕夕不休遠近流民至者以萬數闢佛寺以處之欲發廩吏以爲法令不可部使者亦持之先生弗聽大疫命醫治之其全活者無算政和六年卒先生從事于致知格物存心養性之說久而有得遇人無貴無賤一以至誠未嘗見其有恚辭怒色至于大節則凜然不可奪道鄉鄒公得罪與其所厚數十人道送勞勉之朝廷震怒追逮先生泰然已而哲宗宥之亦自若宣州荒政有詔褒先生歸功于監司其待胥吏不以刑威而自服嘗相戒曰神可欺府君不

可欺訟者亦或相戒曰何面目見府君以是政甚清簡嘗輯伊川語錄一卷或有問先生于伊川者曰未見他進處只他守得定不變亦是好手如廉仲之徒皆忘之矣所著有劉左史集四卷非足本也許橫塘銘先生墓曰温温劉子其美璞斯文有傳與敦琢始乎致知物斯格沈涵充積卒自得衆人巧智獨敦朴衆人迫隘獨恢廓衆人利欲獨淡泊洞然無礙油然樂

大劉先生語

堯舜之道不過孝弟天下之理有一無二乃若異端則有閒矣

致知甚難

學者須至于大

至誠可以蹈水火

作文害道

梓材謹案謝山所錄大劉語六條今移入明道學案者一條

給事小劉先生安上

劉安上字元禮左史安節從弟也見知于范忠宣公與兄同受業伊川之門里人稱爲大小劉先生以别之成紹聖進士累遷至提舉兩浙學事陛對稱旨徽宗稱其蘊藉有大臣體由監察御史再遷至侍

御史上嘗目送之曰安上奏事可謂詳審先生面奏蔡京罪狀數十退復以疏言之而京自若乃再疏論之曰臣累疏論列蔡京罪惡雖蒙俞允未即顯誅臣不敢避再三之瀆仰干天聽三省事務必由聖斷京不俟奏擬徑行批下其罪一也文昌舊省乃先帝睿畫京惑于陰陽之說一毀爲墟其罪二也謀動邊釁舉師黔南民不聊生其罪三也錢鈔朝令夕改商販不行棄妻鬻子或至自經其罪四也汲引凶奸結爲死黨其罪五也株連羅織冀鉗異議其罪六也臚傳賜第摘其語涉諷己者編廢二十餘人其罪七也交結宮闈私通近習其罪八也託祝聖以營臨平之私域假利民以決興化之讖水其罪九也孟翊張懷素皆其所引姦妖惡逆其罪十也其餘積惡未容殫述臣愚欲望陛下斬京頭以謝天下斬臣頭以謝京時大觀二年也于是中丞石公豫諫議大夫張克公復與先生廷劾之京始罷相三年遷右諫議大夫又劾給事中蔡嶷以道家吐納之說妄自尊大侍班瞑目上輕君父時論偉之尋除中書舍人踰年除給事中尋以徽猷閣待制歷知壽州婺州邢州皆有聲已而陞壽州爲府復以先生守之又知舒州奉祠建炎二年卒先生在言路嘗曰吾仇怨滿天下矣然吾職所在吾無心也故其章奏多不存者所著有劉給事集三十

卷今止五卷非足本

雲濠案薛嘉言所作先生行狀稱有詩五百首雜文三十卷然焦竑國史經籍志載其集實止五卷蓋兵燬之餘後人掇拾而成也

祖望謹案先生之風節峻矣顧晁景迂作客語謂道鄉之貶舟子參之先生取舟子決之此必傳聞之妄也先生兄弟同學同志方道鄉之貶左史送之而先生乃辱之得無類司馬牛之兄弟乎且道鄉初貶在先生未爲御史之前其時先生一官錢塘再官縉雲三官登州皆非道鄉貶謫之路所經若其再貶則先生爲御史矣于歲月亦皆不相合況先生冒不測之禍以糾蔡京而肯辱道鄉以媚之乎晦翁又誤移此事屬之左史則以送道鄉之人而反決其舟子又事之所必無者也

小劉先生語

天下未嘗無才也作而成之才不可勝用矣

能制于外者則能養其中

拱而尚右此信孔子之行而行之者也喪欲速貧死欲速朽此信孔子之言而言之者也非自得也

今長吏多以捕獲功自列幸人之死而己取賞吾弗忍爲

教授戴先生述 附弟迅

戴述字明仲永嘉人也孝友直諒少工于文嘗試廣文館趙挺之得其卷以爲老儒擢異等而先生未冠也先生爲小劉先生妹壻遂同遊于程門求爲己之學居父喪廬墓盡哀成元符進士不樂爲簿監等官辭之不得賦歸去來投檄去起爲臨江教授居母喪病于倚廬或請遷于內先生不可六日而卒周浮沚志其墓曰明仲資稟剛明少而有立既從程氏問學知聖人之道近在吾身退而隱于心若有自得方沈涵充積日進不已而年止三十有七可謂不幸也已先生弟迅字幾仲私淑洛學于其兄時稱爲大小戴先生門人合其文曰二戴集幾仲別有晉史屬辭三卷

鮑敬亭先生若雨

鮑若雨字商霖永嘉人也學者稱爲敬亭先生張思叔敬亭記曰商霖從學伊川先生勤苦自勵早夜不息爲同門之畏友伊川嘗令與和靖講明□□睦州之亂率其門人捍禦有勞有司奏功力辭不受所著有伊川問答錄敬亭集

敬亭語

先生前日教某思君子和而不同思之數日便覺胸次廣闊其意味

有不可以言述者

竊有一喻願留嚴聽今有人焉久寓遠方一日歸故鄉至中途適遇族兄者俱抵旅舍異居而食相視如途人彼豈知爲族弟此亦豈知爲族兄邪或告曰公之族兄弟也既而懽然相從無有二心向之心與今之心豈或異哉知與不知而已今學者苟知大本則視天下人猶一家亦自然之理也先生曰此誠善喻

人之初生仁固已存乎其中及其既生也幼而無不知愛其親長而無不知敬其兄而仁之用于是見乎外當是時惟知愛敬而已固未始有事物之累及夫情欲竇于中事物誘于外事物之心日厚愛敬之心日薄本心失而仁隨喪矣故聖人教之以務本而曰孝弟爲仁之本蓋謂爲仁者必本于孝弟先生曰如此尋究甚好

身者資父母血氣以生者也盡其道則能敬其身敬其身則能敬其父母矣故曰盡其道謂之孝弟

隱君潘先生閔

潘閔字子文瑞安人也與敬亭諸公入洛從伊川嘗以子夏子張之論交爲問伊川曰子張是成人之交子夏是小子之交先生退而有得志趣高遠見當時政事混濁黨錮之禍正烈遂隱居不仕

陳先生經正

進士陳先生經邦 合傳

陳先生經德 合傳

陳先生經郛 合傳

陳經正字貴一平陽人也與其弟經邦從伊川遊謝持正之見伊川也貴一實介紹之經邦成大觀進士字貴新貴一貴新皆有問答見語錄其二弟經德經郛亦私淑洛學者平陽學統始于先生兄弟成于徐忠文公宏父貴一嘗曰盈天地閒皆我之性不復知我之爲我

梓材謹案謝山以經德經郛爲洛學私淑然攷温州舊志謂經正與弟經邦經德經郛永嘉鮑若雨俱受業二程之門二程謂伊川也儒林宗派亦以爲程門弟子第以經郛爲經邦弟經德爲經郛弟許橫塘爲其祖宗偉墓志云男孫九人經德經邦經郛經正經世經言經綸經猷經辨則經德最長而經邦經郛經正皆其弟也橫塘親見諸陳且謂經德狀其祖府君之行告其所遊許某則其同在程門而非私淑可知矣

周許講友

學正趙先生霄 附弟霑

趙霄字彥昭瑞安人也十歲賦猛虎行甚工少孤從父豫析其產先生悉以屬之兄入太學與橫塘諸公爲洛學成崇寧進士官濟州教授導諸生以躬行之實不專事科舉東方士俗爲之丕變時稱爲趙顏子官至太學正先生弟霑字彥澤學業亞于其兄大觀中以八行舉恥其爲蔡氏所設科力辭不赴方賊之難同縣令王公濟守禦有勞既卒縣人祀之許橫塘稱其臨大節而不撓視古人爲無愧云

學錄張草堂先生煇

張煇字子充永嘉人也自六經諸子史百家之說皆通習而辨析之性篤孝居喪哀毀不自勝築霜露堂于墓側棲止其中有甘露降于庭學者爭請識之曰是自衒也與橫塘諸公日從事于治氣養心之術學者從之益多政和中舉八行不就政和二年上舍擢第累仕爲洪州教授以薦爲國子學錄所著有草堂語錄學者稱爲草堂先生

上舍蔣先生元中

蔣元中字元中永嘉人也見道超卓與橫塘諸公爲洛學嘗作經不可使易知論太學諸生咸傳誦之至刻之石而張文忠公橫浦亦時時爲學者誦之方元豐中太學有永嘉九先生之目即劉許以至沈蔣九人也張氏趙氏蔣氏疑未見伊川者蓋私淑也然永嘉之爲洛

學者尚不止此蓋指其同時在太學者耳

周許學侶

上舍蔡先生元康

蔡元康字君濟平陽人也初入太學嘅然嘆曰學止科舉而已邪所見賢者一言一行孜孜訪之由橫塘諸公私淑洛學崇寧中遊京師謂其友曰連日不樂得非吾親不安邪馳歸果父病尋愈學以誠正爲本龜山道鄉了翁皆重之道鄉臨歿告以死生之說弁學問源流甚詳嘗失金有得諸同舍篋中者以告曰此非吾金也尋以八行薦未報而卒橫塘爲志墓

潘先生安固

潘安固字仲碩平陽人也由橫塘諸公私淑洛學嘗舉八行不就一日行市上負薪者誤觸其巾墮溝中皇遽弛擔謝罪先生撫而遣之曰汝行矣吾自取之以上補

浮沚門人胡張三傳

學士吳湛然先生表臣

吳表臣字正仲永嘉人也大觀初進士高宗時累官右正言遷吏部尚書兼翰林學士秦檜欲其使金議地界指政事堂曰歸來可坐此

先生不答坐罷復起知婺州尋進直學士晚號湛然鄉論推其清約宋史謂其源流得之陳忠肅公了翁而不知其爲浮沚先生高弟永嘉諸公之傳其最達者先生也修

通守李濟溪先生迎

李迎字彥將濟源人也累官安撫司機宜文字通判明州晚寓苕上嘗自贊曰三仕三已應緣而進一邱一壑倦遊而歸其高致如此先生爲永嘉周浮沚先生壻因得聞伊洛之說其居苕上□□招提中日手鈔聖賢治心養性之學有濟溪老人遺稾一卷周益公序之又表其墓補

橫塘門人

直閣林竹軒先生季仲

運副林先生叔豹合傳

林季仲字懿成號竹軒永嘉人也雲濠案先生自號蘆山老人嘗僑寓暨陽竹軒集中又自稱濟南林某者蓋其祖貫也兄弟四人皆橫塘許氏弟子而先生與叔弟叔豹尤著成宣和進士官婺州兵曹出死囚之無罪者遷仁和令建炎杭卒之亂先生躬帥士兵捍截有功高宗幸永嘉先生奉母避兵山下以中丞趙鼎薦與吳表臣並召見

授臺官累遷吏部郎乞重民牧之選因乞一令自效且云臣承乏郎官求爲縣令似乎不情然官職之輕重惟陛下如何以省部爲重則郎官貴以斯民爲重則縣令貴古人有言請自隗始今請以臣爲郎官作令之始尋除太常少卿趙鼎罷相先生亦出知泉州鼎再入相奏令清議所與如劉大中胡寅呂本中林季仲陛下能用之乎不然則臣無所措手足乃除檢正和議起先生上疏引夫差句踐事爭之被斥久之召知婺州尋復以直秘閣奉祠有竹軒雜著十五卷雲濠案竹軒雜著今存六卷 叔豹字德惠成進士爲李綱行營使幕官甚倚任之按慈溪縣鄞之降紳蔣安義獻屠城策以媚金求知明州德惠自慈帥兵入杖殺安義姦民以定累官江東副轉運使補

祖望謹案先生兄弟遺書不傳然嘗見直閣送虞仲琳詩云儒生底用苦知書學到根源物物無曾子當年多一唯顏淵終日只如愚水流萬壑心無競月落千山影自孤把手沙頭莫言別與君原不隔江湖則已開象山宗旨矣

林先生仲熊

林先生季貍合傳

林仲熊季貍與叔豹皆竹軒弟也皆知名參直齋書錄解題

別附

學士蕭德起振

蕭振字德起平陽人也橫塘許忠簡公壻故少受業于許氏成重和進士爲婺州兵曹忠簡赴京振祖道曰丈人至朝廷幸勿見薦今執政多私其親故丈人宜革之忠簡肅然是之高宗幸廣陵東南雲擾一日婺卒數百挾刃倡亂振安輯之秩滿數年不調執政交薦召對除監察御史久之以親老求去章七上不許乃面奏曰臣事親之日少事陛下之日長惟聖慈哀憐之遂外補已而復召爲祕書郎當是時伊洛之學盛行其稱程門再傳弟子最有聲者上蔡之門則朱震龜山之門則張九成喻樗高閌橫塘之門則振而閩人劉子翬以私淑起見李心傳道命錄未幾宰相趙鼎爲秦檜所排遂以專門之學被詆凡宗伊洛者指以爲趙鼎胡寅之學貶斥無虛日振始稍諱其傳與句龍如淵等附于檜以此累遷至工部侍郎既劾劉大中罷其參政鼎曰振意不在大中也而振亦私謂人曰丞相殆不待論當自爲去就矣未幾鼎罷然振亦出知台州又坐薦李光之黨楊煒再謫池州君子薄之晚年起知成都府頗有惠政以敷文閣學士卒官雲濠案學士著有文集二十卷○以下補

祖望謹案薛文憲公浪語集所作振墓志無貶詞而王忠文公蕭家渡詩頗稱其名德殆出于鄉里之私乎今重爲論定庶以警後世之反覆者

石經家學

沈嘉慶先生琪

沈琪字東美彬老從弟行義如其兄聚族而居寢舍飲食皆放古制學者稱爲嘉慶先生

提刑沈先生大廉 附子季豐

沈大廉字元簡石經先生從子也傳其家學紹興進士爲樞密院計議官尋除監察御史遇事敢言給事中周葵以封駮忤旨罷先生力陳其不可俄而中書舍人淩景夏相繼復爭之俱不報自以不得其言力求外補遂以直祕閣提刑福建卒王公梅溪輓之曰能將一誠字了卻百年身九先生之後能世其家推周氏沈氏張氏子季豐字儉光亦躬行之士止齋宏父諸公並重之

論語說

三年無改黃繼道曰君子不忍死其親三年之內于父所行或當或否將有所不暇議忍改之乎昔居先君之喪于哀苦中得此說甚以

爲合于人情也

宰予晝寢黄繼道引禮記問疾之説以爲宰予好內而懷安竊以爲不然宰予固不至是聖人亦不察人之微至是也但昏惰無精進故責之

胡五峯曰范伯達亦云然

如有所立卓爾黄繼道以爲顏子去聰明智力而後有所得其論爲妙

胡五峯曰聰明智力豈可去去之則入于空矣

梓材謹案謝山所節沈元簡引黄莊定之説七條其專爲莊定説者四條移入武夷學案

主簿沈先生大經

沈大經字元誠石經先生從子也通物以性成身以行後進登其門咸有所裁正在家尤嚴肅妻子莫不化之用累舉恩主漳浦簿奉南嶽祠沈氏自石經紹正學先生與其兄大廉竝稱克世而先生惜未見其施云

大劉家學胡周三傳

劉先生安禮

劉安禮字元素左史同產弟也學于左史于書無所不讀有才氣宣和辛丑睦州之亂劉教授士英糾義兵永嘉士子助之者鮑敬亭與先生皆佐方略盜至共守城有功朱漢上與之厚敬亭病于京師先生以師友之誼不遠二千里往視得寒疾遂卒時論惜之

草堂家學

架閣張先生孝愷

張孝愷字思豫草堂先生子傳其父學紹興庚辰進士官架閣止齋先生婦翁也 以上補

草堂門人

諸葛先生純

諸葛純永嘉人其父娶城南張氏以諸子從其舅學所謂草堂先生以八行應書者也由是闔郡賢士大夫往往多諸葛氏師友姻婭云

參陳止齋集

浮沚續傳 胡張四傳

通判周先生去非 別見嶽麓諸儒學案

湛然家學

知州吳公叔先生松年

吳松年字公叔湛然先生表臣子也少年工于文時以為有孫覿汪藻之風張忠獻公謂之曰士當為有用之學不必苦心詞章因令與其子敬夫遊以任子累官明州通判朝臣爭薦之除將作監丞江西安撫司參議尋知南劍州以答天意固民心為對先生善折獄其在明州出死囚數人其在南劍州亦然暇則之學宮與諸生講經義課政以最入朝政府將以為郎官孝宗以其治郡有聲再令知潭州未之官而卒先生風神高邁談論傾座超然如唐晉間人物好古樂道經明行修不競于進慤而澹介而通于兄弟尤友愛最與王忠文公十朋鄭文肅公伯熊艾軒東萊諸公善所著有江湖集補

公叔講友

忠文王梅溪先生十朋 別見趙張諸儒學案

文肅鄭景望先生伯熊 附弟伯英

鄭伯熊字景望永嘉人與其弟歸愚翁齊名時人稱為大鄭公小鄭公先生少慕呂申公范淳夫舅甥之為人行己一以為法而論事則慕賈長沙陸宣公已而直見道體紹興十五年進士歷黃巖尉婺州司戶隆興初召試正字除太常博士出為福建提舉魏王判宣州南面坐受屬吏進謁幕府進劄子亦坐而可否之及先生除王府司馬

遂以劄子開說謙德未光嫌疑之際或駭視聽又判罷吏羊縮再役先生引吏人年滿歸農不得再應募條法不聽遂自劾去改江西提刑奉祠起知婺州入爲吏部郎官兼太子侍讀歷國子司業宗正少卿方嚮用矣每小不合輒乞去以直龍圖閣知寧國府移知建寧卒後諡文肅方秦檜擅國禁人爲趙鼎胡寅之學而永嘉乃其寓里後進爲所愚者尤多故紹興末伊洛之學幾息九先生之緒言且將衰歇吳湛然沈元簡其晨星也先生兄弟並起推性命微眇酌今古要會師友警策惟以統紀不接爲懼首雕程氏書于閩中由是永嘉之學宗鄭氏大鄭公臧否人物最矜慎稱爲方峻小鄭公喜賢借一介之善雖輩行懸絕必引進之乾淳之閒永嘉學者連袂成帷然無不以先生兄弟爲渠率嘗見張宣公之文謂歸愚曰世以爲是人志于功名者謬矣是學人也當納交焉呂成公尤重之先生恂恂謹厚少而德成悃愊無華無一指不本于仁義無一言不關于教化顧徇道寂寞視退如進駸歷中外不自陳年勞以求磨勘故卒不達弟伯英字景元資性俊健果決視其兄又別爲一格每慷慨論事自謂一日得志必欲盡洗紹聖以來弊政復還承平之舊隆興元年進士第四故事以甲科高第入仕者每易進用文肅喜而笑曰子一日先我矣

然先生性剛自度不能俯仰于時甫任秀州判官遂以親老乞養奉祠三十年不調竟不起當事亦畏其氣岸幸其自重不出無能害己爲幸不復徵也晚而朝議將以司幹處之先生笑曰此冗官也吾方議當省之而身居之邪竟以疾辭論者以先生兄弟性行雖不同然並爲豪傑之士文肅有集三十卷有六經口義拾遺有韻語有記聞

雲濠案先生集已不傳今惟勳文書說一卷行世 判官有歸愚翁集二十六卷今皆無傳㝍可惜也修

附錄

呂東萊與陳同甫書曰景元廓落自其所長區區所望于渠者正欲其愛養氣血點檢細行以待時

文節林艾軒先生光朝別爲艾軒學案

成公呂東萊先生祖謙別爲東萊學案

景望同調

郎先生鵬舉附見龍川學案

監嶽張忠甫先生淳別見艮齋學案

架閣門人

文節陳止齋先生傅良別爲止齋學案

諸葛家學

主簿諸葛先生說

諸葛說字夢叟其父草堂先生之甥永嘉人也得其外家之傳紹興庚辰進士以祿不逮親無意于仕名其園曰艮園室曰儀室以正學教其鄉人晚年以薦主長樂簿史越公帥閩重之延居幕中多所諮訪且薦之朝而先生卒矣嘗自言讀書二十年得一健字補

平陽續傳

忠文徐宏父先生誼別為徐陳諸儒學案

劉先生軫附子天益

劉軫字德輿平陽人也嘗曰忤心而能樂處則忤者終順也快心而不豫防則快者終害也怒將以懼人過怒適以自傷也能將以致譽矜能適以召謗也凡此皆非淺心者所能知所著詮心指要二萬餘言子天益傳家學有鈎玻集嘗應嘉泰賢良上書極陳時政不報補

梓材謹案是傳原底有學于止齋四字謝山抹之云恐是徐子宜之徒又標題云欲附張忠甫傳是皆疑而未定今列徐子宜為平陽續傳而以先生次之于張忠甫亦不相遠云

景望家學胡張五傳

教授鄭節卿先生伯謙

鄭伯謙字節卿永嘉人官修職郎衢州府學教授著太平經國之書十一卷發揮周禮之義其曰太平經國書者取劉歆周公致太平之迹語也首列四圖一曰成周官制一曰秦漢官制一曰漢官制一曰漢南北軍所圖僅三朝之職掌宿衞蓋其大意欲以宮中府中文事武事一統于太宰故惟冠此四圖明古制也其書爲目三十曰教化奉天省官內治官吏宰相官民官刑攬權養民稅賦節財保治考課賓祭相體內外官制臣職官民官術奉養祭享愛物醫官鹽酒理財內帑會計內治其中內外一門會計一門又各分爲上下篇凡論三十二篇皆以周官制度類聚貫通設爲問答推明建官之所以然多參證後代史事以明古法之善參四庫書目提要

梓材謹案先生太平經國書自序稱伊洛老師橫渠夫子蓋永嘉周浮沚沈彬老諸子皆伊川門人橫渠再傳弟子鄭景望又私淑浮沚以綿伊洛橫渠之傳觀先生所稱其爲景望家學無疑也

景望門人

文節陳止齋先生傅良別爲止齋學案

忠定葉水心先生適 别爲水心學案

文毅陳龍川先生亮 别爲龍川學案

文懿蔡先生幼學 别見止齋學案

朱先生伯起

朱伯起□□人師鄭景望而與景元爲友景望愛其質醇以爲近道嗜地理學著書二十篇曰陰陽精義 雲濠案謝山劄記謂先生著有陰陽精義二卷陳君舉欲爲之序不果水心序之 參葉水心集

别附

侍從木蘊之待問

木待問字蘊之永嘉人也隆興癸未進士第一累官太子詹事煥章閣待制禮部尚書鄭文肅弟子待問以大魁官至侍從然無所表見其于師門九等人表當在下中荊溪吴氏言其貴後頗侮歸愚而侵其居則又小人之靡也 補

石經續傳

沈先生體仁 别見止齋學案

湛然續傳 胡張六傳

監倉吴子量先生濼

吳瀠字子量表臣曾孫世其家學篤志窮經櫛沐俱廢嘉定閒葉味道陳埴以朱學顯而先生從遊之士過之潘凱方來其高弟補

梓材謹案溫州舊志載先生初名濤登淳祐第監平江府大軍倉秩滿將處以京秩弗就注青田令歸則先生出處可考矣

子量門人胡張七傳

待制潘先生凱

潘凱字南夫永嘉人弱冠入太學嘗上書言史彌遠擅政登紹定第教授常德府勇信軍作亂先生馳入營裂帛植于門曰在營者非叛軍士皆歸伍無敢後乃止戮其首亂者郡人德之與董文清槐同立祠祀之淳祐末除監察御史三疏論丞相鄭清之不勝任未報卽歸後以宗正少卿除祕閣修撰進刑部侍郎丐外擢寶章閣待制知太平州卒參溫州府志

侍郎方先生來別見水心學案

節卿續傳

鄉貢胡人齋先生一桂別見木鐘學案

王張諸儒學案表

王豫

杜可大 別見張祝諸儒學案

天悅續傳

張嶒

張峋

周長孺——子純明 別見劉李諸儒學案

楊賢寶——晁說之 別爲景迂學案

楊國寶

姜愚

張仲賓

侯紹曾

鄭夬

秦玠

宋元學案卷三十三

餘姚黄宗羲原本　　後學慈谿馮雲濠校刊

男百家纂輯　　鄞縣王梓材重校

鄞縣全祖望補定　　道州何紹基重刊

王張諸儒學案

祖望謹案百源弟子承密授者曰王豫曰張崏皆早死故不傳伯温雖受辟咡負劍之教然所得似淺東發謂漁樵問答乃伯温作其中亦有名言所惜者聞見錄之溺于輪迴也予又爲旁搜得楊周等數人述王張諸儒學案梓材案王張諸先生傳原附康節學案謝山别爲康節弟子學案後又定爲王張諸儒學案伯温爲邵子家學已見百源學案

百源門人

王天悅先生豫

王豫字悅之又字天悅大名人瑰偉博達之士也精于易聞康節之篤志愛而欲教之與語三日得所未聞始大驚服卒舍其學而學焉宗羲案康節之學子文之外所傳止天悅此外無聞焉蓋康節深自祕惜非人勿傳章惇作商州令時從先生遊欲傳數學先生語

惇須十年不仕宦乃可學蓋故難之也而邢恕援引古今亦欲受業先生曰姑置是此先天之學未有許多言語謝上蔡曰堯夫之數邢七要學堯夫不肯曰徒長奸雄天悅無所授以先生之書殉葬枕中未百年而吳曦叛盜發其家有皇極經世體要一篇內外觀物數十篇道士杜可大賄得之以傳廖應淮應淮傳彭復梓材案彭復一作彭復之亦作復初彭復傳傅立皆能前知云

常簿張先生嶓

張嶓字子望滎陽人也登進士第官至太常寺簿觀物外篇二卷乃其所述子文曰先君易學獨以授之天悅與子望皆早世故世不得其傳陳直齋曰其記康節之言十纔一二而已足以發明成書

常博張先生峋

張峋字子堅滎陽人也康節謂門弟子中可語道者熙寧十年春赴調京師雲濠案先生嘗官太常博士康節愀然色變曰吾老矣不復能相見也及秋而卒補

祖望謹案子堅當是子望之弟梓材案直齋書錄解題云峋與其弟嶓同登進士第嶓從邵康節學是子堅乃子望之兄然直齋言嶓從康節而不及峋亦屬挂漏

都官周先生長孺

周長孺字士彥澶淵人也由進士爲衞州共城令師事康節以古弟子禮康節告以先天之學先生少而性剛遇事卽發旣從康節卽淡然若無意于世者其弟直孺怪問之先生慨然歎曰此吾所得于師門者也治平末以都官員外郎爲普城令卒其喪過洛貧不能行康節經紀之甚備教其子純明以學問爲娶伊川姪女純明後登進士亦受業伊川之門 補

朝散楊先生賢寶

楊賢寶字□□洛陽人也官至朝散大夫晁以道曰紹聖戊寅邂逅楊老語及易而異之懇從之求乃得康節先生自爲易圖二雖轒輪俱存而楊行年將七十中風語音清濁不端無由詰問二三年少在旁哂笑僕獨敬之而尊其圖楊且指乾坤坎離四卦爲僕言曰得是四卦則見伏羲之易而文王之易在其中明日如迷人識歸路有感于二圖可指循環無方也楊曰吾昏病而忘之已久今日因子之言如初授此圖時也陳直齋曰晁以道于紹聖閒遇賢寶得康節二易圖又從伯溫得遺編始作易傳名曰商瞿易 修

學士楊先生國寶

楊國寶字應之□□人其爲人勁挺不屈自爲布衣以至官于朝雲濠案先生官至學士未嘗有求于人亦未嘗假人以言色篤信好學至死不變伊川曰楊應之在交遊中英氣偉度過絕于人未見其比可望以託吾道者矣

梓材謹案是傳黃氏本在伊川學案爲程門弟子攷邵氏聞見前錄應之亦康節先公門生康節先公視之猶子也故謝山槀本標目入邵門

縣令姜先生愚

姜愚字子發京師人長於康節一歲而師事之康節年四十五貧未娶先生與同門張仲賓謀爲之娶以進士官六安令分俸之半以奉康節家素富豪舉好施已而以貧卒先生嘗振王陶于厄及陶留守西京待先生甚薄君子譏之補

太博張先生仲賓

張仲賓字穆之潞州人也自未第時從康節爲康節備聘娶夫人者也以進士官太博補

殿丞侯先生紹曾

侯紹曾字孝傑懷州人康節過洛陽愛其風俗之美將遷居焉先生

方知武陟縣雲濠案先生官至殿丞遂助其行皇祐初康節始奉其父伊川丈人卦之于是諫議呂公誨王公益柔以下二十餘家共爲買宅而先生實倡之補

主簿鄭揚庭夬

兵部秦伯鎮玠合傳

鄭夬字揚庭江南人爲盂縣主簿時司馬温公以其明易薦之所著有易傳十三卷夬與秦玠求學康節之門康節以夬志在口耳多外慕而玠頗好任數皆不之許玠嘗語夬以王豫獨傳康節之學夬從豫力求之豫亦不許會豫疾且卒夬賂其僕于臥內竊得之遂以爲己學著易傳易測宋範五經明用等書皆破碎妄作穿鑿不根至所作變卦圖卽康節先天圖也嘗以示玠夬既得豫書入京國子監試策問八卦次序夬以所得之說對有司異之擢在優等登第以所著書徧投公卿之門後以贓罪竄沈括見其變卦說而異之以問秦玠玠僞不知者駭然曰此人何處得此法予嘗遇一異人受此歷數推往古興衰無不皆驗常恨不能盡其術西都邵雍亦知大略已能洞知吉凶之變此人乃形之於書必有天譴此非世人所得聞也康節子伯温因力辯之謂玠既知夬竊書乃謂夬何處得此法又謂西都

邵某聞大略近乎自欺矣玠字伯鎮補

梓材謹案伯鎮嘗官兵部見邵氏聞見錄晁子止郡齋讀書志于鄭夬周易傳云姚嗣宗謂劉牧之學授之吳祕祕授之夬是鄭氏固劉氏再傳實孫泰山三傳弟子也讀書志又引邵伯温言夬竊其學於王豫沈括亦言夬之學似康節即是傳所本百源學案謝山節錄康節語秦玠與鄭夬語二條蓋本之魏鶴山題跋則二子之于康節固在答問之列不得以康節有所不許而竟置之次之門人之末可也

都官家學百源再傳

進士周先生純明別見劉李諸儒學案

朝散門人

詹事晁景迂先生說之別爲景迂學案

天悅續傳

杜道士可大別見張祝諸儒學案

武夷學案表

胡安國 上蔡講友 龜山廌山門人 朱氏私淑 二程再傳 泰山再傳 斬氏

子 寅 別為衡麓學案

子 寧 — 孫 大本 別見五峯學案

子 宏 別為五峯學案

從子 憲 別為劉胡諸儒學案

江琦

曾幾 — 子 逢
子 逮 別見震澤學案
從孫 集 別見廌山學案

呂大器 別見紫微學案

陸游 別見荊公新學略

范如圭 — 子 念德 別見滄洲諸儒學案

趙復 別見魯齋學案 茅堂續傳

薛徽言——子季宣 別爲艮齋學案

胡銓——子泳
　　　子澥
　　　楊萬里 別見趙張諸儒學案
　　　周必大 別見范許諸儒學案

胡襄

譚知禮

韓璜

李椿

方疇 別見紫微學案

劉芮 別見元城學案

黎明
附師張昕

向沈

向浯別見五峯學案

向涪

汪應辰別爲玉山學案

楊訓

黎邱昕

彪虎臣——子居正別見五峯學案

父約附張所

樂洪

徐時動

王樞

張默

曾漸並武夷再傳

鄒浩別爲陳鄒諸儒學案

朱震 別爲漢上學案

曾開 別見廌山學案

劉夔

向子韶

子沈 見上武夷門人

唐輩

李植 別見蘇氏蜀學略

並武夷講友

葉廷珪

武夷同調

黃祖舜

葉顒

附兄顗

陳俊卿

子守

子定

子宓

並見滄洲諸儒學案

鄭丙

宋元學案卷三十四

餘姚黃宗羲原本　　後學慈谿馮雲濠校刊

男百家纂輯　　鄞縣王梓材重校

鄞縣全祖望修定　　道州何紹基重刊

武夷學案

祖望謹案私淑洛學而大成者胡文定公其人也文定從謝楊游三先生以求學統而其言曰三先生義兼師友然吾之自得于遺書者爲多然則後儒因朱子之言竟以文定列謝氏門下者誤矣今溝而出之南渡昌明洛學之功文定幾侔于龜山蓋晦翁南軒東萊皆其再傳也述武夷學案梓材案黎洲定武夷學案以武夷爲上蔡門人謝山則謂在師友之閒而黎洲後人又有駁之者蓋武夷固由上蔡以私淑程子上蔡亦未以門弟子接之也

朱靳門人孫程再傳

文定胡武夷先生安國

胡安國字康侯建之崇安人紹聖四年進士第三人除荆南教授入爲太學博士提舉湖南學事以所舉遺逸王繪鄧璋爲范純仁之客

蔡京惡之除名大觀四年復官宣和初提舉江東路學事尋致仕未年侍臣交薦起除尚書員外郎至起居郎召對除中書舍人爲耿南仲所忌出知通州高宗召爲給事中論故相朱勝非遂落職奉祠休于衡嶽之下著春秋傳進覽除寶文閣直學士紹興八年四月十三日卒年六十五謚文定先生自少時已有出塵之趣登科後同年宴集飲酒過量是後終身不復醉嘗好弈棋母吳氏責之曰得一第德業竟止是弈邪後不復弈爲學官京師同僚勸之買妾事既集慨然嘆曰吾親待養千里之外曾以是爲急乎遽寢其議行部過衡嶽欲一登覽已戒行矣俄而思曰非職事所在也即止罷官荆南僚舊餞行于諸宮呼樂戲以待而交代楊龜山具朝膳鮭菜蕭然引觴徐酌置語孟案閒清坐講論不覺日晷之暮也壬子赴闕過上饒有從臣家居者設宴用音樂先生蹙然曰二帝蒙塵豈吾徒爲樂之日敢辭轉徙流寓遂至空乏然貧之一字口所不道亦手所不書嘗戒子弟曰對人言貧者其意將何求朱震被召問出處之宜先生曰世間惟講學論政則當切切詢究至于行己大致去就語默之幾如人飲食其饑飽寒溫必自斟酌不可決之于人亦非人所能決也某出處自崇寧以來皆內斷于心雖定夫顯道諸丈人行皆不以此謀之也壯

年嘗觀釋氏書後遂屏絕嘗答曾幾書曰窮理盡性乃聖門事業物物而察知之始也一以貫之知之至也來書以五典四端每事擴充亦未免物物致察非一以貫之之要是欲不舉足而登泰山也四端固有非外鑠五典天敘不可違充四端惇五典則性成而倫盡矣釋氏雖有了心之說然其未了者爲其不先窮理反以爲障而于用處不復究竟也故其說流遁莫可致詰接事應物顛倒差謬不堪點檢聖門之學則以致知爲始窮理爲要知至理得不迷本心如日方中萬象皆見則不疑所行而內外合也故自修身至于家國天下無所處而不當矣來書又謂充良知良能而至于盡與宗門要妙兩不相妨何必舍彼而取此夫良知良能愛親敬長之本心也儒者則擴而充之達于天下釋氏則以爲前塵爲妄想批根拔本而殄滅之正相反也而以爲不相妨何哉著有春秋傳資治通鑑舉要補遺及文集若干卷三子寅(梓材案文定之子致堂以弟子爲子事見衡麓學案本傳黃氏補本必以致堂爲從子贅)宏寧從子憲

宗羲案先生爲荊門教授龜山代之因此識龜山因龜山方識游謝不及識伊川自荊門入爲國子博士出來便爲湖北提舉是時上蔡宰本路一邑先生卻從龜山求書見上蔡上蔡既受書先生

入境邑人皆訝知縣不接監司先生先修後進禮見之先生之學後來得于上蔡者爲多蓋先生氣魄甚大不容易收拾朱子云上蔡英發故胡文定喜之想見與游楊說話時悶也

祖望謹案朱子所作上蔡祠記有云文定以弟子禮稟學梨洲先生遂列文定于上蔡門人之目非也文定嘗曰吾于游楊謝三公皆義兼師友又曰吾丈人行也然則何嘗自稱弟子龜山行狀嘗言文定傳其學而文定不以爲然曰吾自從伊川書得之則于上蔡可知矣梨洲謂先生得力于上蔡不知但在師友之閒也

梓材謹案致堂斐然集爲先公行狀云元祐盛際師儒多賢彥公所從遊者伊川程先生之友朱長文及潁川靳裁之朱樂圃得泰山春秋之傳則先生爲泰山再傳弟子可知其春秋之學之所自出矣

胡氏傳家錄補

士當志于聖人勿臨深以爲高

流光可惜無爲小人之歸

學以立志爲先以忠信爲本以致知爲窮理之門以主敬爲持養之

道

曾子之言曰君子愛人以德細人愛人以姑息故切莫假借人

學以能變化氣質爲功

某初學春秋用功十年徧覽諸家欲求博取以會要妙然但得其糟粕耳又十年時有省發遂集衆傳附以己說猶未敢以爲得也又五年去者或取取者或去己說之不可于心者尚多有之又五年書成舊說之得存者寡矣及此二年所習似益察所造似益深乃知聖人之旨益無窮信非言論所能盡也

凡出身事主本吾至誠懇惻憂國愛君濟民利物之心立乎人之本朝不可有分毫私意議論施爲辭受取舍進退去就據吾所見義理行之勿欺也故可犯未有至誠而不動者矣不誠未有能動者也

陳仲舉于曹節庾元規于蘇峻皆懷憤疾之心所以誤也諸葛武侯心如明鏡不以私情有好惡故李平廖立馬謖或廢或死而不怨武侯此心可爲萬世法

梓材謹案謝山所節文定傳家錄九條今移一條爲劉君曼附錄又一條移入高平學案又謝山所錄文定語三條並入附錄

時政論

宗羲案紹興元年先生以舍人兼侍講召先以時政論獻論入復除給事中其論之目曰定計建都設險制國卹民立政覈實尚志正心養氣宏度寛隱先生自謂雖諸葛復生爲今日計不能易此論也間採數則

撥亂興衰必有前定不移之計而後功可就陛下履極六年以建都則未必有守不移之居以討賊則未必有操不變之術以立政則未必有行不反之令以任官則未必有信不疑之臣舍今不圖後悔何及定計論

設險以得人爲本保險以智計爲先人勝險爲上險勝人爲下人與險均纔得中策方今所患在于徒險而人謀未善今欲固上流必保漢沔欲固下流必守淮泗欲固中流必以重兵鎮安陸此守江常勢雖有小變而大概不可易者也設險論

心者身之本也正心之道先致其知而誠意故人主不可不學也蓋戡定禍亂雖急于戎務必本于方寸不學以致知則方寸亂矣何以成帝王之業乎正心論

用兵之勝負係軍旅之強弱軍旅之強弱係將帥之勇怯將帥之勇怯係人主所養之氣曲直如何耳蓋人主將將者也以直養氣自反

而縮則孟子所謂約而狐偃所謂壯也壯則強以曲喪氣自反而不縮則孟子所謂餒而狐偃所謂老也老則弱凡曲直者兵家制勝之先幾也陛下勇于爲善益新厥德使無有曲直可議則守爲剛氣可塞乎兩間震爲怒氣可以安天下矣養氣論

百家謹案先生諸論自謂雖諸葛復生爲今日計必不可易也細觀之亦尙多泛論不十分切要當日事勢只要高宗復仇之心切則此氣自然塞兩間自反有何患不直乎

附錄

少長入太學晝夜刻勵同舍有穎昌靳裁之嘗聞程氏之學與先生論經史大義以是學益強識日明

登第時考官定爲第一宰執以策中無詆元祐語欲降其等哲宗親擢第三

欽宗一日問中丞許翰識安國否對曰臣雖未識其面然久聞其名自蔡京得政以來天下士大夫無不受其籠絡超然遠迹不爲所汙者惟胡某一人而已

何㮚建議天下之勢治平則宜內重遭變則宜外重乞分置四道帥臣以都總管爲名各付一面爲衞王室禦狂寇之計先生奏曰內外

之勢適平則安偏重則危今州郡太輕理宜通變然一旦遽以數百州之地二十三路之廣分爲四道則權復太重假令萬一抗衡跋扈號召不至又何以待之乎欲乞據見今所置帥司選擇重臣付以都總管之權專治軍旅每歲一按察其部內或有警急京師戒嚴卽各帥所屬守將應援如此則既有擁衛京師之勢又無尾大不掉之虞一舉兩得矣其後以趙野爲北道先生言魏都地重野必誤委寄是冬金人大入野遁爲羣盜所殺西道王襄擁衆不復北顧卒如先生言

高宗卽位以給事中召黃潛善諷康執權論其託疾罷之三年張忠獻浚薦先生可大用再除給事中賜其子起居郎寅手札令以上意催促既次池州聞駕幸吳越引疾還補

高宗謂曰聞卿奥于春秋方欲講論遂以左氏傳付之點句正音先生奏曰春秋乃仲尼親筆實經世大典見諸行事非空言比也陛下必欲削平僭叛克復寶圖使亂臣賊子懼而不作莫若儲心仲尼之經則南面之術盡在是矣除兼侍講專以春秋進講

會除故相朱勝非都督江淮荊浙諸軍事先生奏勝非昔與黃潛善汪伯彥同在政府緘默附會循致渡江尊用張邦昌結好金國淪滅

三綱天下憤鬱及正位冢司苗劉肆逆貪生苟容辱逮君父今強敵憑陵叛臣不忌用人得失係國安危深恐勝非上誤大計勝非改除侍讀先生持錄黃不下左相呂頤浩特命校正黃龜年書行先生言有官守者不得其職則去況勝非係臣論列之人今朝廷乃稱苗劉之變能調護聖躬昔公羊氏言祭仲廢君爲行權先儒力排其說蓋權宜廢置非所施於君父春秋大法尤謹於此臣以講春秋之時而與勝非爲列有違經訓遂臥家不出時呂頤浩再相欲傾右相秦檜謀於席益目先生爲黨魁引勝非爲助乃降旨曰安國屢召不至今始造朝又數有請其自爲謀則善矣百官象之如國計何落職奉祠先生至豐城寓居半載乃渡南江而休於衡嶽買地結廬爲終焉計頹然當世之念矣

五年除徽猷閣待制知永州辭詔從其請與祠令纂修所著春秋傳書成高宗謂深得聖人之旨除內祠兼侍讀未行陳公輔疏詆假託程頤之學者先生奏曰本朝自嘉祐以來西都有邵雍程顥及其弟頤關中有張載皆以道德名世會王安石蔡京等曲加排抑故其道不行望下禮官討論故事加之封爵載在祀典仍詔館閣裒其遺書頒行使邪說者不得作奏入公輔與中丞周秘侍御石公揆交章劾

先生學術頗僻除知永州復辭予祠進寶文閣直學士卒
初王介甫以字學訓經義自謂千聖一致之妙而於春秋不可偏旁
點畫通也則詆以爲斷爛朝報直廢棄之不列學官下逮崇寧防禁
益甚先生謂六籍惟此書出於先聖之手乃使人主不得聞講說學
者不得相傳習亂倫滅理中原之禍殆由此乎於是潛心刻意自壯
年即服膺於此至年六十一而書始就慨然嘆曰此傳心要典也蓋
於克己修德之方尊君父討亂賊攘外寇存天理正人心之術未嘗
不屢書而致詳焉
先生不及二程之門楊游謝三君子皆以斯文之任期先生謝公嘗
謂朱子發曰康侯正如大冬嚴雪百草萎死而松柏挺然獨秀也使
其困厄如此乃天將降大任焉耳
上蔡曰聞公進道甚篤德業日美所到豈可涯涘真足畏也更以其
大者移於小物作日用工夫尤佳
會吉甫問文定甚處是精妙處甚處是平常處曰此語說得不是無
非妙處徐憲曰亦無非尋常處 補
吉甫嘗問今有人居山澤之中無君臣無父子無夫婦所謂道者果
安在曰此人冬裘夏葛饑食渴飲晝作入息能不爲此否曰有之曰

只此是道補

又嘗問曰某已承感欲盡孝如何行曰何曾一日離得補

先生風度凝遠蕭然塵表自登第逮休致凡四十年實歷仕之日不及六載雖數以罪去而愛君之心遠而愈篤每被召卽置家事不問或通夕不寐思所以告君者然宦情如寄泊如也

拙齋紀問曰胡文定嘗言讀繫辭須是都將作易看不可汎說且如寂然不動感而遂通天下之故才說性本寂然感之斯通便汎濫須於易中求之四十九筮蓍當其未揲時固寂然矣問焉以言其受命也如響豈非感通乎無有師保如臨父母讀易時其心自然肅敬非有以使之也其餘皆然互體亦豈可不信如歸妹互體爲泰而泰五爻有帝乙歸妹之語歸妹之義有天地不交之語此類可見

問文定與秦檜厚善之故朱子曰秦嘗爲密教翟公巽知密州薦試宏詞游定夫過密與之同飯於翟奇之後康侯問才於定夫首以秦爲對云其人類荀文若又云無事不會京城破金欲立張邦昌執政而下無敢有異議惟秦抗論以爲不可康侯益義之力言於張德遠諸公之前後秦自北歸與聞國政康侯屬望尤切嘗有書疏往還講論國政康侯有詞掖講筵之召秦薦之也然其雅意堅不欲就是時

已窺見其隱微一二有難處故以老病辭至後來秦做出大疏脫則
康侯已謝世矣
百家謹案靖康金議立邦昌馬時中伸抗言於稠人曰吾曹職
為爭臣豈可緘默坐視當共入議狀乞存趙氏秦檜不答時中
即自屬稿就呼臺吏連名書之檜既為臺長則當列於首以呈
檜檜猶豫時中帥同僚合辭力請檜不得已書名是檜迫於馬
時中以臺長列名何嘗抗論乃知當時無論賢愚盡為檜欺矣
幸文定宦情如寄天下後世亮之因歎知人之難也
呂東萊與朱侍講書曰胡文定春秋傳多拈出禮天下為公意思蜡
賓之歎自昔前輩共疑之以為非孔子語蓋不獨親其親子其子而
以堯舜禹湯為小康真是老聃墨子之論胡氏乃屢言春秋有意於
天下為公之世此乃綱領本原不容有差
武夷講友
忠公鄒道鄉先生浩別為陳鄒諸儒學案
文定朱漢上先生震別為漢上學案
侍郎曾先生開別見廌山學案
劉先生䜌

劉燮字君曼河清人與胡文定遊參斐然集

附錄

胡氏傳家錄曰四海神交惟河清劉曼字君弈其人有相業補

梓材謹案先生名字二書不同未知孰是

忠毅向先生子韶

向子韶字和卿開封人故相文簡公曾孫欽聖憲肅皇太后之再從姪也清約如寒士强學自勵永嘉劉安節與胡文定皆深交元符三年擢進士第累官至知淮寧府視事六月寇兵至陳先生率諸弟城守勵戰士開喻百姓既而城陷罵賊而死子十人或死或虜惟沈與鴻得免詔贈通議大夫謚忠毅參楊龜山集

唐先生鞏

唐鞏字處厚荆南人與胡文定情義最篤參斐然集

忠襄李先生植別見蘇氏蜀學略

武夷同調

知州葉先生廷珪

葉廷珪字嗣忠□□人知德興縣張邦昌僞詔至不拜高宗中興歷官太常寺丞補中祕府輪對議與秦檜不合出知泉州漳州先生篤

學淳雅名重當時葉顒陳俊卿黃祖舜鄭丙皆出其門有誨錄三十卷參姓譜

武夷家學 孫程三傳

文忠胡致堂先生寅 別爲衡麓學案

參議胡茅堂先生寧

胡寧字和仲文定次子以蔭補官試館職除敕令所刪定官遷祠部郎官出爲夔路安撫司參議官除知澧州不赴學者稱爲茅堂先生文定作春秋傳修纂檢討盡出先生手又自著春秋通旨總貫條例證據史傳之文二百餘章輔傳而行吳淵穎曰胡氏傳文大概本諸程氏程氏門人李參所集程說頗相出入而胡氏多取之蓋欲觀正傳又必先求之通旨故曰史文如畫筆經文如化工若一以例觀則化工與畫筆何異惟其隨事變化則史外傳心之要典聖人時中之大權也世之讀春秋者自能知之不可以昔者向歆之學而異論也由吳氏之言觀則茅堂通旨之書多與文定相參攷可以互證者矣是書在元初趙仁甫最傳之雲濠案仁甫一作仁輔即江漢先生故胡氏春秋遂頒學宮惜乎今之不可復見也修

謝山書宋史胡文定傳後曰致堂籍溪五峯茅堂四先生並以

大儒樹節南宋之初蓋當時伊洛世適莫有過於文定一門者
四先生歿後廣仲尚能禪其家學而伯逢季隨兄弟遊於朱張
之門稱高弟梓材案季隨爲朱張高弟伯逢特與朱張有辯論
當非受業弟子可謂盛矣茅堂還朝秦相問曰令兄有何言對
曰家兄致意丞相善類久廢民力久困秦相已愠因謂茅堂曰
先公春秋議論好只是行不得茅堂曰惟其可行方是議論又
問柳下惠降志辱身如何對曰總不若夷齊之不降不辱也遂
以書勸避相位以順消息盈虛之理秦相愈怒一日忽招茅堂
飯意極拳拳歸而臺章已下宋史秖載其蔡京之對且謂因致
堂與秦相絶遂幷罷不知茅堂自不爲秦屈不一而足非以致
堂之牽連也
梓材謹案五峯序呂氏中庸解云靖康元年河南門人侯師聖
自三川避亂來荆州某兄弟得從之遊攷靖康初年致堂爲校
書郎稟學于龜山則五峯所謂兄弟特兼茅堂而言矣然閩書
徑稱致堂從侯師聖遊則于劉李諸儒學案仍列致堂于侯氏
之門而益以茅堂可也
承務胡五峯先生宏別爲五峯學案

武夷門人

教授江先生琦

江琦字全叔建陽人也宣和二年進士主高安簿嘗攝令新昌民負稅有至十年者聞先生至不待遣吏而畢輸移永豐丞歷任邵武軍永州教授不求薦達張魏公撫福建辟爲幕官不就主管台州崇道觀以卒先生遊於游楊之門卒業胡氏深於春秋嘗以所學正於龜山龜山撫書而嘆曰百年絕學留心者希吾老矣之子勉旃著春秋經解三十卷辨疑一卷語孟說各五卷其在永豐丁喪事寮友賻之甚厚先生曰大事當自盡矣敢爲諸公費致堂推以爲畏友嘗問之曰學道者無所得鮮不歸於佛兄既有得而或者以爲亦趨空寂信乎先生笑曰是謂我爲陳相也安有此補

文清曾茶山先生幾

曾幾字吉甫河南人賜上舍出身擢國子正遷校書郎爲應天少尹高宗即位歷提舉湖北廣西運判江西提刑廣西轉運爲秦檜所惡奉祠檜死起爲浙西提刑知台州召對授祕書少監先生承平時已爲館職去三十八年而復至鬢皓白衣冠偉然每會同舍多談前

輩言行臺閣典章薦紳推重焉權禮部侍郎孝宗立以通奉大夫致仕乾道二年卒年八十二謚文清著有經說二十卷雲濠案謝山學案劄記曾吉甫周易釋象五卷文集三十卷子逢亦以學稱修

宗羲案朱子言曾吉甫答文定書天理人欲之說只是籠罩其實初不曾見得文定便許可之他便即如此住了蓋亦入於禪者也

曾茶山語補

崇德必先事後得如釋氏卻是先得後事

道只在日用處須玩師冕見一章

子張一篇惟記諸弟子之言蓋有深旨欲明羣弟子學之所至

在己爲忠推己及物爲恕合彼己以爲一便是一以貫之通天下是一箇心

梓材謹案謝山所錄茶山語四條今移入元城學案者一條

附錄

先生早從舅氏孔文仲武仲講學又從劉元城胡文定遊其學益粹

林拙齋紀問曰嘗問尹和靖日用下工夫處和靖曰須求喜怒哀樂未發以前底心少蓬曰如今才舉便是發了如何求得未發之心和靖曰只有吉甫未發意來相見時豈有許多事才舉意來路中乘轎

來相見喫茶喫湯如此類求之

梓材謹案少蓬蓋棨微之別稱此條前設問辭卽茶山故下有只如吉甫云云據此則茶山嘗及和靖之門矣

知州范先生如圭

范如圭字伯達建陽人從舅氏胡文定受春秋學以乙科授武安節度推官召祕書省正字遷校書郎以忤秦檜謁告奉祠讀書不與外事者十餘年起判邵州荊南召對提舉江西復奉祠歸起知泉州尋罷紹興三十年卒年五十九

舍人薛先生徽言

薛徽言字德老永嘉人也從胡文定公學高宗卽位以布衣上書言六事曰國勢曰邊防曰刑賞曰巡幸曰財用曰官吏成建炎二年進士趙豐公爲中丞先生以書謁之大見稱賞豐公連章劾呂頤浩高宗是之對曰是皆温士薛徽言爲臣發之次日繳上其書豐公進樞府先生亦蒙召對首以強志勤政君子小人爲言授樞密院計議官請建立方鎭以固籬落從之東宮虛位首陳大計請擇賢宗室立爲皇子時高宗春秋方富莫敢言者言之自先生始于是婁寅亮繼請高宗擢寅亮爲御史已許其請矣未幾又中止先生因星變再上書

論之言陛下已有旨召宗室三人入侍此命一出萬口稱慶乃其二人一見而止一人未聞促召切料小人必有熒惑陛下已成之志識者爲之寒心于是立嗣之議始定又言佞幸未去國論未定憂其所不足憂而忘其所當深憂此乃大可憂者頤浩再當國欲中傷之不得乃以權監察御史宣諭湖南奏言本路不便於民者十事且請令大將岳飛綏定湖南薦憲司呂祉等五人及隱士黎明劾去貪墨吏謝徵等時折彥質以樞臣帥潭代李綱先生言李有成效不應遽易頤浩乃言小臣不當薦擧將相且以其奉使時擅易守臣於是諸使皆有殊遷而先生權發遣興國軍張魏公督軍湖南召還幕府以比部郎召歷兵部吏部二司左司檢正中書門下諸房文字先是徽宗訃至上疏力言以日易月之非大將岳飛以忤督府棄軍歸廬山手書勸令治軍刑侍奏有父夜盜子財子不知而殺之者當以夜入人家登時殺死之律先生謂父子法不別籍非人家也子富而父貧是不孝也人子弑父而有勿論者乎從之遷起居舍人趙豐公之三入也先生以爲事功難就當如姚崇以十事要明皇俟許可始觀政豐公不能用秦檜知平江過闕望豐公留之而不得先生謂豐公曰檜從此怨矣豐公疑曰檜居永嘉故君助之邪由是稍疏之而不知先

生之忠于己也和議起豐公以下皆去國而先生獨留蓋檜亦以前事謂先生厚己稍親之而先生不爲所用初豐公之去惟二郎官與先生送之豐公語先生欲以檜罔上一事入告先生止之豐公旣頗疑先生喟然嘆曰鼎去君安得獨留先生戲應之曰未可量也檜聞之益以先生爲助己先生乃上言帝王之孝在復讎因援漢高帝桮羹之說且言萬里梓宮眞僞莫辨已而直前與檜廷辯曰偷安固位于相公私計則良便然忍君父之辱忘宗廟之恥于心安乎是日極爭移晷感寒疾不數日卒遺疏猶詆秦計甚力故事左右史卒官與其子二人恩澤至是上詔特賜帛百匹恩澤如例而秦檜格之先生之大功在議國本其大節在爭和議宋史作傳寥寥不滿十行亦異甚矣次子季宣別爲學案 補

忠簡胡澹庵先生銓

胡銓字邦衡廬陵人建炎二年高宗策士淮海先生策萬餘言高宗見而異之將冠之多士忌者移置第五授撫州軍事判官未上轉承直郎丁父憂從鄉先生蕭子荊學春秋呂祉以賢良方正薦賜對除樞密院編修官秦檜主和先生抗疏言王倫誘致敵使以詔諭江南爲名幷言孫近傅會檜議檜以先生狂悖鼓衆編管昭州檜死量移

衡州擢起居郎兼侍講國史院編修官因講禮記曰君以禮爲重禮以分爲重分以名爲重願陛下無以名器輕假人又言陛下自卽位以來號召逐客與臣同召者張燾辛次膺王大寶王十朋今惟臣在爾以言爲諱而欲塞災異之源臣知其必不能也又言廷臣以箝默爲賢容悅爲忠馴至興元之幸所謂一言喪邦上曰非卿不聞此言金人求成先生請銳意恢復絕口勿言和字一溺于和不能自振除宗正少卿乞補外不許兼國子祭酒尋除權兵部侍郎上以災異詔廷臣言闕政急務先生以賑災爲急務議和爲闕政謂和議成有十可弔不成有十可賀符離之敗朝論急於和戎魏文節杞使於金金人留之分兵攻淮乃以本職措置浙西淮東海道時惟高郵守陳敏拒敵射陽大將李寶擁兵不救先生劾之寶懼始出師犄角大雪河冰皆合先生持鐵鎚鎚冰士皆用命金人遂退乾道初以集英殿修撰知漳州改泉州乞致仕除寶文閣待制留經筵求去以敷文閣直學士與外祠陛辭猶以歸陵寢復故疆爲言上問今何歸先生曰歸廬陵臣向在嶺海嘗訓傳諸經欲成此書特賜通天犀帶以寵之先生歸上所著易春秋周禮禮記解詔藏祕書省淳熙七年卒謚忠簡有澹庵集一百卷行於世參史傳

梓材謹案先生初事蕭三顧爲春秋學復學于胡文定南遷後作春秋集善十一卷張魏公爲之後序其謫新州時作易傳拾遺十卷宗主程氏而時出新意于易傳之外李泰發爲之序見直齋書錄解題謝山學案劄記胡忠簡易傳十卷又案謝山底本標題有澹庵學案之目知其于澹庵集與其學派必多采錄惜經併入武夷而其稿不全

直閣胡先生襄

胡襄字季皐永嘉人也紹興進士累官江西提刑隆興初面對備言靖宣之事豈惟廟謨外失亦由人心內離願陛下覽觀覆轍備而後動孝宗是之除太常少卿兼樞密院都承旨歷江東福建提刑直祕閣卒先生早學於武夷而當秦檜時亦以爲趙鼎胡寅之學被錮十有餘年補

雲濠謹案兩浙名賢錄先生早學于胡氏固已一出于正晚復交朱子由是體用浹洽本末純粹朱子嘗語人曰永嘉前一輩人物究竟終別蓋指劉許以後及先生也

譚先生知禮

譚知禮字子立長沙人延康殿學士世勣之族子生長市廛閉碌碌

習舉子業胡文定公至衡山先生往從之居其精舍之旁盡掃前日氣習抱春秋研其旨餘力治資治通鑑文定卒弟子多散去先生亦歸省其家遽還衡山居蕭寺與五峯兄弟不舍晝夜讀書以壞器盛粗飯菜羹若將終身謂五峯曰吾不得聖人之道終身不歸會其親卒先生奔喪未及除服亦卒君子惜之補

諫院韓先生璜

韓璜字叔夏故潁川人忠憲公之後也南渡後居衡山累官廣西提刑知諫院胡文定公來衡山先生因從之講學而與致堂侍郎尤相善致堂稱其官廣東壁立無所汙染又嘗薦之執政及在言路以忤秦檜出築室衡湘致堂與向祕閣宣卿時相過從稱三友北宋公相家之盛莫如呂氏韓氏其子孫皆能以學統光大之呂氏則滎陽學於伊川紫微徧學於龜山廣平諸公之門仁武德元學於和靖梓材案仁武婣中字德元稽中字而韓氏則德全學於元城先生學於武夷无咎學於和靖東萊又无咎之壻佳話也補

侍郎李先生椿

李椿字壽翁永平人累官潭州安撫使敷文閣直學士吏部侍郎其尉衡山時受業文定尤深於易作周易觀畫二卷朱子嘗銘其墓謂

其逆知得失不假蓍龜不阿主好不詭時譽生平大節不惟進退險夷一無可憾而超然於死生之際魏鶴山曰侍郎拳拳於諸葛之出處舉一隅以明易之用有非佔畢陋儒所能識者餘詳宋史本傳先生深於易顧其誤信麻衣道者心法則好奇之失也補

通守方困齋先生疇別見紫微學案

提刑劉順寧先生芮別見元城學案

黎先生明附師張昕

黎明字才翁長沙人也以孝友信義著稱師事胡文定公建炎之亂文定避地荊門先生爲卜室廬具器幣往迎之胡氏之居南嶽實昉於此先生少嘗從學張御史昕昕託其母至是陷於賊先生閒關入賊所取而歸之嘗過郢州李允文以京西提刑至郢先生曰郢多招安之寇而允文凶惡其來必與爲亂不可久居卽去之後一月而難作薛舍人徽言使湖南高宗令訪山林不仕賢者以先生薦命未下而卒先生之古道蓋亦侯無可之流而湖湘學派之盛則先生最有功焉去今六百餘年莫能舉其姓氏者予從薛常州集魏秦公集得其厓略亦稍足以傳矣補

通直向先生沈

向沈字深之知淮寧府謚忠毅子詔子也故開封人南渡後家衡山忠毅死難其家幾無噍類先生以逆婦於胡文定公家得免先生痛心家國日從文定講明春秋復讎之說而時方主和議無路自申積憂薰心早衰多病遂於祿仕泊如事其叔父祕閣子忞如父其監南嶽廟也湖南安撫劉昉嘗以時宰意劾子忞先生義不爲昉屈遂引去所生母李氏自淮寧相隔歷歲久遠迎養禮絕追制服言者以忠毅淮寧之節當用其後人尙書下符促召先生嘆曰時方多難無辱其先人足矣餘非所願也竟不往前後凡五監南嶽廟以右通直郎致仕初朝議官忠毅後六人先生以其一奏季弟鴻其餘悉以叔父子忞之命畀諸族人其後叔父亦以郊恩先畀先生之子而後其孫世以爲義門云 補

通判向先生浯 別見五峯學案

大夫向先生涪

向涪薌林之少子也從文定 補

梓材謹案樓攻媿跋薌林家規云薌林遺訓凜然如生而三子俱賢與國及邵倅既遵行維持于前貳車高壽獨殿諸公保家之慮尤爲深長既閫于郡又刻之石貳車當是先生又案朱子

序薌林文集後序云始公之薨而五峯先生胡公實狀其行後十餘年而端明學士汪公始銘諸幽又後二十餘年而公之季子大夫公乃以公之文集三十卷者屬某使爲之序又云大夫少以公命受學南陽胡文定公之門今年七十有六謝事而老于家亦已十八年矣是可見先生之大概時蓋淳熙十二年云

文定汪玉山先生應辰 別爲玉山學案

太學楊先生訓

楊訓字子中湘潭人也受學文定嘗問孝文定曰謹言而愼行一言之尤一行之悔是爲不孝先生退而思曰吾從事於新經之教以太學進士爭能否於筆舌間者已二十年豈有內省之功從事於言行者乎乃更誦語孟經史稼穡致養不汲汲於利祿其在文定碧泉講舍求愈久而愈恭稱高弟 補

清簡閭邱先生昕

閭邱昕字逢辰麗水人也累官吏部侍郎諡清簡受業胡文定公門故與明仲共著二五君臣論一卷六十四卦各爲之說其大旨謂以陽居陰而爲九二則臣有時而失之強以陰居陽而爲六五則君有時而失之弱蓋作於紹興時意有所屬也張宣公爲之序 補

祖望謹案此特侍郎因時諷諫之說耳九二非必盡枋臣六五非必盡孱主紹興之枋臣寧復有陽德蓋窮陰剝廬之小人也

彪先生虎臣 父約附張所

彪虎臣字漢明湘潭人父約孝友渾厚聞有言人過失者則掩耳去之先生以經術教授學者爭迎致天性和易而教尚方嚴以不欺爲本以孝弟爲先以文藝爲後故從之者不徒務進取有不畏而不爲青人張所早遊京洛聞二三先生緒論所至志訪求人物宣和中典教長沙遺其壻就學遠近士子益依歸焉號爲鄉先生卒年七十五子居正胡文定之南渡熊湘也先生一見有得於心及其子長遂命受業胡門云 參胡五峯集

梓材謹案一統志謂先生嘗從胡文定父子遊似未分晰

樂曲肱先生洪

樂洪字德秀衡山人也從文定遊自號曲肱先生所著有周易卦氣圖一卷郭白雲爲之序 補

教官徐先生時動

徐時動字舜隣豐城人也胡文定高弟紹興進士爲虔州教官改吉州未及歲移疾遂不復仕著孟子說十四卷 雲濠案一本作四十四

江錄三卷師門答問一卷 補

祖望謹案胡文定公傳家錄曾吉甫楊子中與先生共輯之

雲濠謹案胡氏傳家錄曾徐楊三子所記文定答問語也又文定次子和仲所錄庭訓亦詳

通判王東谷先生樞

王樞字致榮豐城人也學通羣經尤精春秋少遊胡文定公門紹興進士參吉州軍事郡給軍衣有濫惡者衆譁於庭莫能制先生正色折之乃定知瑞金縣改判岳州所至每詣學宮執經講論又改鼎州茶寇絡繹道路不通或欲焚山絕茶或欲官自收鬻先生定議特爲長短引之法以便負販湖民賴之卒官通判常德府有東谷集 補

向氏家學

通直向先生沈 見上武夷門人

葉氏門人

莊定黃先生祖舜

黃祖舜字繼道福清人宣和三年進士累任至軍器監丞入對言縣令付銓曹察授曷若要成郡守出判泉州將行疏乞于科舉外訪求學行修明孝友純篤者縣薦之州州延之學以表率諸士其尤異者

以名聞留爲倉部郎中權刑部侍郎兼侍讀進論語講義詞義明粹下國子監梓行尋知樞密院金人侵淮大將劉錡病不能軍諸將王權劉汜退敗高宗欲誅之先生曰敗軍罪實難赦然劉錡有大功於國若聞而憤死得無快敵心乎帝嘉納之卒謚莊定所著論語講義朱子多引用之其他易詩禮說及歷代史義凡數萬言參道南源委

祖望謹案黃繼道宋史有傳其所著論語說沈大廉嘗引之胡五峯先生又合二家審正之此外有易說詩國風小雅說禮記說列代史議黃莊定集十五卷

梓材謹案先生論語說其爲沈氏所引者三條已見周許諸儒學案

論語說

鄉人林德膚嘗云時人稱季文子三思夫子以爲不然曰如能再思可矣何望其三乎如三家之強文子殆未之思也

祖望謹案此條胡五峯取之

先儒謂犂牛指仲弓之父非也斥父稱子豈聖人之意言才德之不繫于世類耳

祖望謹案此條胡五峯取之

君子以義爲質四語似屬立政言若學者則敬以直內乃其本
胡五峯曰聖人之言無所不通但四事誠非敬以直內不可不必
專指立政也
君子不施其親不私于親也
正簡葉先生顒附兄顗
葉顒字子昂仙遊人政宣閒與兄顗徒步入京師並隸太學博士弟
子員金人入寇顗力戰死之先生紹興中進士知常州或勸其獻羨
餘當得美官先生不可後官至宰相識大體抑僥倖服食田宅不改
其舊卒諡正簡參姓譜
正獻陳先生俊卿
陳俊卿字應求莆田人紹興中進士累官侍御史劾黜秦檜黨疏言
張浚忠藎歷同知樞密院事授右僕射以用人爲己任擬廉退抑奔
競後以少師魏國公致仕卒諡正獻先生孝友忠敬得于天資爲人
清嚴好禮終日無惰容雖疾病見子孫必衣冠胸懷坦然遇人無少
長一以誠實一言之出終身可復于外物澹然無所好獨喜觀書史
疾病猶不釋卷其學一以聖賢爲法于浮屠老子之說未嘗過而問
也參朱子文集

尚書鄭少融丙

鄭丙字少融福州人淳熙閒吏部尚書嘗言僞學不宜信用參道命錄

謝山跋宋史鄭丙列傳曰慶元道學之禁濫觴于鄭丙宋史詆之甚峻予夷考之則前此丙亦清流一自倡攻道學遂喪名節而一跌不可復振矣朱子嘗言建寧自程鄭二公至今聖節不許僧子升堂說法其餘無敢任之者程公卽泰之也程史丙初登西掖力言賞功遷職之濫至札獎許又力雪陳龜年之獄韓子師以曾覿援將召用丙力爭之大臣多諳爲賣直上獨重之亟遷吏書王公謙仲方丞宗正因進對有愛莫能助之薦如是雖古之名臣何以加諸水心亦稱丙之風力嗚呼朱王葉三老者皆慶元黨魁也丙亦何心狓猖晚節相背而馳乎然宋史一概抹而不書則亦非善惡不相掩之史法也

茅堂家學孫程四傳

胡季立先生大本別見五峯學案

曾氏家學

司農曾先生逢

曾逢字原伯文清長子仕至司農卿最以學稱參史傳

侍郎曾習庵先生逮別見震澤學案

知軍曾先生集別見廌山學案

曾氏門人

倉部呂先生大器別見紫微學案

中大陸放翁先生游別見荊公新學略

范氏家學

帥機范先生念德別見滄洲諸儒學案

薛氏家學

文憲薛艮齋先生季宣別爲艮齋學案

澹庵家學

承務胡先生泳

胡泳字季永忠簡長子六歲隨忠簡謫新州詩人陳元忠目爲春秋生二十四歲隨忠簡歸廬陵講道家塾兄弟怡怡如也先生學有家法嘗讀橫渠易至心化在熟擊節歎曰至言也請終身誦之官承務郎監江淮總領所惠民局兼行宮雜賣場淳熙初卒參周益公集

奉議胡先生澥

胡澥忠簡次子官承事郎監南嶽廟又爲奉議郎沿海制置司幹辦公事楊靜齋稱其修潔博習能世其家參誠齋薦士錄

澹庵門人

文節楊誠齋先生萬里別見趙張諸儒學案

文忠周平園先生必大別見范許諸儒學案

虒氏家學

虒先生居正別見五峯學案

武夷再傳

縣官張先生默

張默字成父縣竹人也魏忠獻公之從孫傳春秋之學于胡文定公所至作吏皆有聲見楊文節公薦士錄補

祖望謹案宣公亦有送其之官襄陽詩而文節誤以爲魏公之從子或傳寫之訛也

梓材謹案文節薦士錄本云能傳胡文定春秋之學蓋得其春秋之傳耳非親受學于文定列爲武夷再傳可也

文莊曾先生漸

曾漸字鴻甫南城人也紹熙中進士累官吏部侍郎謚文莊詳見葉

水心墓志朱子言曾漸多是禪
宗義案湖南一派如致堂之闢佛可謂至矣而同學多入于禪何
也朱子曾舉一僧語云今人解書如一盞酒被一人來添些水那
一人來又添些水次第來添去都淡了愚獨以爲不然佛氏原初
本是淺薄今觀其所謂如來禪者可識已其後吾儒門中人逃至
于彼則以儒門意思說話添入其中稍見有敗闕處隨後有儒門
中人爲之修補增添次第添來添去添得濃了以至不可窮詰而
俗儒眞以爲其所自得則儒淡矣可嘆也
祖望謹案文定卒於紹興八年鴻甫得及其門則當生於靖康
以前豈有紹熙中尚存者豈別一人邪抑或私淑之學邪當俟
博物者更考之
梓材謹案水心文集有中奉曾公墓誌云開禧二年卒年四十
二其生年當在乾道元年乙酉距文定之卒紹興八年戊午又
二十七年其不得受業文定可知又案文莊與韓侂胄同時朱
子所論非有別人謝山疑爲私淑當是也
陳氏家學
承議陳先生守

承奉陳先生定

直閣陳復齋先生宓並見滄洲諸儒學案

茅堂續傳

隱君趙江漢先生復別見魯齋學案

宋元學案卷三十四

陳鄒諸儒學案表

陳瓘 豐氏門人 元城同調 涑水百源二傳 程鄭私淑 江西湖再

子 正彙 — 孫 大方

從孫 淵 別爲默堂學案

呂本中 別爲紫微學案

曾恬

詹勉 並見上蔡學案

廖剛

林宗卿

李郁 並見龜山學案

蔣璿 父浚明

蔣琉

張琪

黃櫄 別見紫微學案

鄒浩 龔氏門人 了翁講友 伊川私淑 荊公再傳
子 柄

唐廣仁 陳鄒同調 涑水私淑
呂本中 別爲紫微學案

關治 龜山門人 二程再傳

陳正

夏侯旄

唐恕

胡宗伋
子 沂
孫 拱
孫 摶 並見槐堂諸儒學案
孫 疇

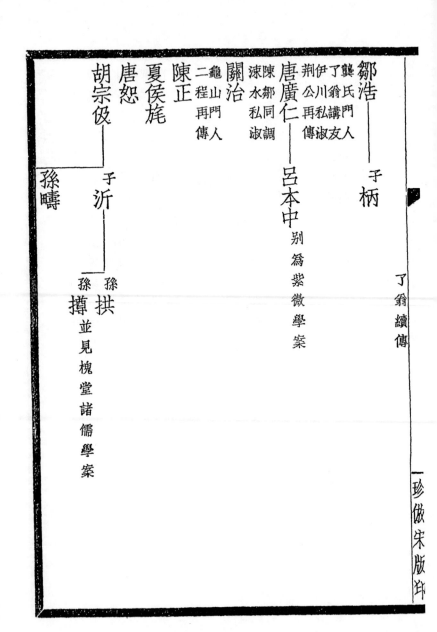

伯父子昇

孫介 子應時別見槐堂諸儒學案

附厲德輔

劉若川 子充實

父陶

周必大

周必剛

周必彊

鄧名世

並元祐之餘

鄒斌別見槐堂諸儒學案

鄒氏續傳

宋元學案卷三十五

鄞縣全祖望補本

後學慈谿馮雲濠校刊

鄞縣王梓材重校

道州何紹基重刊

陳鄒諸儒學案

祖望謹案私淑洛學而未純者陳了齋鄒道鄉也唐充之關止叔又其次也了齋兼私淑涑水康節學徒最盛建炎後多歸龜山述陳鄒諸儒學案梓材案是卷諸儒皆洛學私淑而亦各有師承其爲元祐之餘者附入是卷

清敏門人王樓再傳

忠肅陳了齋先生瓘

陳瓘字瑩中南劍州人學者稱爲了齋先生少好讀書不喜爲進取學父母勉以門戶事乃應舉一出中甲科爲湖州教授元祐初蔡卞帥越州先生爲簽判測知其心術常欲遠之屢引疾求歸章不得上檄攝通判明州卞素敬道人張懷素且來越卞留先生少須之先生不肯止曰子不語怪力亂神斯近怪矣章惇入相先生道謁惇聞其名詢當世之務先生曰請以所乘舟爲喻偏重可行乎移左置右其

偏一也召爲太學博士遷校書郎惇卞主紹述之論追貶温公上謗宣仁后先生奏言堯舜禹皆以若稽古爲訓若者順而行之稽者攷其當否必使合於民情所以成帝王之治天子之孝與士大夫之孝不同帝意感悅執政聞而憾之出通判滄州知衛州徽宗即位召爲右正言遷左司諫先生論議持平務存大體不以細故藉口未嘗及人晻昧之過惟極論蔡卞章惇安惇邢恕之罪御史龔夬擊蔡京朝廷將逐夬先生言紹聖以來七年五逐言者皆與京異議今夬又以言京罷若公道何遂草疏論京未及上罷監揚州糧料院先生出都門繳四章奏之并明宣仁誣謗事帝密遣使賜以黃金百兩改知無爲軍明年還爲著作郎遷右司員外郎兼權給事中宰相曾布使客告以將即真先生語子正彙曰吾與丞相議事多不合今若此是欲以官爵相餌也吾有一書論其過將投之以決去就正彙願得書先生喜且持入省布使數人邀相見甫就席遽出書布大怒出知泰州尋除名竄袁州廉州移郴州稍復宣德郎正彙在杭告蔡京有動搖東宮迹杭守蔡薿執送開封獄併逮先生對簿先生曰正彙聞京將不利社稷瓘豈得預知以所不知忘父子之恩而指其爲妄則情有所不忍挾私情以符合其說又義所不爲京之姦邪瓘固嘗論之於

諫省不待今日也內侍黄經臣莅鞫聞其辭失聲嘆息曰主上正欲得實如言以對可也獄具正彙猶以所告失實流海上先生亦安置通州先生嘗著尊堯集議者以爲言多詆誣編置台州宰相命凶人石𢡟知州事執至庭大陳獄具將脅以死先生揣知其意大呼曰今日之事豈被制旨邪𢡟失措始告之曰朝廷令取尊堯集爾先生曰某以神考爲堯主上爲舜助舜尊堯何得爲罪君所得幾何乃亦不畏公議乎終不能害又移楚州先生篤學有識通於易數言事多驗然持論一衷於理初蔡京知其才待之加禮先生不肯附麗恬於進取及居言職疏劾奸慝卽所舉不避嘗曰彼則舉爾所知此則爲仁由己識者重其言宣和六年卒年六十五靖康初贈右諫議大夫謚曰忠肅參史傳

祖望謹案了翁最宗元城則以爲涑水私淑弟子可也每得明道之文衣冠讀之以爲二程私淑弟子可也精於皇極之學以爲康節私淑弟子可也然而其淵源則出於豐氏而豐氏出於樓氏當安定泰山古靈倡學時四明五先生隱約里巷講學獨善耳遠非諸公比也一傳而豐氏其傳已光大於世再傳而遂得了翁先之二人然則椎輪爲大輅之始其功不可誣也了翁

弟子徧東南其後多歸龜山之門

梓材謹案先生爲清敏墓志自稱門人敘復宣德郎賜緋魚袋陳瓘敘次是先生爲豐氏門人之證顧清敏兼事鄞江王氏則先生不獨爲樓氏再傳也

陳右司說

氣質一定而不能自易其習者非以其不學與氣質之用狹道學之功大習其所習者未嘗察也天氣而地質無物不然人藐乎其閒奚以相遠其道莫先於學務學在於求師

幼學之士先要分別人品之上下何者是聖賢所爲之事何者是下愚所爲之事向善背惡去彼取此幼學所當先也顏子孟子亞聖也學之雖未至亦可爲賢人言溫而氣和則顏子之不遷漸可學矣過而能悔又不憚改則顏子之不貳漸可學矣知埋鬻之戲不如俎豆念慈母之愛至於三遷自幼至老不厭不改終始一意則我之不動心亦可以如孟子矣若立志不高則其學皆常人之事語及顏孟則曰我爲孩童豈敢學也此人不可以語上矣先生長者見其卑下必不肯與語則其所與語皆下等人也言不忠信行不篤敬過而不知悔悔而不知改皆下等人也聞下等語爲下等事譬如坐於房室之

中四面皆牆壁也雖欲開明不可得矣

梓材謹案以上二條蓋錄自小學

學者須常自試以觀己之力量進否易曰或躍在淵自試也此聖也

人之大惡雖至於謀反大逆若有一念悔心使臨刑之際說我悔也

便須赦他便須用他

祖望謹案此亦為王氏執迷不悟而發

君子與人為善故能養其大體而為大人故能格君心之非而使天

下利見故能言動以為則法後之人急急然惟欲己為是也恐其叛

己以利誘之以害毆之天下終不以為然而自以為過天下何愚之

甚

學者非獨為己而已也將以為人也管仲生平多違禮不若晏子之

有節然孔子稱晏子不過謂其善與人交而盛稱管仲之仁以管仲

功及天下而晏子獨善其身

學者非徒讀誦言語撰綴文詞而已將以求吾之放心也故大畜之

卦曰君子以多識前言往行以畜其德所謂識者識其是非也識其

邪正也如是故能畜其德

今有人曰仕宦而使天下謂之賢人是自取其善而歸過於其君也

使天下謂之不賢人是自取其惡而歸美於其君也曰是不然此乃李斯分謗之說也天下謂之不賢未必不爲其君之累

孔子以柔文剛故內有聖德而外與人同孟子以剛文剛故自信其道而不爲人屈衆人以剛文柔故色厲而內荏

楊子之書唯是說到孟子之書則自得之如平旦之氣養浩然之氣皆自得之語孔子則弁自得處亦無

凡欲解經必先反諸其身而安措之天下而可行然後爲之說焉縱未能盡聖人之心亦庶幾矣若不如是雖辭辯通暢未免乎鑿今有語人曰冬日飲水夏日飲湯何也冬日陰在外陽在內則內熱故思水夏日陽在外陰在內陰在內則內寒故思湯雖甚辯者不能破其說也然反諸其身而不安也措之天下而不可行也

爲學日益爲道日損尋常人便說作兩事失之遠矣蓋語學則益見善必遷有遷必改也語道則損懲忿窒欲也二卦未嘗偏廢

梓材謹案以上諸條皆本呂氏童蒙訓第謝山所節童蒙訓凡十四條今移入安定學案者一條移入高平學案者一條移入荆公新學略者二條

先天之學以心爲本其在經世者康節之餘事耳世學求易於文字

至於皇極或以爲考數之書

祖望謹案以下邵氏聞見後錄皆荅楊游二公書

觀物云防乎其防邦家其長子孫其昌是以聖人重未然之防是之謂易之大綱

康節云物理之學不可強通強通則失理而入於迷皇極之書不可以強通者也

康節非數學其學在心若欲觀休咎則自有八卦可玩吉凶何必更求之皇極之書

祖望謹案先生晚年私淑康節最深故予於康節學案以景迂與先生牽連列之先生之集五十卷今不傳予從呂文清童蒙訓及邵博聞見後錄中摭拾節略得二十餘條列之於此先生所以論康節之學者楊游二公不謂然但其中精語不可沒也

梓材謹案謝山所謂摭拾二十餘條蓋併所節行略諸條而言耳又案謝山所節邵氏聞見後錄五條今移入涑水學案者一條

忠肅文集

葉公沈諸梁問孔子於子路子路不對葉公當世賢者魯有仲尼而

不知宜乎子路之不對也梓材案以上三十六字從明道學案梨洲所節附錄併入予元豐乙丑夏爲禮部貢院點檢官適與校書郎范公淳夫同舍公嘗論顏子之不遷不貳惟伯淳能之予問公曰伯淳誰也公默然者久之曰不知有伯淳邪予謝曰生長東南實未知也時予年二十九矣自是以來常以寡陋自媿責沈文送姪孫幾叟

古之善學者心遠而莫禦然後氣融而無閡物格而不惑然後養熟而道凝山上之木合抱之材非一朝一夕之可俟人之患在不立其基基立而不勉亦何以異於彼哉同上

漢成哀之世使大臣之門有負恩之士則漢之宗社未至危亡然使爲大臣者不欺其君盡忠之士亦安忍負其門上曾子宣論日錄書

祖望謹案此指紹述諸公

列子方言世以生人爲行人則死人爲歸人矣行而不知歸失家者也此禦寇未了之語生死無時而不一四大無時而不離何待死爲其歸乎其生也心歸其死也形化歸而待化復何俟於言上呂吉甫書

祖望謹案紫微曰此誘吉甫使之爲善也然愚謂其言稍不醇

所買書必以漸觀考鄉居應務當盡人情不當專守故紙要之若緝

麻然雖或放手勿堙其緒斷則續之忙復暫舍久久不輟續成長條豈有閒斷處也與李光祖書

資治通鑑會留意否學者倦於持久而稽古之習猝難承辦凡如讀習寓言可旬月而了故棄史不讀不知六經論語發明中實之道以稽古爲本莊周高而不中寓而不實其言可喜悅而實則誕幻尚不如老子之有益於世況可比吾教之中道乎華嚴云依教修行此語乃百家之總門也吾教非彼教彼教非吾教其實無二其門不一各依自教則本不相妨矣冠員冠履方履而鉢食膜拜者是舍吾教也舍經史可證之實而說誕放無實之文何以異此華嚴依教之旨不若是其偏也修身行己奉行聖教爾如稽古之事載於六經六經之後千餘年之事散於諸史通鑑集其散而撮其要此英祖神考之所以賜後學也與鄒志完書

梓材謹案謝山所拾忠肅文集七條今移入涑水學案者一條

雜說

一日之計在寅一年之計在寅一生之計在少見栟櫚集

身教者從言教者訟見龜山集

金可死而不化水萬折以東流

天下之死一耳死於瘴癘死也死於囹圄亦死也死於刀鋸亦死也吾今一視之俱無所擇

子路死衛不忘結纓安而樂之如此處之有素故耳

吾生平學佛故於死生之際了然無怖

佛爲覺禪爲定

於苦處中習行安樂法以上見默堂集

佛法之要不在文字亦不離於文字只金剛經一卷足矣世之賢士大夫無營於世而致力於此經者昔嘗陋之今知其亦不癡也此經要處只九字曰阿耨多羅三藐三菩提華言一覺字耳中庸誠字即此也此經於一切有名有相有覺有見皆歸於虛妄其所建立獨此九字其字九其物一是一以貫之之一非紀數之一也是不誠無物之物非萬物之物也年過五十宜即留意勿復因循此與日用事百不相妨獨在心不忘耳早知則早得力文獻通考

吾前此困於患難他無所懼所懼者死今則死亦不懼

李梁溪曰此可以見不動心之難

梓材謹案忠肅此說謝山未標所出恐是梁溪集中所引耳

一日嘗與家人語家人戲問是實否公退自責累日豈吾嘗有欺於人邪何爲有此問也以下行略

公有斗餘酒量然每飲不過三爵恐廢事也日有定課自雞鳴而起終日寫閱不離小齋倦則就枕既寤即興未嘗偃仰枕上每夜必置行燈於牀側自持就案或問何不呼使者公曰起止不常若涉寒暑則必動其念此非可常之道吾性安之不欲勞人

公疏文有云在彼如擧爾所知在此則爲仁由己未嘗以預薦而入其黨亦不以小故而絶其恩

祖望謹案此言蓋爲曾子宣發也與上曾子宣書同

又云言滿天下無口過非謂不言也但不言是非長短利害雖常言無害所謂終日言而未嘗言所以無過

祖望謹案此言未當若不言長短利害則可矣豈有不言是非者乎殆記者之誤也

又云天下之事變故無常唯稽考往事則有以知其故而應變王氏乃欲廢絶史學而咀嚼虛無之言其事與晉人無異將必以荒唐亂天下

祖望謹案先生彈蔡京云滅絶史學一似王衍

又云北人始可有爲南人輕險易變

祖望謹案彈蔡京云重南輕北分裂有萌

張天覺好佛亦好道公雖被其薦引未嘗相識亦未嘗通書但以詩柬之曰辟穀非真道談空失自然何如勛業地無媿是神仙

祖望謹案此則知先生之學佛亦其寄也所謂儒其行而墨其言

公通易數如靖康建炎及隆祐垂簾事皆豫言之以上行略

梓材謹案以上八條謝山底稟於陳右司說牽連書之今以其錄自行略例附於此

劉元城談錄曰陳瑩中某嘗薦自代而未嘗識面瑩中多失之過如尊堯集先評荊公爲伊呂聖人之耦而後納諸僭叛不軌之域此學術不粹也

呂氏童蒙訓曰陳公瑩中閩人也而專重北人以北人可有爲南人輕險易變也不可以有爲

謝山陳忠肅公祠堂碑銘曰忠肅著尊堯集於合浦以闢新學尙不慊意追著之四明始以爲無憾則四明宜有祠忠肅之爲倅居南湖之南藍而西湖十洲題詠最多則湖上尤宜有祠又

曰史越公言是時忠肅窮甚裘葛不足蔽體簞瓢不足充口而溫然威德之容了無含慍談笑舒愉幽居甚樂吾讀忠肅十洲諸作則越公之言信然嗚呼是所謂大丈夫者邪

龔氏門人 荊公再傳

忠公鄒道鄉先生浩

鄒浩字志完晉陵人第進士調揚州潁昌府教授呂正獻公范忠宣公爲守皆禮遇之忠宣屬撰樂語先生辭忠宣曰翰林學士亦爲之答曰翰林學士則可祭酒司業則不可忠宣敬謝哲宗擢爲右正言有請以王安石三經義發題試舉人者先生論其不可而止章惇獨相用事先生所言每觸惇忌仍上章露劾數其不忠侵上之罪時上廢孟后而賢妃劉氏立先生上章切諫以萬世公議爲辭帝變色持其章凝然若有所思付外章惇詆其狂妄乃削官羈管新州徽宗立召爲右正言遷左司諫疏請黜陟人材一由獨斷宜恤公議於獨斷未形之前謹獨斷於公議已聞之後改起居舍人進中書舍人又請稽考先朝威德以盡繼述之孝遷兵吏二部侍郎以寶文閣待制知江寧府徙杭越二州蔡京用事忌之求其諫立劉后疏不得乃爲僞疏宣示中外遂再謫衡州別駕尋竄昭州五年始得歸方先生之除

諫官也恐貽親憂母張氏曰汝能報國吾何憂及先生兩謫嶺表母不易初意瘴疾危甚楊適過省之猶以國事爲問語不及私卒年五十二高宗卽位詔贈寶文閣直學士賜諡忠先生淵源伊洛而特嗜禪理其括蒼易傳序服膺荆舒之學前後立論不無歧出然以大節觀之要爲不負師承矣文字小疵未足爲累蓋所學在此不在彼也與遊田晝王回曾誕皆良士著有道鄉集若干卷參史傳○雲濠案鄒道鄉集詩十四卷文二十六卷四庫書目與直齋書錄解題合東都事略以爲三十卷非

祖望謹案南軒嘗言道鄉晚與程子論道以予考之似未及過從也特道鄉早歲與劉斯立田明之固嘗講學而受業於龔深父之門雖未承濂洛之統固非絕無淵源者晚乃遊於楊文靖公胡文定公之閒得伊川之傳嘗曰吾雖未見先生之面然識先生之心矣故伊川私淑弟子先生與了翁其最也特二公皆未能不染於佛老之學是則聞知之所以終不逮見知也與然當時見知者之多所陷溺也亦十九矣

道鄉語錄

非禮勿履惟大壯能之君子用大壯之道惟此爲要切

修學易進道難何爲進道道愼獨是也

某爲諫官秖是說理不徼訐

爲善如著衣喫飯不可有功過心

勉禮之當行者不必責人之報安義之當爲者不必望人之知可以

求可以無求求多辱可以交可以無交交多濫可以毀可以無毀毀

多怨可以譽可以無譽譽多諂

有非禮之念然後有非禮之言言非自口也

過相褒貶便入於巧言輕重須合宜

雖居軒冕之閑當有山林之氣士不可無山林氣節義文章學術大

抵皆然何謂山林之氣卽純古之氣也

達於命者不以得失爲休戚

思慮不清便乖愼獨之道

學者厭俗事便非聖王之學聖王以民事爲本舍民事無可爲者但

事事中理皆有節文所以異於俗人下達一家亦只如厭俗事皆生

於怠惰清虛澹泊皆繆悠之詞試問清虛者不須衣食乎能不爲人

乎有此二者旣有所事矣故聖人不喜事亦不厭事學者不可不勉

有心之過大無心之過小

凡爲善有二或直心爲善或著姦爲善大抵有山林氣卽佳寧可使人道村不可使人道姦

祖望謹案先生語錄秪此一十七條不深於講學而拈出謹獨爲宗旨由其言可以入聖矣予故備錄之

梓材謹案謝山所錄十七條中移入高平學案二條又一條引范丞相云惟儉可以成廉惟恕可以成德與忠宣傳答請教者語複節之

雜記

直其正也當作直其敬也音近而訛

事至於如之何如之何者固不能爲之於未然矣猶不曰如之何如之何者是不知悔者也雖聖人其如彼何

吾斯之未能信斯者指其心而言

聖人之道備於六經六經千門萬戶從何而入大略在中庸一篇其要只在謹獨 此條見宋史本傳

十二時中看自家一念從何處起卽檢點不放過便見功力 見胡氏傳家錄

以愛己之心愛人則仁不可勝用以惡人之心惡己則義不可勝用

矣

梓材謹案此從謝山所節景迂學案晁氏客語移入

附說

無所往而不寂者道也雙寂庵記

道鄉居士以道自持久矣一旦超超乎萬物之表不知規矩準繩之果吾法邪非吾法邪不知身體髮膚之果吾形邪非吾形邪所謂喙鳴合與天地合者與𪏮音集序

寡言不如不言不言不如忘言

心冥則無所往而不冥

祖望謹案此先生之不能自拔於異端者姑舉一二條見之

附錄

林醇中與書云惟絕欲平心調飲食省思慮則邪不能干

錢濟明與書云窮絕之域有書可觀不爾則日月之徙烟雲之變皆吾方冊也言與不言皆與我會

張牧之與書云惡固不可爲爲善復如此惟望事事節約

祖望謹案先生詩注中有三條乃謫昭州時諸公所與書附錄於此皆德人之言也

晁氏客語曰志完雖遇宂劇事處之常優游因論易曰恆雜而不厭

陳鄒同調

監稅唐先生廣仁

唐廣仁字充之內黃人也少有志於聖學聞司馬温公所以教劉公元城者曰生平無以過人但事無大小皆可使人知遂私淑之元城亦稱先生才用有餘以進士官乾寧司法參軍改常州能決疑獄元符末上書入邪籍時方當改官遂不用已而監蘇州酒稅務蘇人朱氏有勢焰太守以下皆承奉之而先生一切自異著憎慢之迹太守不能堪以事下之獄無所得然竟廢乃居寶應其被斥也元城則曰充之尚少保身之道太爲崖異欲立名先生自是益讀書講道所得愈邃呂公居仁嚴事之宣和中卒遺言所以教子者惟温公語他不及焉陳公了翁志其墓

附錄

呂氏童蒙訓曰唐充之每稱前輩說後生不能忍詬不足爲人

又官箴曰唐充之賢者也深爲陳鄒二公所知大觀政和閒守官蘇州朱氏方盛充之數譏刺之朱氏深以爲怨傳致之罪劉器之以爲充之爲善欲人之見知故不免自異以致禍患非明哲保身之謂

汪玉山跋先生帖曰唐充之元符末上書入籍其學以天人一理內外一致自灑掃應對進退與酬酢佑神皆一事無先後之別極高明所以道中庸也予聞於呂公居仁者如此

龜山門人 二程再傳

館職關先生治

關治字止叔杭人也元祐三年進士嘗爲館職學於龜山嘗語呂紫微曰楊先生有力量紫微因亦學於龜山然讀紫微與先生詩則亦頗耽禪悅蓋其時儒者多蹈此疵也不知其官秩所至

附錄

呂氏官箴曰關止叔獲盜法當改官曰不以人命易官終不就官可謂清矣然恐非通道或當時所獲盜有情輕法重者止叔不忍以此被賞也 黃氏補本

元祐之餘

陳先生正

陳正字端誠亦元祐中通儒也呂氏童蒙訓引其言曰易須是說到可行處方可

梓材謹案是傳首二句從安定學案謝山所作田明之傳尾移

入以呂氏童蒙訓足之

幕官夏侯先生旄

夏侯旄字節夫京師人年長紫微以倍猶及與之交崇寧初召任諸州教授學制既頒即日尋醫去後任西京幕官罷任當改官以舉將安惇也卒不改官浮沈京師至死不屈

縣令唐先生恕

唐恕字處厚口口人崇寧初知荊南縣新法既行即致仕不出者幾三十年

梓材謹案以上二傳以謝山所錄呂氏童蒙訓爲之二先生紫微並稱爲丈則皆紫微前輩也

監嶽胡定翁先生宗伋

胡宗伋字浚明號定翁餘姚人童時如成人及長刻意於學元符閒試禮部不第歸教授鄉里學者多從之遊性至孝跬步未嘗忘親建炎之亂士人避地明越者多以先生爲歸依高宗御極授房州文學調瀏陽丞用薦監嚴州比較務最進一官丐祠監南嶽廟先生操行方軌篤於道德性命之旨其交遊子弟非是莫取史稱爲醇儒參兩浙名賢錄

迪功劉先生若川父陶附子充實

劉若川字朝宗始名武字定功廬陵人父陶字紹先博學有聲稱於勢利泊如也先生刻意讀書當朝廷改科取士人曰劉公元祐宿學也宜留爲吾徒師贊助學官師表多士踰四十年後補右迪功郎致仕爲鄉先生周必大兄弟嘗受業焉子充實通經篤行有父風參周益公集

刪定鄧先生名世

鄧名世字元亞臨川人天資篤實爲文長於敘事先是議臣禁學春秋及諸史者先生獨酷嗜之試有司屢以援春秋見黜同舍又告毋藏元祐黨人文集笑曰是足以廢吾身乎遂杜門卻掃益研究經史考三傳同異往往爲諸儒所未到御史劉大中宣諭江南得所著春秋四譜等書薦之命錄其書以進遂以布衣上殿進治人務實等說上嘉納尋賜出身除敕令所刪定官兼史館校勘時紹興四年也所著書又有春秋論說春秋類史春秋公子譜列國諸臣圖左氏韻語國朝宰相年譜古今姓氏辯證皇極大衍數大樂書文集共合三百餘卷參姓譜

梓材謹案厚齋尚書嘗言先生春秋辯論譜說十篇一卷辯先

儒言經傳之失考訂明切云

了翁家學 王樓三傳

龍圖陳先生正彙 附子大方

陳正彙，忠肅之子也。忠肅在四明，遣之往浙西，過杭州，遽告變蔡京。既得其情，必欲寘之死地，又欲併以此殺忠肅。既就逮，忠肅以勁言得免，猶謫通州，故其放還謝表云：狐突教子，素存不二之風；曾參殺人，甯免至三之惑。又云：海島萬里，不如無子之無憂；淮壖一身，彌覺有生之有患。徽宗察之，僅得貸先生之死，至沙門島。上巡檢知其爲名家子，招致館下。欽宗卽位，召歸，而忠肅已下世，痛不及見，遂得心疾。上殿已不能對，賜以名方，擢其子大方爲郎。參樓攻媿集

雲濠謹案：先生爲忠肅長子，官龍圖閣直學士，志節不忝忠肅，因疾丐閑，高宗御札賜白金以獎其行。

御史陳默堂先生淵 別爲默堂學案

了翁門人

文清呂東萊先生本中 別爲紫微學案

舍人曾先生恬

監場詹先生勉 並見上蔡學案

尚書廖高峯先生剛

知州林先生宋卿

機宜李西山先生郁並見龜山學案

中奉蔣先生璿父浚明

宣奉蔣先生琉合傳

蔣璿蔣琉兄弟贈金紫光祿大夫浚明之子忠肅弟子也

謝山蔣金紫園廟碑曰蔣氏自唐時實由天台來居奉化已而遷鄞之湖上金紫爲豐清敏所薦士官尚書金部員外郎抗疏排新法被斥將謫遠州母老清敏力爭之而免金紫之子中奉大夫璿宣奉大夫琉最有名是時陳忠肅公來鄞金紫卽遣二子事之未幾成進士忠肅爲書連桂二字以表其坊中奉知江陰歸猶及與潘公良貴倡和三江亭上其詩至今存而宣奉以忤蔡京自劾去師傳家學俱爲不負梓材案謝山又答葛巽齋日湖故事問目中奉大夫作左朝議大夫引清容作蔣曉墓誌有曰忠肅陳公謫明絕朋儕子允師連桂以登則朝議兄弟皆尊堯弟子金紫之世學可知矣

州佐張先生琪

張琪字口美京畿人官衞州陳公瑩中爲守禮遇獨異衆人先生感之而不知所以獨異之意崇寧中先生官宿州諸貴人招致之先生感陳公意終不肯蓋先生之爲人賢而差弱陳公異待之者欲以堅其節而先生終能自守前輩成就人委曲如此教亦多術矣

梓材謹案此條錄自呂紫微童蒙訓已足爲張先生小傳且足見了翁教術之多方故列於此

道鄉家學荆公三傳

州守鄒先生柄

鄒柄字德久道鄉先生長子也剛梗有父風未冠棄舉子業從龜山遊手葺伊川語錄一卷靖康初自布衣薦除樞密院編修疏請昭雪父冤且言本非朝廷之意朝奏夕可贈官賜謚典禮優渥官終給事中台州守

唐氏門人

文清呂東萊先生本中別爲紫微學案

定翁家學

獻肅胡先生沂

胡沂字周伯定翁子紹興五年進士孝宗受禪擢殿中侍御史言守

禦之利莫若令沿邊屯田詔行其言又言設武舉立武學蓋將有所用也今除高第一二名餘皆吏部授以權酤征商所養非所用願詔大臣羣議中舉者定品格分差邊將下準備差遣從之時龍大淵曾覿以藩邸舊恩除知閤門事先生論其市權請屏遠方不聽先生以言不行請去乾道元年召爲宗正少卿除吏部侍郎先生奏七司法自紹興十三年纂修成書歲且一紀歷月閱時不無牴牾望令敕令所官討論章旨將現行之法與當革之條輯爲一書頒之中外庶可戢吏胥之奸詔行之尋進禮部尚書上有大用意而先生資性恬退無所依附數請去遂以龍圖閣學士提舉興國宮淳熙元年卒謚獻肅 參史傳

定翁門人

孫先生疇 伯父子昇

孫疇字壽朋餘姚人少凝遠有偉志言動遵規矩胡定翁以學行講授閭里伯父子昇俾先生率諸季負笈依其門嘗有家問督先生立志剛遠慕先聖晷毋晝寢羣居起敬忌苟同俗且曰汝前報吾苟且學作文字君子無一忘敬苟且何等語後不得復爾先生學勇進矜式後來諸長者相會曰萬金可有孫壽朋不易得也 參沈定川集

承務孫雪齋先生介 附厲德輔

孫介字不朋餘姚人燭湖先生之父也號雪齋封承務郎自誌其墓有曰四歲能離家入郡庠隨兄壽朋讀書日數百言七歲學於鄉先生胡定翁十八九始學舉子賦遽罹兄喪倀倀無相幾不自立因從畏友厲德輔肄業紫溪漸漬稍勝既冠授書自給益發憤自課務爲實學受人子弟之託不啻己子隨才指授專事講釋至老不倦云 參樓攻媿集

劉氏門人

文忠周平園先生必大

周必大字子充一字洪道廬陵人舉進士又中博學宏辭科除祕書省正字兼國史院編修官高宗見其文奇之孝宗即位除起居郎權給事中以力排權倖忤旨改福建路提刑後除參知政事遷樞密院使拜左丞相進少保益國公嘉泰四年卒年七十九謚文忠祠於學有文集行世先生純篤忠厚能以善道其君光寧禪受之際懼禍而去其可爲有立乎哉 參史傳

梓材謹案先生號平園其省齋槀胡忠簡神道碑有曰某自少慕公名德隆興初先後入兩省中閒郊居從遊幾十年則先生

一珍倣宋版印

嘗遊澹庵之門矣

周先生必剛

周必剛字子栗益公之弟也益公謂其仁而剛敬而和敏而好學事母孝從兄順與人交忠信廉遜卒年三十三參益公集

周先生必彊

周必彊字子柔益公之弟剛明孝友爲詩文皆驚人語真文忠嘗別其集曰假之以年必將追騷人而與遊望聖門而力進矣參吉安府志

了翁續傳

宣教黃先生櫄別見紫微學案

獻肅家學定翁再傳

中散胡先生拱

提舉胡先生撙並見槐堂諸儒學案

雪齋家學

判軍孫燭湖先生應時別見槐堂諸儒學案

鄧氏續傳

司戶鄒南堂先生斌別見槐堂諸儒學案

紫微學案表

呂本中

滎陽孫　元城、龜山、了翁、門人　震澤、安定、泰門、和靖　百源、清源、橫渠、再傳　氏、濂、二程、焦、敏、廬陵、濂溪、三傳　江西、湖、鄭

從子大器——從孫祖謙　別為東萊學案

從孫祖儉　別見東萊學案

從子大倫

從子大猷

從子大同

林之奇——從子子沖

呂祖謙　別為東萊學案

劉世南　別見豫章學案

李楠

李樗

汪應辰　別為玉山學案

王時敏　別見和靖學案

章憲

章赾

周憲 並見震澤學案

王師愈 別見龜山學案

曾季貍

方疇

方豐之——子士繇 別見滄州諸儒學案

黃櫄

三山學侶

曾幾 別見武夷學案

許忻 別爲范許諸儒學案

並紫微講友

餘姚黃宗羲原本　　後學慈谿馮雲濠校刊
男百家纂輯　　鄞縣王梓材重校
鄞縣全祖望補定　　道州何紹基重刊

紫微學案

祖望謹案大東萊先生爲滎陽冢嫡其不名一師亦家風也自元祐後諸名宿如元城龜山廌山了翁和靖以及王信伯之徒皆嘗從遊多識前言往行以畜其德而溺于禪則又家門之流弊乎述紫微學案梓材案紫微與及門諸傳本在和靖卷中自謝山始別爲學案

滎陽家學胡程再傳

文清呂東萊先生本中

呂本中初名大中字居仁其先東萊人自文靖公始家京師父好問資政殿學士封東萊郡侯先生以正獻公恩補承務郎紹聖閒黨事起正獻追貶先生亦坐黜元符中復官政和五年調興仁濟陰簿繼爲泰州士曹丁母憂吉除大名路撫幹宣和六年除樞密院編修官靖康初遷職方員外郎以不答粱師成大著名紹興六年自直祕閣

主管崇道觀召赴行在特賜進士出身擢起居舍人兼權中書舍人七年上幸建康先生奏曰當今之計必爲恢復事業求人才卹民隱審政刑開言路然後練兵謀帥增師上流固守淮甸伺彼有釁一舉可克若邦本未強恐生他患引疾乞祠直龍圖閣知台州不就主管太平觀召爲大常少卿八年遷中書舍人又兼權直學士院初先生與秦檜同爲郎意歡甚秦又先生父所薦御史也趙忠簡鼎耳熟先生名亦大欽嚮之先生之真拜西掖也趙秦適爲左右揆論議多不諧檜有專擅之意欲排不附己者先生爲陳同人于野亨之義檜不然之又力勸檜不可汲用親黨除目下先生即奏還之檜勉其書行卒不從會哲宗實錄成忠簡除特進先生草制有曰會晉楚之成不若尊王而賤伯散牛李之黨未知明是以去非檜大怒言于上曰本中受鼎風旨伺和議不成爲脫身之計風御史蕭振劾罷與祠卒于上饒年六十二學者稱爲東萊先生賜謚文清所著有春秋解童蒙訓師友淵源錄行于世先生少從游定夫楊龜山尹和靖游而于和靖尤久和靖之致仕也先生問曰伊川歸田納其告敕曰臣本布衣得還初服爲榮今先生受四品服致仕與伊川異何也和靖曰居仁責我則是但焞荷聖恩四章不允復賜雜物今解孟子以進當俟書

成隨納章服耳先後之閒非有異也從孫祖謙祖儉修

祖望謹案先生歷從楊游尹之門而在尹氏爲最久故梨洲先生歸之尹氏學案愚以爲先生之家學在多識前言往行以畜德蓋自正獻以來所傳如此原明再傳而爲先生雖歷登楊游尹之門而所守者世傳也先生再傳而爲伯恭其所守者亦世傳也故中原文獻之傳獨歸呂氏其餘大儒弗及也故愚別爲先生立一學案以上紹原明下啓伯恭焉

梓材謹案先生主濟陰簿時滎陽門人顏夷仲贈詩有同升夫子堂句先生罷官留別亦云昔日同升夫子堂知先生固從學滎陽兼聞父祖之訓者第以爲滎陽家學可也

西垣童蒙訓補

學問當以孝經論語中庸大學孟子爲本熟味詳究然後通求之詩書易春秋必有得也既自做得主張則諸子百家長處皆爲吾用

後生學問且須理會曲禮少儀儀禮等學灑埽應對進退之事及先理會爾雅訓詁等文字然後可以語上下學而上達自此脫然有得自然度越諸子也不如是則是躐等犯分陵節終不能成

本中往年每侍前輩先生長者論當世邪正善惡是是非非無不精

盡至于前輩行事得失文字工拙及漢唐先儒解釋經義或有未至後生敢置議及之者必作色痛裁折之曰先儒得失前輩是非豈後生所知蓋前輩專以風節爲己任其于褒貶取予甚嚴故其所立實有過人者近年以來風節不立士大夫節操一日不如一日

齊晏子納邑衞公孫免餘辭邑鄭子張歸邑此古人辭尊居卑辭富居貧處亂世自全之道

國語公父文伯之母分別沃土瘠土之民以爲聖王勞其民而用之左傳亦言民生在勤以此知勤勞者立身爲善之本不然萬事不舉細民能勤勞者必無凍餒之患嬾惰者必有饑寒之憂然則後生處身居業可不以勤勞爲先乎

萬物皆備于我反身而誠富有之大業至誠無息日新之盛德也范辨叔說今太學長貳博士居此任者皆利于養資考求外進也爲之學士者皆利于歲月應舉也上下以利相聚其能長育人才乎此于本亦已錯更不須言也

立節非一朝一夕所能爲蓋在平日之所養也李自明云此事閑時說甚易在臨事要執得定嘉祐以前以言事被責爲榮一諫官以言被責時兼判國子監乃與諸生往賀焉既見顏色慘沮殆不能語昔

人尙如此

莊子曰道之眞以治身其緒餘土苴以治天下國家曰是不然禮記曰誠者非徒成己也將以成物獨善一身之道乃兼善天下之道但行之有先後耳若以莊子爲我之說烏在其學聖人也

祖望謹案紫微所作切要于童蒙訓一書其所述諸大儒言行予已采入諸學案其未盡者列于此卷而官箴見于成公集中者亦備引之

梓材謹案童蒙訓謝山列入于此者四十二條尙有可入諸學案者今移入安定學案一條移入高平學案四條移入廬陵學案一條移入濂溪學案一條移入明道學案一條移入伊川學案二條移入范呂諸儒十條移入元城學案一條又一條附入案語又移入景迂學案一條移入滎陽學案三條移入龜山學案一條附入呂范諸儒案語者一條又移入陳鄒諸儒三條移入荊公新學略一條又一條分列泰山學案高平學案滎陽學案陳鄒諸儒學案而仍列于此者九條

謝山跋宋槧呂西垣童蒙訓曰紫微先生師友雜志雜說諸書大略與童蒙訓三卷互相出入無甚異同也記晁公武讀書志

曾引童蒙訓中語謂秦淮海自過嶺後詩嚴重高古自成一家與其舊作不同而今無之然則尚非足本邪然讀樓迂齋序則是本乃紫微從子倉部瑚中所手鈔大愚子喬年所是正不應尚有脫落或者公武誤指紫微詩話以爲是書未可知也雲濠案瑚中爲紫微弟倉部乃瑚中子大器其云從子倉部瑚中誤

舍人官箴

當官之法唯有三事曰清曰慎曰勤知此三者可以保祿位可以遠恥辱可以得上之知可以得下之援然世之仕者臨財當事不能自克常自以爲不必敗持不必敗之意則無所不爲矣然事常至于敗而不能自已故設心處事戒之在初不可不察借使役用權智百端補治幸而得免所損已多不若初不爲之爲愈也司馬子微坐忘論云與其巧持于末孰若拙戒于初此天下之要言當官處事之大法用力簡而見功多無如此言者人能思之豈復有悔吝邪

事君如事親事官長如事兄與同僚如家人待羣吏如奴僕愛百姓如妻子處官事如家事然後爲能盡吾之心如有毫末不至皆吾心有所未盡也故事親孝故忠可移于君事兄弟故順可移于長居家理故事可移于官豈有二理哉

當官處事常思有以及人如科率之行既不能免便就其間求其所以使民省力不使重爲民害其益多矣

不與人爭者常得多利退一步者常進百步取之廉者得之常過其初約于今者必有垂報于後不可不思也惟不能少自忍者必敗此實未知利害之分賢愚之別也 黃氏補

當官之法直道爲先其有未可一向直前或直前反敗大事者須用馮宣徽所稱惠穆稱停之說此非特小官然也爲天下國家當知之

當官者難事勿辭而深避嫌疑以至誠遇人而深避文法如此則可以免禍 黃氏補

前輩嘗言小人之性專務茍且明日有事今日得休且休當官者不可徇其私意忽而不治諺曰勞心不如勞力此實要言也

當官既自廉潔又須關防小人如文字歷引之類皆須明白以防中傷不可不至謹不可不詳知也

徐丞相擇之嘗言前輩多盡心職事仁廟朝有爲京西轉運使者一日見監窰官問曰所燒柴凡幾竈曰十八九竈曰吾所見者十一竈何也窰官愕然蓋轉運使晨起望窰中所出煙幾道知之其盡心如此 黃氏補

當官者詳讀公案則情僞自見 黄氏補

當官者凡異色人皆不宜與之相接巫祝尼媼之類尤宜疏絕要以清心省事爲本

後生少年作到官守多爲猾吏所餌不自省察所得毫末而一任之閉不復敢舉動大抵作官嗜利所得甚少而吏人所盜不貲矣以此被重譴良可惜也

當官者先以暴怒爲戒事有不可當詳處之必無不中若先暴怒只能自害豈能害人前輩嘗言凡事只怕待待者詳處之謂也蓋詳處之則思慮自出人不能中傷也嘗見前輩作州縣或獄官每一公事難決者必沈思靜慮一日忽然若有得者則是非判矣是道也唯不苟者能之

處事者不以聰明爲先而以盡心爲急不以集事爲急而以方便爲上

孫思邈嘗言憂于身者不拘于人畏于己者不制于彼慎于小者不懼于大戒于近者不侮于遠如此則人事畢矣實當官之要也 黄氏補

同僚之契交承之分有兄弟之義至其子孫亦世講之前輩專以此

爲務今人知之者蓋少矣又如舊舉將及舊嘗爲舊任按察官者後己官雖在上前輩皆辭避坐下坐風俗如此安得不厚乎

當官取傭錢般家錢之類多爲之程而過受其直所得至微而所喪多矣亦殊不知此數亦吾分外物也

當官者前輩多不敢就上位求薦章但盡心職事所以求知也心誠盡職求之雖不中不遠矣未有學養子而後嫁者也當官遇事以此爲心鮮不濟矣 黃氏補

畏避文法固是常情然世人自私者率以文法難事委之于人殊不知人之自私亦猶己之自私也以此處事其能有濟乎

嘗謂仁人所處能變虎狼如人類如虎不入境不害物蝗不傷稼之類是也如其不然則變人類如虎狼凡若此類及告訐中傷謗人欲置于死地是也 黃氏補

當官大要直不犯禍和不害義在人消詳斟酌之爾然求合于道理本非私心專爲己也

當官處事但務著實如塗擿文書追改日月重易押字萬一敗露得罪反重亦非所以養誠心事君不欺之道也百種姦僞不如一實反覆變詐不如慎始防人疑衆不如自慎智數周密不如省事不易之

道

事有當死不死其詬有甚于死者後亦未必免死當去不去其禍有甚于去者後亦未必得安世人至此多惑亂失常皆不知義命輕重之分也此理非平居熟講臨事必不能自立古之欲委質事人其父兄日夜先以此教之矣中村以下豈臨事一朝一夕所能至哉教人有素其心安焉所謂有所養也

忍之一字衆妙之門當官處事尤是先務若能清慎勤之外更行一忍何事不辦書曰必有忍其乃有濟此處事之本也諺有之曰忍事敵災星少陵詩云忍過事堪喜此皆切于事理爲世大法非空言也王沂公嘗說喫得三斗釅醋方做得宰相蓋言忍受得事也

梓材謹案謝山所錄官箴十八條今移入滎陽學案一條移入陳鄒諸儒一條又從黄氏補本錄入者十一條其一條移入高平學案一條移入范呂諸儒一條移入滎陽學案一條移入陳鄒諸儒

紫微說補

世之學者忘邇而趨遠忽卑而升高虛詞大言行不適實雖始就學則先云言不必信行不必果達節行權由仁義行而不知言必信行

必果守節共學行仁義之爲先務也故修其身者荒唐謬悠之說施于事者顛倒雜亂而卒無所正也

王輔嗣云安身莫若無競修己莫若自保守道則福至求祿則辱來實法言也以上見文集

梓材謹案謝山節錄紫微童蒙訓外又錄其說三條云見文集蓋見成公集耳今移一條于元城學案

雜錄

少年無輕議人無輕議事 補

梓材謹案謝山所節王氏困學紀聞引呂居仁雜錄如是卽謝山所謂與童蒙訓互相出入者也深寧謂二語本魏李秉象誡

祖望謹案紫微之學本之家庭而徧叩游楊尹諸老之門亦嘗及見元城多識前言往行以畜德成公之先河實自此出顧世以其喜言詩也而遂欲以江西圖派擠之不知先生所造甚高成公詩云吾家紫微翁獨守固窮節金鑾朝罷歸朝飯而薇蕨峨峨李杜壇總角便高躡暮年自誓齋銘几深刻責名章與俊語埽去秋一葉冷淡靜工夫槁乾迂事業有來媚學子隨叩無不竭辭受去住閒告戒意尤切可以知先生晚年之養矣惟是

其于釋氏之學有未盡斥者則滎陽之遺風也然學者讀其童蒙訓官箴而行之足以入聖學矣于其佞佛姑置之可也

附錄

自少講學即聞父祖至論又與諸君子晨夕相接薰陶嘗言德無常師主善爲師此論最要又謂學者當熟究孝經論語中庸大學然後徧求諸書必有得矣從游楊尹叩微旨復造劉安世陳瓘之門請益公之學問端緒深遠蓋如此

六飛幸吳郡欲進蹕建康公論自古創業中興者必有根本之地以制四方之地必有根本之兵以制四方之兵今所仰以爲根本之地者不過兩浙江東福建而已然而諸路凋殘民力已困所仰以爲根本之兵者禁衛是也而單弱不可用乞令大臣廣選才略先求二者之要而力行之

苗亘監階州倉草場以贓獲罪黥之公奏曰近歲官吏犯贓多抵黥罪且既名士人行法之際宜有所避況四方之遠或有枉濫何由盡知若遽施此刑異時察其非辜雖欲深悔亦無及矣又此刑既用臣恐後世不幸奸臣弄權必且借之以及無罪使國家此刑不絕則紹聖以來憸人盜柄搢紳遭此殆無遺類矣願酌處常罰以稱陛下仁

厚之意疏再上從之

駕幸建康公疏言當今之計必先爲恢復事業乃可觀釁而動若但有其志而無其業恐益他患今江南二浙科須實繁閭里告病尤當戒謹儻有水旱乏絶之虞奸宄竊發未審何以待之

復請于九江鄂渚荆南諸處多宿師旅臨以重臣至如孫氏以來名將皆言西陵建平國之蕃表今二處正在荆峽閒當精擇守臣假之權柄以待緩急則江南自守之計差爲備矣

論任人當别邪正邇來建言用事之臣稍稍各徇私見不主正說元祐紹聖混爲一途其意皆有所在若不早察必害政體

公以切直忤柄臣一斥不得復用貧甚人多爲公戚而公方且深居講明道學要其視擢抑屏棄爲士之常初不以介意也

公器蘊宏厚行誼純篤誠意充積表裏無閒與人忠信樂易卽之藹然莫見其喜慍平日學問以窮理盡性爲本卓然高遠不可企及

王深寧困學紀聞曰趙襄子曰以能忍恥庶無害趙宗乎說苑談叢曰能忍恥者安能忍辱者存呂居仁謂忍詬二字古之格言學者可以詳思而致力補

紫微講友

文清曾茶山先生幾別見武夷學案

吏部許先生忻別爲范許諸儒學案

紫微家學胡程三傳

倉部呂先生大器

奉議呂先生大倫合傳

呂先生大猷合傳

呂先生大同合傳

呂大器字治先珊中子紫微從子累官尙書倉部郎東萊之父也兄弟四人曰大倫字時敘大猷字允升大同字逢吉築豹隱堂以講學汪文定公稱之嘗謂呂奉議時敘貧甚閒廢日久可惜而尤愛逢吉謂其所講釋者莫非前言往行之要蓋皆有得于家學者也治先爲曾文清公壻兼得其傳兄弟中惟逢吉夭

梓材謹案汪玉山與逢吉書謝山節錄六條于玉山學案其五條今分移高平涑水元城景迂諸學案

紫微門人

提舉林三山先生之奇

林之奇字少穎一字拙齋侯官人從居仁遊教之以廣大爲心以踐

履爲實稱高弟紹興丙辰西上應進士行至北津而返曰未忍舍吾親也益肆力于學及門嘗數百人學者稱爲三山先生成紹興己巳進士由長汀尉薦除正字遷校書郎入對言堯舜執中不離仁義次言宜革文弊歸于忠實次言無尚老莊之學高宗褒納之御製損齋記先生奏言損思以益德損用以益本損華以益實朝議欲兼用王氏新經先生言晉人以王何清談之罪深于桀紂胡蝗內食考其端倪王氏實負王何之責所謂邪說詖行淫辭之不可訓者先生嘗言欲圖中原必自巴蜀若浮江絕淮下梁宋以圖中原必不能也故赤壁淝水雖一勝而卒不能長驅而前符離之捷中外稱賀先生獨貽書幕府戒以持重已而果覆以病乞去除宗正丞使泉船奉祠尋卒三山之門當時極盛今其弟子多無可攷而呂成公其出藍者也先生所著有尚書周禮論孟楊子等講義又拙齋集二十卷今惟尚書與集存修〇雲濠案尚書全解宋志作五十八卷內府藏本爲四十卷

拙齋紀問補

司馬牛問仁問君子兩次未達此非能領解者然亦可謂善問蓋世亦有一種不言不語的人豈可一概謂之仁亦有一種愚戇直行之

人豈可一概謂之君子故孔子遂告以爲之難內省不疚
論語一部聖人之心體在是須是不釋手看始得
雖欲從之末由也已全體是自己更有什麼從无妄卦曰无妄之往
何之矣无妄矣更有什麼往
易理無非自然三百八十四爻此是一年日數蓋連閏也
陳魯山云應二十八宿所直日遇月宿多作雨心月狐危月燕畢月
烏張月鹿予因悟月離于畢俾滂沱矣之意
革已日乃孚☱☲其卦兌上離下離爲日在兌下日已西矣故爲已
日之象
謝夫人謂安石曰何不教兒安石曰我常自教兒此語甚好然未必
能行期喪不輟音樂攜妓遊東山此豈可以教兒
魏幾道云天乃錫予洪範九疇彝倫攸敘禹之所以能敘彝倫者由
其治水能順天地生數之順焉觀其冀州既載蓋始于北方乃始及
兗青徐又次及荆揚乃及豫然後梁雍終焉蓋自北方而東自東而
南乃及于中而終以西北其順如此所以爲敘彝倫
前輩云疑字悔字皆進學門戶學者須是疑是悔于道方有所入
學者到得臨利害處放倒做是他原不曾有立若實有所立如何放

得倒

前輩所立規模不可輕變雖細事變之亦有其害

凡觀人之術無他但作事神氣足者不富貴即壽考

喻居中云詩尙不愧于屋漏室西南隅謂之奧尊者所居也東北隅謂之屋漏去尊者最遠人之常情去尊者遠則必有夷倨此不愧屋漏所以謂戒謹之至

易先甲三日後甲三日先庚三日後庚三日蓋十干除戊己不在四時循環之列惟以甲乙丙丁庚辛壬癸爲四時之序甲陽之始庚陰之始先甲後甲三日皆庚也先庚後庚三日皆甲也甲後乙丙丁爲庚庚後辛壬癸爲甲皆隔三日俗云久雨不晴但看甲庚蓋此二日陰陽之始故必有變易

梓材謹案拙齋紀問亦稱道山記問謝山所錄十九條今移入和靖學案者二條移入武夷學案者二條移入漢上學案者一條移入衡麓學案者一條

鄉貢李和伯先生楠

李楠字和伯侯官人也與其弟樗並有名呂居仁入閩先生兄弟與林少穎首事之遂得伊洛之傳少穎謂先生如元紫芝其弟如黃叔

度其論學之言曰不用私稱輕重自定不用私斛多寡自足不用私心是非自明又曰夢者心之鑑人之善或以矜持矯飾爲之至夢寐閒則毫髮不可揜君子以夢爲鑑自知心之誠僞又曰道有並行而不悖者人之善則譽之己不可以自譽人之過則怒之己不可以自恕人之貧則矜之己不可以自矜又曰吾于甫田得爲學之道于衡門得處世之方又曰陳平燕居深念陸賈至前而不見吾欲以是愼吾思嚴顏曰斫頭便斫頭何怒邪吾欲以是懲吾忿又曰春秋之不可以凡例拘猶易之不可泥于象數苟惟取必于例與杜後惠文何異哉先生尤精于春秋旁搜衆說以會其趣衆說所未安然後斷以己意其書未成而卒年止三十有七論者惜之修

鄉貢李迂齋先生樗

李樗字迂仲侯官人自號迂齋與兄楠俱有盛名並以鄉貢不第早卒臨終謂林少頴曰空走一遭勉齋嘗稱之曰吾鄉之士以文辭行義爲學者宗師若李若林其傑然者也所著有毛詩解博引諸說而以己意斷之學者亦稱爲三山先生雲濠案閩書言先生有毛詩註解學者稱迂齋先生于少頴爲外兄林李出也

文定汪玉山先生應辰別爲玉山學案

隱君王先生時敏別見和靖學案

章復軒先生憲

章先生拯

周先生憲並見震澤學案

說書王先生師愈別見龜山學案

隱君曾艇齋先生季貍

曾季貍字裘父臨川人南豐先生弟宰之曾孫先生嘗遍從南渡初年諸名宿而學道以呂舍人居仁爲宗乾淳諸老多敬畏之嘗勉張宣公爲范堯夫而戒以勿輕言兵隱居蕭然布衣劉共父張于湖爭薦之謝不出其師友尺牘舍人居第一先生嘗一試禮部不中終身不赴有艇齋雜著一卷乃議論古今之文陳振孫稱其辭質而義正可以得其人蓋有所傳于伊洛之統者也補

梓材謹案直齋書錄解題云鞏之弟曰湘潭主簿宰宰之孫曰大理司直晦之季貍其子也少從呂居仁徐師川遊是先生又爲徐氏門人

通守方困齋先生疇

方疇字耕道弋陽人也學者稱爲困齋先生受業于紫微而徧從胡

文定父子張橫浦諸公遊紫微嘗述顧子敦語以告之曰守至正以待天命觀物變以養學術因名其所居之堂曰守正曰觀養且曰吾將朝于斯夕于斯以無忘呂公之賜建炎中成進士紹興中上書有四宜憂謂女真詭計盜賊猖獗藩鎮跋扈將帥畏怯十宜行講征伐理財用擇人才明賞罰重臺諫抑奄寺議詔令卹凶荒訓鄉兵寬民力一宜去則宰相秦檜也通判武岡太守宋若樸希宰相意言先生與胡忠簡公爲姻家以深文貶零陵忠簡自嶺外貽之書曰君取易困卦詳玩而深索之則得所以處困之道矣先生于是名其所居曰困齋其讀易也謂之困交其自稱曰困叟張魏公雅重之先生才氣抗邁閨門雍睦之行甚篤出處又不苟謫居好學不倦汪文定公嘗曰幸聞耕道之風庶取則不遠且足令吾同學者有所興起後赴判建康卒于官有集二十卷補

監鎮方先生豐之

方豐之字德亨莆田人也從紫微呂公學于信州其後辭歸紫微以詩送之有云子學既立子志甚遠何以終之在不倦是也仕至監鎮先生後以婦家遂遷建陽工詩蓋亦紫微之餘風朱子與放翁皆嘗序之子士繇則朱子之門人孫丕父則勉齋之門人補

三山學侶

宣教黃先生櫄

黃櫄字實夫雲濠案先生名一作楪漳州人樵仲之弟淳熙中舍選入對大廷獻十論升進士丙科調南劍州教授三山講學之侶二李與林其眉目而先生亦翹楚也迂仲解毛詩先生足之兼傳龜山了齋之學官終宣教郎有詩解中庸語孟解修

倉部家學胡程四傳

成公呂東萊先生祖謙別為東萊學案

忠公呂大愚先生祖儉別見東萊學案

林氏家學

主簿林先生子沖

林子沖字通卿拙齋猶子主南豐簿能世其學補

林氏門人

成公呂東萊先生祖謙別為東萊學案

司理劉先生世南別見豫章學案

方氏家學

方遠庵先生士繇別見滄洲諸儒學案

漢上學案表

朱震 上蔡門人 二程再傳 安定濂溪三傳

劉長福 別見泰山學案

徐畸

吳葵 別見說齋學案

朱巽

胡銓 別見武夷學案 並漢上學侶

沈該 漢上同調

田疇 沈氏續傳

宋元學案卷三十七

鄞縣全祖望補本　後學慈谿馮雲濠校刊

鄞縣王梓材重校

道州何紹基重刊

漢上學案

祖望謹案上蔡之門漢上朱文定公最著三易象數之說未嘗見于上蔡之口而漢上獨詳之尹和靖胡文定范元長以洛學見用于中興漢上實連茹而出顧世之傳其學者稍寡焉述漢上學案梓材案漢上傳本在上蔡學案自謝山爲別立學案

上蔡門人二程再傳

文定朱漢上先生震

朱震字子發荆門軍人登政和進士第累仕州縣胡文定安國大器之薦召爲司勳員外郎趙忠簡鼎復薦其廉正守道士人冠冕使備講讀必有裨益再召始至首問易春秋之旨上悅改除祠部員外郎兼川陝荆襄都督府詳議官遷祕書少監侍經筵轉起居郎兼建國公贊讀與翊善范元長沖人謂極天下之選遷中書舍人兼翊善轉給事中累遷翰林學士太常吳表臣議行明堂之祭先生言王制國

有大喪三年不祭惟天地社稷爲越紼而行事春秋譏吉禘于莊公謂不三年也國朝景德二年合祀天地遂享太廟時眞宗未行三年之喪以日易月在今日行之則非矣其言不用紹興七年謝病丐祠卒上慘然曰楊時物故安國與震又亡朕痛惜之錄其子官先生經學深醇有漢上易解云陳摶以先天圖傳种放种放傳穆修穆修傳李之才之才傳邵雍放以河圖洛書傳李溉李溉傳許堅許堅傳范諤昌諤昌傳劉牧修以太極圖傳周敦頤敦頤傳程顥程頤是時張載講學于程邵之閒故雍著皇極經世書牧陳天地五十有五之數敦頤作通書程頤述易傳載造太和參兩等篇臣今以易傳爲宗和會雍載之論上采漢魏吳晉下逮有唐及今包括異同庶幾道離而復合蓋其學以王弼盡去舊說雜以莊老專尙文辭爲非故其于象數加詳焉其論圖書授受源委亦如此蓋莫知其所自云 雲濠案四庫書目經部收錄漢上易集傳十一卷卦圖三卷叢說一卷

祖望謹案漢上謂周程張劉邵氏之學出于一師其說恐不可信其意主于和會諸家而反不免于晁氏所譏舛錯者也然漢上之立身則粹然眞儒也

漢上易卦圖說

列禦寇曰易者一也一變而爲七七變而爲九九復變而爲一李泰伯曰伏羲觀河圖而畫卦禦寇所謂變者論此圖也一者太極不動之數七者大衍數九者玄數也泰伯謂畫卦亦未盡其實大衍五十之數寓于四十有五之中黃帝書土生數五成數五太玄以五五爲土五卽十也

王洙曰山海經云伏羲氏得河圖夏后因之曰連山黃帝氏得河圖商人因之曰歸藏列山氏得河圖周人因之曰周易斯乃杜子春之所憑抑知姚信之言非口自出但所從傳者異耳梁武攻之涉于率肆以上河圖說

洛書劉牧傳之一與五合而爲六二與五合而爲七三與五合而爲八四與五合而爲九五與五合而爲十一六爲水二七爲火三八爲木四九爲金五十爲土十卽五五也洪範曰一五行太玄曰一與六共宗二與七共朋三與八成友四與九同道五與五相守范望曰重言五者十可知也一三五七九奇數合二十有五所謂天數二四六八十耦數合三十所謂地數故曰天地之數五十有五數五卽十也故河圖之數四十有五而五十之數具洛書之數五十有五而五十之數在焉惟十卽五也故甲己九乙庚八丙辛七丁壬六戊癸五而

不數十十盈數也

伏羲八卦圖王豫傳于邵康節而鄭夬得之歸藏初經者伏羲初畫八卦因而重之者也其經初乾初奭坤初艮初兌初坎初離初犛震初巽卦皆六畫卽此八卦也八卦既重爻在其中

薛氏曰昔神農氏既重爲六十四卦而初經更本包犧八卦成列而六十四具焉神農氏因之也繫辭曰神農氏作斲木爲耜揉木爲耒耒耨之利以教天下蓋取諸益王輔嗣以爲伏羲重卦鄭康成以爲神農重卦其說源于此子曰天地定位山澤通氣雷風相薄水火不相射天地定位則乾與坤對山澤通氣則艮與兌對雷風相薄則震與巽對水火不相射則坎與離對而說卦健順動入陷麗止說馬牛龍雞豕雉狗羊首腹足股耳目手口與夬別象次序皆初卦也夬曰乾之初交于坤之初得震故爲長男坤之初交于乾之初得巽故爲長女乾之二交于坤之二得坎故爲中男坤之二交于乾之二得離故爲中女乾之上交于坤之上得艮故爲少男坤之上交于乾之上得兌故爲少女乾坤大父母也故能生八卦復姤小父母也故能生六十四卦復之初九交于姤之初六得一陽姤之初六交于復之初九得一陰復之二交于姤之二得二陽姤之二交于復之二得二陰

復之三交于姤之三得四陽姤之三交于復之三得四陰復之四交于姤之四得八陽姤之四交于復之四得八陰復之五交于姤之五得十六陽姤之五交于復之五得十六陰復之上交于姤之上得三十二陽姤之上交于復之上得三十二陰陰陽男女皆順行所以生六十四卦也伏羲八卦圖說

乾坤天地之本坎離天地之用乾坤交而爲泰坎離交而爲既濟乾生于子坤生于午坎終于寅離終于申連山也以應天時也置乾于西北伏羲初經乾上坤下故曰天尊地卑乾坤定矣退坤于西南歸藏以坤先乾乾統三男而長子用事坤統三女而長女代母坎離得位而兌艮爲耦復歸于伏羲之初經以應地之方也王者之法盡于是矣故易始于乾坤終于坎離既濟未濟而泰否爲上經之中咸恆爲下經之首乾坤本也坎離用也乾坤坎離上篇之用也咸兌艮也恆震巽也兌艮震巽下篇之用也頤大過小過中孚二篇之正也故曰至哉文王之作易也其得天地之用乎李挺之變卦反對圖說

往來者以內外言也以消息言也自內而之外謂之往自外而之內謂之來請復借賁卦言之柔來而文剛者坤之柔自外卦下而來文乎乾之剛也分剛上而文柔者乾之剛自內卦上而往文乎坤之柔

也于柔言來則知分剛上而文柔者往也于剛言上則知柔來而文剛者下也上者出也下者入也此所謂其出入以度內外此所謂上下無常也若言柔來者明此本乾也則不當言分剛上而文柔當曰剛來而文柔矣无妄之彖曰剛自外來而為主于內外卦乾已三畫矣謂之自外來則當自卦外來乎 六十四卦相生圖說

律歷之元始于冬至卦氣起于中孚其書本于夏后氏之連山而連山則首艮所以首艮者八風始于不周實居西北之方七宿之次是為東壁營室東壁辟生氣而東之營室者營陽氣而產之于辰為亥于律為應鍾于時為立冬此顓頊之歷所以首十月也 太玄準易圖說

夫六十卦乾貞于子而左行坤貞于未而右行屯貞于丑閒時而左行蒙貞于寅閒時而右行泰貞于寅而左行否貞于申而右行小過貞于未而右行七卦錯行律實效之黃鍾乾初九也大呂坤六四也太簇乾九二也應鍾坤六五也無射乾上九也夾鍾坤六三也夷則乾九五也仲呂坤六二也蕤賓乾九四也林鍾坤初六也初應四二應五三應上故子丑寅亥卯戌辰酉巳申午未謂之合聲 十二律相生圖說

夫坤之初六五月之氣姤卦也是時豈惟無冰而露亦未凝何以言履霜堅冰至曰一陰之生始凝于下驗之于物井中之泉已寒矣積而不已至于坤之上六則露結爲霜水寒成冰是以君子觀其所履之微陰而知冰霜之漸坤初六圖說

乾坤鬼神也坎離日月水火也艮兌山澤也震巽風雷也坎離震兌四時也坎離天地之中也聖人得天地之中則能與天地日月四時鬼神合先天而天弗違聖人卽天地也後天而奉天時天地卽聖人也聖人與天地爲一是以作而萬物覩同聲相應震巽是也同氣相求艮兌是也水流溼火就燥坎離是也雲從龍風從虎有生有形各從其類自然而已坎離天地之中圖說

夫陽生于子陰生于午自午至子七而必復乾坤消息之理也故以一日言之自午時至夜半復得子時以一年言之自五月至十一月以一紀言之自午歲凡七歲復得子歲天道運行其數自爾合之爲一紀分之爲一歲一月一日莫不皆然故六十卦當三百六十日而兩卦相去皆以七日且卦有以爻爲歲者有以爻爲月者有以爻爲日者以復言七日來復者明卦氣也陸希聲謂聖人言七日來復爲歷數之微明是也復七日來復圖說

自初數之至上爲六或以一爻爲一歲一年同人三歲不興坎三歲不得凶豐三歲不覿既濟三年克之未濟三年有賞于大國或以一爻爲一月臨至于八月有凶或以一爻爲一日復七日來復或以一爻爲一人需不速之客三人來損三人行則損一人一人行則得其友或以一爻爲一物訟鞶帶三褫晉晝日三接師王三錫命比王用三驅睽載鬼一車田獲三狐損二簋可用享萃一握爲笑革言三就旅一矢亡巽田獲三品 爻數說

漢上易叢說

歸藏之乾有乾大赤乾爲天爲君爲父又爲辟爲卿爲馬爲禾又爲血卦

歸藏小畜曰其丈人乃知丈人之言三代有之

莧陸澤草也生于三月四月莧蕢也葉柔根堅而赤陸大于莧葉柔根堅堅者兌之剛也堅而赤赤者乾之色也

易有以一策當一日者乾坤之策是也有以一爻當一日者七日來復是也有以策數七八九六言日者勿逐七日得是也易之取象豈一端而盡六十卦直日兩卦相去皆七日其實則六日七分猶書稱期三百有六旬有六日其實三百六十五日四分日之一禮言三年

之喪其實二十七月詩言一之日二之日其實十一月十二月之日何于此六日七分而疑之乎

結繩而爲網罟以佃以漁則已取重離之象何則離麗也離爲目巽爲繩以巽變離結繩而爲網罟之象也網罟目也離爲雉巽爲魚以佃以漁之象也

彖者孔子贊易十篇之一先儒附其辭于卦辭之下故加彖以明之諤昌以乾彖釋元亨利貞文言又從而釋之疑其重複謂非孔子之言且引穆姜之言證之此又不然文言者文其言也猶序彖說卦之類古有是言或文王或周公之辭孔子因其言而文之以垂後世傳曰言之不文行之不遠故以文言名其篇

如曰君子以非禮勿履則孔子所繫之大象也何以明之且以復卦大象言之曰雷在地中復先王以至日閉關商旅不行后不省方考之夏小正十一月萬物不通則至日閉關后不省方夏之制也周制以十一月北巡狩至于北嶽矣以是知繫大象之辭非周公作也

說卦脫誤比于諸篇特多荀氏易本乾後有四象坤後有八震後有三巽後有二坎後有八而又以揉爲撓離後有一艮後有三兌後有二虞氏易本以龍爲駹反爲阪旉爲專寡爲宣科爲折羊爲羔鄭本

以廣爲黃乾爲幹黔爲黚京氏本以巽爲末羸爲螺果蓏爲果墮其餘陸績王肅姚信王廙偏傍點畫亦或不同蓋焚書之後周易雖存至漢已失說卦三篇後河内女子得而上之故三篇之文容有差誤

聖人死曰神賢人死曰鬼衆人死曰物聖人清明在躬志氣如神故五帝配上帝傳說上比列星賢人得其所歸衆人則知富貴生而已其思慮不出于口腹之閒衽席之上夸張于世以自利焉物欲蔽之不能自反其初故謂之物然物之乘閒而出豈離乎五行哉

陰陽用也剛柔體也用之謂道體之謂德體用無閒和會爲一順而行之則動靜語默皆得其宜故曰和順道德而理于義天地萬物共由一理其理順而不妄深明其源乃能一天人合内外體用無閒矣此之謂盡性盡性則通晝夜之道而知其于窮達壽夭以正受之不貳其心矣

蘇氏解需光亨曰光者物之神也此關子明之說也或問神曰日月在上其明在地夫日月之形其大如盤盂光之所燭被乎萬物非神乎蓋神難言也故以光形容之君子動而有光廣大无所不及故易言未光未光大者皆狹且陋也

先生初爲胡文定所薦稱疾不至會趙忠簡公鼎爲參知政事高宗諮以當世人才趙曰臣所聞朱震學術深博乃召用是時虔州民爲盜先生曰使居官者廉而不擾則百姓自安願詔選良太守慰撫之且使到官之日條具官吏有貪墨無狀者一切罷去聽其自擇慈祥仁惠之人使之

林拙齋紀問曰漢上叢說云反觀吾身乾坤安在哉善端初起者乾也身行之而作成其事者坤也人皆有善端不亦易知乎行其所知不亦簡能乎饑而食渴而飲晝作而夜息豈不簡且易哉以此推之天下未有不知而作者也

魏鶴山師友雅言曰朱漢上云古者衣裳相連乾坤相依君臣上下同體也至秦始取衣裳離之今瀘敘獠俗多衣統褭猶是古法

漢上學侶

朱先生巽

朱巽字子權文定弟亦富學號二朱參姓譜

梓材謹案姓譜原作字公權文定名震字子發先生名巽當字子權上蔡監西京竹木場文定與之往謁事見上蔡附錄則亦上蔡弟子也

忠簡胡澹庵先生銓別見武夷學案

漢上同調

僕射沈先生該

沈該字守約吳興人登嘉王榜進士紹興二十六年以右僕射兼修國史嘗撰易小傳其說以左氏卦變爲文嘗進之高宗降詔褒獎參朱氏經義考

漢上門人二程三傳

宣教劉先生長福別見泰山學案

隱君徐天民先生畸

徐畸字南夫一字叔範蘭溪人也漢上先生弟子得其周易旨要兼明春秋禮記湛深經術文得歐曾筆外法而弓兩斛力射命中隱居講學人莫知者東陽吳文炳獨知之延以教其子于時婺中之以師道興起後進者曰東萊曰同甫曰說齋曰先生學者稱爲天民先生其所著有周易解微三卷

徐氏門人二程四傳

主簿吳先生葵別見說齋學案

沈氏續傳

田興齋先生疇

田疇號興齋華亭人嘉定閒嘗設講席于國學六館之士皆北面焉著有學易蹊徑二十卷參姓譜

謝山田氏學易蹊徑題辭曰宋人之言互體者棃洲秖舉漢上黃中二家今觀興齋之說又有出于二家之外其每卦一圖皆以正卦兼變卦而言而並取其正變之互嘗攷其所自出則吳興沈氏也沈氏謂睽三則下互為離其變則上互為兌卽興齋之說也夫正卦之互在聖人取象或有時而用之若變卦之互非取象所及也一卦自有一卦之象不容兼正變而互之也或曰左氏陳敬仲筮詞風為天于土上山也杜元凱謂此觀之否正卦之三四五爻為艮變卦之二三四爻亦為艮故曰山則固合正變之互言之矣興齋之所本者此耳予曰此筮法也筮法合正與變而占之則亦得兼正與變之互而象之當聖人作象辭但發揮是爻之象而已安得預計其變而求合之將不勝其緒之紛矣易雖為卜筮而作然要自有節次也沈氏不過偶一及之其說尚未及成興齋則每卦列焉竟欲以之定互體之說竊以為未安若其餘甚有佳者嘉定以後經師如此不易得也

默堂學案表

陳淵——沈度

了翁從孫

伊川龜山門人

安定濂溪明道清敏再傳

濂水鄞江三

西湖三傳

三傳

羅從彥別爲豫章學案

范沖別見華陽學案

並默堂講友

鄞縣全祖望補定

後學慈谿馮雲濠校刊

鄞縣王梓材重校

道州何紹基重刊

默堂學案

祖望謹案龜山弟子徧天下默堂以愛壻爲首座其力排王氏之學不愧于師門矣惜其早侍了齋禪學深入之而龜山亦未能免于此也所以不得不輸正統于豫章述默堂學案梓材案默堂傳本在龜山學案自謝山爲别立學案

程楊門人胡程再傳

御史陳默堂先生淵

陳淵字知默南劍州沙縣人也初名漸字幾叟雲濠案忠肅言行錄附載默堂先生行實云忠肅公之從孫也楊誠齋序先生集作猶子誤早年從學二程梓材案此所謂二程蓋亦指伊川而言後學于龜山紹興五年以胡文定薦充樞密院編修官李忠定綱辟爲制置司機宜文字七年詔舉直言召對賜進士出身除監察御史右正言面論程王學術同異高宗曰楊時三經義辯甚當理則對曰楊時始宗

安石後得程頤師之乃悟其非上曰安石穿鑿對曰穿鑿之過尙小道之大原安石無一不差上曰差者何謂對曰聖賢所傳止有論孟中庸論語主仁中庸主誠孟子主性愛特仁之一端而安石遂以愛爲仁其言中庸則謂中庸所以接人高明所以處己孟子發明性善而安石取楊雄善惡混之言至于無善無惡又溺于佛其失性遠矣又論秦檜親黨鄭億年嘗從賊乞寢職名爲檜所惡以宗正少卿去位紹興十五年卒嘗謂羅仲素曰聖道甚微有能于後生中得一箇半箇可以與聞于此庶幾得者愈廣吾道不孤又何難之不易也先生爲龜山之壻卒能傳龜山之學學者稱之爲默堂先生其門人曰沈度序先生集 雲濠案先生行實忠肅嘗扁其所居曰默堂有默堂集五十卷行世今四庫書目二十二卷

梓材謹案先生著有默堂集謝山特爲先生立一學案凡集中語近于禪者當必采錄而辯正之惜盧氏所藏原底未全

附錄

先生幼穎悟異常兒得聞家學十有八歲首領鄉薦名聲籍甚顧慊然以所學不在是聞楊文靖得伊洛之傳上書執弟子禮以伊尹之所覺周公之所思孔子之所貫顏子之所樂請益焉文靖得書以爲

深識聖賢旨趣遂以子妻之

先生與邑人羅仲素爲同門友情好尤密定交幾四十年嘗詣仲素必竟日迺返謂人曰自吾交仲素日聞所不聞奧學清節真南州之冠冕也

紹興九年除監察御史再詔遷右正言以執事入對上曰昔陳瓘爲諫官論國家安危治亂事係君子小人用舍及言蔡京等誤國之罪逮靖康之難無一不驗今命卿以此職注意不輕勿墜家聲朕之所深望也又嘗以語宰執曰御史陳某老成有學嘗聞講論語中庸可令進用其眷遇如此先生感上恩厚侃然守正每因奏事及治亂之本原學術之邪正君子小人朋黨之分中國夷狄逆順之理必反覆爲上言之

嘗論比年以來恩惠太濫賞給太厚頒賚錫予之費太過所用既衆而所入實寡此臣所甚懼也周官唯王及后世子不會說者謂不得以有司之法治之非周公作法開後世人主侈用之端也臣謂冢宰以九式均節財用有司雖不會冢宰得以越式而論之若事事以式雖不會猶會也

先生于書無所不讀自少即爲忠肅所知常侍左右踰三十年忠言

讜論得之爲多及從文靖學濟以涵養薰陶義理步趨矩度是以行己立朝具有本末或勸其遷就以隨世立名先生歎曰吾知上不負天子下不負所學而已子孫榮枯不暇計也

默堂講友

文質羅豫章先生從彥 別爲豫章學案

龍圖范元長先生沖 別見華陽學案

默堂門人 胡程三傳

尚書沈先生度

沈度字公雅武康人池州主簿播曾孫也先生從學默堂幾二十年紹興閒令餘干政有三善田無廢土市無閑居獄犴無宿繫民謳歌之以考功郎中除直祕閣知平江府乾道二年召赴行在帝曰甲申之歲委卿守吳門未幾治行昭著果如朕所料可謂得人即以爲中書門下省檢正諸房公事四年又以直龍圖閣知建寧府是時朱子在崇安爲屬吏創立社倉均糴備貸先生以錢六萬緡助其役倉成民賴之朱子爲記其事仕終兵部尚書 參姓譜

豫章學案表

羅從彥 伊川龜山門人安定濂溪明道再傳

廖衙 別見龜山學案 豫章講友

李侗

朱松

朱熹 別爲晦翁學案

羅博文

劉嘉譽

子熹 別爲晦翁學案

子世南

孫砥

孫礪 並見滄洲諸儒學案

宋元學案卷三十九

餘姚黃宗羲原本　後學慈谿馮雲濠校刊

男百家纂輯　鄞縣王梓材重校

鄞縣全祖望修定　道州何紹基重刊

豫章學案

祖望謹案豫章之在楊門所學雖醇而所得實淺當在善人有恆之閒一傳爲延平則邃矣再傳爲晦翁則大矣豫章遂爲別子甚矣弟子之有光于師也述豫章學案梓材案李文靖以下謝山始稱道南學案後改延平與文質合稱豫章延平學案定序錄則專稱豫章故延平亦不別爲標目云

程楊門人胡程再傳

文質羅豫章先生從彥附師吳儀

羅從彥字仲素南劍人延平有吳儀字國華以窮經爲學先生師之崇寧初見龜山于將樂驚汗浹背曰不至是幾枉過一生矣雲濠案先生師事龜山而李文靖又師先生陳直齋曰此所謂南劍三先生者也嘗與龜山講易至乾九四爻云伊川說甚善先生卽鬻田裹糧往洛見伊川歸而從龜山者久之建炎四年特科授博羅主簿官滿

入羅浮山靜坐紹興五年卒年六十四學者稱豫章先生先生嚴毅清苦在楊門爲獨得其傳龜山初以饑渴害心令其思索先生從此悟入故于世之嗜好泊如也著有遵堯錄言宋自一祖開基三宗紹之若舜禹遵堯相守一道迨熙寧閒王安石用事管心鞅法甲倡乙和卒稔裔夷之禍未嘗不爲之痛心疾首也又有春秋毛詩語孟解中庸說議論要語台衡錄春秋指歸雲濠案四庫書目豫章文集十七卷然首卷列經解之目有錄無書實止十六卷淳祐七年賜諡文質

宗羲案龜山三傳得朱子而其道益光豫章在及門中最無氣燄而傳道卒賴之先師有云學脈甚微不在氣魄上承當豈不信乎然亦多湮沒而無聞者聞不聞君子不以爲意而尚論者所不敢忽

議論要語

人主欲明而不察仁而不懦蓋察常累明而懦反害仁故也漢昭帝明而不察章帝仁而不懦孝宣明矣而失之察孝元仁矣而失之懦若唐德宗察而不明高宗懦而不仁兼二者之長其惟漢文乎

名器之貴賤以其人何則授于君子則貴授于小人則賤名器之所

貴則君子勇于行道而小人甘于下僚名器之所賤則小人勇于浮競而君子恥于求進以此觀之人主之名器可輕授人哉

君明君之福臣忠臣之福君明臣忠則朝廷治安得不謂之福乎父慈父之福子孝子之福父慈子孝則家道隆盛得不謂之福乎俗人以富貴爲福陋哉

王者富民霸者富國富民三代之世是也富國齊晉是也至漢文帝行王者之道欲富民而告戒不嚴民反至于奢武帝行霸者之道欲富國而費用無節用乃至于耗

教化者朝廷之先務廉恥者士人之美節風俗者天下之大事朝廷有教化則士人有廉恥士人有廉恥則天下有風俗或朝廷不務教化而責士人之廉恥士人不尙廉恥而望風俗之美其可得乎

君子在朝則天下必治蓋君子進則常有亂世之言使人主多憂而善心生故天下所以必治小人在朝則天下必亂蓋小人進則常有治世之言使人主多樂而怠心生故天下所以必亂

正者天下之所同好邪者天下之所同惡而聖人未嘗致憂于其閒蓋邪正已明故也至于邪正未明則聖賢憂之觀少正卯言僞而辯行僞而堅孔子則誅之楊墨一則爲我一則兼愛孟子則闢之皆邪

正未明而惑人者衆此孔孟之所汲汲

天下之變不起于四方而起于朝廷譬如人之傷氣則寒暑易侵木之傷心則風雨易折故內有李林甫之奸則外有安祿山之亂內有盧杞之邪則外有朱泚之叛易曰負且乘致寇至不虛言哉

士之立身要以名節忠義爲本有名節則不枉道以求進有忠義則不固寵以欺君矣

聖人無欲君子寡欲衆人多欲

中人之性由于所習見其善則習于爲善見其惡則習于爲惡習于爲善則舉世相率而爲善而不知爲善之爲是東漢黨錮之士與夫太學生是也習于爲惡則舉世相率而爲惡而不知爲惡之爲非五代君臣是也

遵堯錄

太宗語李至曰人君當淡然無欲不使嗜好形見于外則姦邪無自入焉可謂善矣夫嗜好者人情之所不能免也方其淡然不使之形見于外則其違道不遠于斯時也苟有臯夔稷契之徒以道詔之當視六經猶筌蹄上與堯舜相得于忘言之地矣至雖賢者然惜非其倫也

太宗內廷給事不過三百人可謂善矣然語宰相曰卿等顧朕之視妻子如脫屣耳恨未能離世絕俗追蹤羨門則是過高者之言也夫王化之本關睢之訓是也有關睢之德必有麟趾之應此周之所以致太平者也若羨門等語非人倫之美也

太宗嘗曰人君致理之本莫先簡易老子芻狗之說朕所景慕臣從彥曰易簡之理天理也行其所無事篤恭而天下平易簡之謂也老氏芻狗之說取其無情而已大之詆訾堯舜而其下流爲申韓不可不辨也

佛氏之學端有悟入處其道宏博世儒所不能窺然絕乎人倫外乎世務非堯舜孔子之道趙普之對太宗曰陛下以堯舜之道治世以浮屠之教修心蓋不知言者

君子之所爲皆理之所必然世之所常行者然不可以求近功圖近利非如世閒小有才者一旦得君暴露其器能以釣一時之譽彼其設施當亦有可觀者要非能致遠也呂端曰君子之道闇然而章歷試經久方見爲臣之節其幾于道者與

聖人不作自炎漢以來未有可稱者莫不雜以霸道以司馬光之學猶誤爲之說況其下者

章聖皇帝未生仁宗有內侍遇異人言王真人降生爲宋第四帝古之燧人氏也章懿皇后亦夢羽衣數百人從一仙官自空而下託生及仁宗五六歲嘗持槐木片以鑽火臣從彥曰此所謂無徵不信者也

古人自十五入學至四十而後仕其意若曰善道以久而後立人材以久而後成故處之以燕閑之地而寬之歲月之期俾專其業俟其志定則其仕也不遷于利不屈于欲道之于民天下被其澤矣後世怵于科舉自童稚閒已有汲汲趨利之意一旦臨民亦何所不至王旦章聖皇帝時在中書最久每進用朝士必先望實苟人望未孚則雖告之曰某也才某也賢不驟進也此真救弊之良圖也

孔子曰三年無改于父之道此言孝子居喪志存父道不必主事而言也況當易危爲安易亂爲治之時速則濟緩則不及改之乃所以爲孝也天子之孝在于保天下司馬光改新法不卽理言之乃曰以母改子非子改父以此遏衆議則失之矣紹聖之害亦光此言有以召之

司馬光所改法無不當人心者惟罷免役失之安石之免役正猶楊炎之均稅東南人實利之若以堯舜三代之法格之則去之可也不

然未可輕議

豫章問答補

古人所以進此道者必有由而然夫中庸之書世之學者盡心以知性躬行以盡性者也而其始則曰喜怒哀樂之未發謂之中其終則曰夫焉有所倚肫肫其仁淵淵其淵浩浩其天此言何謂也差之毫釐謬以千里故大學之道在知所止而已苟知所止則知學之先後不知所止則于學無由進矣

以聖賢則莫學而非道以俗學則莫學而非物

梓材謹案謝山所錄豫章問答四條其三條移入附錄此則分一條爲兩條

附說補

學道以思爲主孟子曰心之官則思書曰思作睿睿作聖惟狂克念作聖佛家一切反是

外于吾聖人之學者申韓佛老皆有書在惟學者所決擇也

吾道當無疑于物

祖望謹案以上三條見所贈延平詩注中甚有關係故附著于問答之後

附錄

仲素篤志好學推研義理必欲到聖人止宿處遂從龜山游摳衣侍席二十餘載

延平以書謁先生其略曰先生服膺龜山之講席有年矣況嘗及伊川先生之門得不傳之道于千五百年之後性明而修行完而潔擴之以廣大體之以仁恕精深微妙各極其至漢唐諸儒無近似者至于不言而飲人以和與人並立而使人自化如春風發物蓋亦莫知其所以然也凡讀聖賢之書粗有識見者孰不願得受經門下以質所疑侗之愚鄙徒以習舉子業不得服役于門下而今日拳拳欲求教者以謂所求有大于利祿也抑侗聞之道可以治心猶食之充饑衣之禦寒也人有迫于饑寒之患者皇皇焉爲衣食之謀造次顛沛未嘗忘也至于心之不治有沒世不知慮豈愛心不若口體哉弗思甚矣侗不量資質之陋妄意于此雖知真儒有作聞風而起固不若先生親炙之得于動靜語默之閒目擊而意會也

延平曰昔聞之羅先生云橫渠教人令且留意神化二字所存者神便能所過者化私吝盡無卽渾是道理卽所過自然化矣補

又曰舜之所以能使瞽瞍底豫者盡事親之道共爲子職不見父母

之非而已昔羅先生語此云只爲天下無不是底父母了翁聞而善之曰惟如此而後天下之爲父子者定彼臣弑其君子弑其父者嘗始于見其有不是處耳補

又曰先生令愿中靜中看喜怒哀樂未發之謂中未發時作何氣象不惟于進學有方亦是養心之要補

汪玉山與朱子書曰羅丈語錄中有可疑者不居其聖與得無所得形色天性與色卽是空難作一類語看又道不足以任之故有典與不足以治之故有刑此語如何補

朱子曰仲素先生都是著實子細去理會又曰羅先生嚴毅清苦殊可畏

又曰嘗見李先生說舊見羅先生云說春秋頗覺未甚愜意不知到羅浮極靜後義理會得如何某心嘗疑之以今觀之是如此蓋心下熱鬧如何看得義理出

宗羲案楊道夫言羅先生教學者靜坐中看喜怒哀樂未發作何氣象李先生以爲此意不惟于進學有方兼亦是養心之要而遺書有云既思則是已發者疑其與前所舉有礙黃勉齋曰羅先生以靜坐觀之乃其思慮未萌虛靈不昧自有以見其氣象則初無

害于未發蘇季明以求字爲問則求非思慮不可此伊川所以力辯其差也朱子曰羅先生說終恐有病如明道亦說靜坐可以爲學上蔡亦言多著靜不妨此說終是少偏才偏便做病道理自有動時自有靜時學者只是敬以直內義以方外見得世閒無處不是道理不可專要去靜處求所以伊川謂只用敬不用靜便說平也案羅豫章靜坐看未發氣象此是明道以來下及延平一條血路也蓋所謂靜坐者不是道理只在靜處以學者入手從喘汗未定之中非冥心至靜何處見此端倪久久成熟而後動靜爲一若一向靜中擔閣便爲有病故豫章爲入手者指示頭路不得不然朱子則恐因藥生病其言各有攸當也

百家謹案豫章年譜謂致和二年壬辰先生四十一歲龜山爲蕭山令先生始從受學宋史亦云龜山爲蕭山令時先生徒步往學焉龜山熟察之喜曰惟從彥可與言道弟子千餘人無及先生者謹考龜山全集丁亥知餘杭壬辰知蕭山相去六年而餘杭所聞已有豫章之問答則其從學非始于蕭山明矣豫章之見伊川在見龜山之後伊川卒于庚子若見龜山始于壬辰則伊川之卒已六年矣又何從見之乎先君子別有豫章年譜

訂正

祖望謹案朱子師有四而其所推以爲得統者稱延平故因延平以推豫章謂龜山門下千餘獨豫章能任道後世又以朱子故共推之然讀豫章之書醇正則有之其精警則未見也恐其所造亦秖在善人有恆之閒龜山之門篤實自當推橫浦通才自當推湍石多識前言往行當推紫微知禮當推息齋特橫浦紫微不能自拔于佛氏爲朱子所非然其不背于聖人者要不可沒而汪文定公所舉豫章語錄之失則似亦未必能于佛氏竟脫然也若因其有出藍之弟子而必幷其自出而推之是門戶之見非公論也若延平所得則固有出豫章之上者愚故連而標之曰豫章延平學案

豫章講友

廖先生衙 別見龜山學案

豫章門人 胡程三傳

文靖李延平先生侗

李侗字愿中南劍人年二十四聞郡人羅仲素傳河洛之學于龜山遂往學焉仲素不爲世所知先生冥心獨契于是退而屏居謝絕世

故餘四十年簞瓢屢空怡然有以自適也其始學也默坐澄心以驗夫喜怒哀樂未發之前氣象爲何如久之而知天下之大本眞在乎是也既得其本則凡出于是者雖品節萬殊曲折萬變莫不該攝洞貫以次融釋各有條理如川流脈絡之不可亂大而天地之所以高厚細而品彙之所以化育以至經訓之微言日用之小物玩之于此無一不得其衷焉由是操存益固涵養益熟泛應曲酬發必中節其事親從兄有人所難能者隆興元年十月汪玉山應辰守閩幣書迎先生至之日坐語而卒年七十一

延平答問

葉公問孔子于子路子路不對一章昔日得之于吾黨中人謂葉公亦當時號賢者夫子名德經天緯地人孰不識之葉公尙自見問于其徒所見如此宜子路之不對也若如此看仲尼之徒渾是客氣非所以觀子路也蓋弟子形容聖人盛德有所難言爾如女奚不曰下面三句元晦以爲發憤忘食者言其求道之切聖人自道理中流出卽言求道之切恐非所以言聖人此三句只好渾然作一氣象看則見聖人渾是道理不見有身世之礙故不知老之將至爾元晦更以此意推廣之看如何大抵夫子一極際氣象終是難形容也尹和靖

以爲皆不居其聖之意此亦甚大但不居其聖一節事乃是門人推尊其實如此故孔子不居蓋因事而見爾若常以不居其聖橫在肚裏則非所以言聖人矣如何如何

問太極動而生陽先生嘗曰此只是理做已發看不得熹疑旣言動而生陽卽與復卦一陽生而見天地之心何異竊恐動而生陽卽天地之喜怒哀樂發處于此卽見天地之心二氣交感化生萬物卽人物之喜怒哀樂發處于此卽見人物之心如此做兩節看不知得否先生曰太極動而生陽至理之源只是動靜闔闢至于終萬物始萬物亦只是此理一貫也到得二氣交感化生萬物時又就人物上推亦只是此理中庸以喜怒哀樂未發已發言之又就人身上推尋至于見得大本達道處又渾同只是此理此理就人身上推尋若不于未發已發處看卽何緣知之蓋就天地之本源與人物上推來不得不異此所以于動而生陽難以爲喜怒哀樂已發言之在天地只是理也今欲作兩節看竊恐差了復卦見天地之心先儒以爲靜見天地之心伊川先生以爲動乃見此恐便是動而生陽之理然于復卦發出此一段示人又于初爻以顏子不遠復爲之此只要示人無間斷之意人與天理一也就此理上皆收攝來與天地合其德與日月

合其明與四時合其序與鬼神合其吉凶皆其度內耳某測度如此未知元晦以爲如何有疑更容他日得見劇論語言既拙又無文采似發脫不出也元晦可意會消詳之看理道通否

承錄示韋齋記追往念舊令人淒然某中閒所舉中庸終始之說元晦以爲肫肫其仁淵淵其淵浩浩其天卽全體是未發底道理惟聖人盡心能然若如此看卽于全體何處不是此氣象第恐無甚氣味爾某竊以爲肫肫其仁以下三句乃是體認到此達天德之效處就喜怒哀樂未發處存養至見此氣象儘有地位也某嘗見呂芸閣與伊川論中說呂以謂循性而行無往而非禮義伊川以謂氣味殊少呂復言云云正謂此爾大率論文字切在深潛縝密然後蹊徑不差釋氏所謂一超直入如來地恐其失處正坐此不可不辯

五十知天命一句三先生之說皆不敢輕看某尋常看此數句竊以謂人之生也自少壯至于老耄血氣盛衰消長自不同學者若循其理不爲所使則聖人之言自可以馴致但聖賢所至處淺深之不同耳若五十矣尚昧于所爲卽大不可也橫渠之說似有此意試一思索看如何

問熹昨妄謂仁之一字乃人之所以爲人而異乎禽獸者先生不以

爲然熹因以先生之言思之而得其說敢復求正于左右熹大竊謂地生物本乎一源人與禽獸草木之生莫不具有此理其一體之中卽無絲毫欠剩其一氣之運亦無頃刻停息所謂仁也朱子自注先生批云有有血氣者有無血氣者更體究此處但氣有淸濁故稟有偏正惟人得其正故能知其本具此理而存之而見其爲仁物得其偏故雖具此理而不自知而無以見其爲仁然則仁之爲仁人與物不得不同知人之爲人而存之人與物不得不異故伊川夫子既言理一分殊而龜山又有知其理一知其分殊之說而先生以爲全在知字上用著力恐亦是此也朱子自注先生句出批云以上大概得之他日更用熟講體認不知果是如此否又詳伊川之語推測之竊謂理一而分殊此一句言理之本然如此全在性分之內本體未發時看朱子自注先生抹出批云須是從本體已發未發時看合內外爲可合而言之則莫非此理然其中無一物之不該便自有許多差別雖散殊錯糅不可名狀而纖微之閒同異畢顯所謂理一而分殊也知其理一所以爲仁知其分殊所以爲義此二句乃是于發用處該攝本體而言因此端緒而下工夫以推尋之處也蓋理一而分殊一句正如孟子所云必有事焉之處而下文兩句卽其所以有事乎

此之謂也朱子自注先生抹出批云恐不須引孟子說以證之孟子之說若以微言恐下工夫處落空如釋氏然孟子之說亦無隱顯精粗之閒今錄謝上蔡一說於後玩味之卽無時不是此理也此說極有力大抵仁字近本作者正是天地流動之機以其包容和粹涵育融漾不可名貌故特謂之仁其中自然文理密察各有定體處便是義只此二字包括人道已盡義固不能出于仁之外仁亦不離乎義之內也然則理一而分殊者乃是本然之仁義朱子自注先生句斷批云推測到此一段甚密爲得之加以涵養何患不見道也某心甚慰前此乃以從此推出分殊合宜處爲義失之遠矣又不知如此上所推測又還是否更乞指教先生曰謝上蔡云吾嘗習忘以養生明道曰施之養則可于道則有害習忘可以養生者以其不留情也學道則異于是必有事焉勿正何謂乎且出入起居寧無事者正心待之則先事而迎忘則涉乎去念助則近乎留情故聖人心如鑑所以異于釋氏心也上蔡錄明道此語于學者甚有力蓋尋常于靜處體認下工夫卽於鬧處使不著蓋不曾如此用力也自非謝先生確實於日用處下工夫卽恐明道此語亦未必引得出來此語錄所以極好玩索近方看見如此意思顯然元晦於此更思看如何唯于日用

處便下工夫或就事上便下工夫庶幾漸可合爲己物不然只是說也某輒妄意如此如何如何

問近本無問字熹又問孟子養氣一章向者雖蒙明析面誨而愚意竟未見一總會處近日求之頗見大體只是要得心氣合而已故說持其志無暴其氣必有事焉而勿正心勿忘勿助長也皆是緊切處只是要得這裏所存主處分明則一身之氣自然一時奔湊翕聚向這裏來存之不已及其充積盛滿睟面盎背便是塞乎天地氣象非求之外也如此則心氣合一不見其間心之所向全氣隨之雖加齊之卿相得行道焉亦沛然行其所無事而已何動心之有易曰直方大不習无不利而文言曰敬義立而德不孤則不疑其所行也正是此理不審先生以爲何如先生曰養氣大概是要得心與氣合不然心是心氣是氣不見所謂集義處終不能合一也元晦云睟面盎背便是塞乎天地氣象與下云亦沛然行其所無事二處爲得之見得此理甚好然心氣合一之象更用體察令分曉路陌方是某尋常覺得于畔援歆羨之時未必皆是正理亦心與氣合到此若彷彿有此氣象一差則所失多矣豈所謂浩然之氣邪某竊謂孟子所謂養氣者自有一端緒須從知言處養來乃不差于知言處下工夫儘用熟

也謝上蔡多謂于田地上面下工夫此知言之說乃田地也先于此體認令精密認取心與氣合之時不偏不倚氣象是如何方可看易中所謂直方大不習无不利然後不疑其所行皆沛然矣元晦更于此致思看如何某率然如此極不揆是與非更俟他日面會商量可也

承諭心與氣合及所注小字意若逐一理會心與氣即不可某鄙意止是形容到此解會融釋不如此不見所謂氣所謂心渾然一體流浹也到此田地若更分別那箇是心那箇是氣即勞擾耳不知可以如此否不然即成語病無疑若更非是無惜勤論吾儕正要如此

梨洲孟子師說曰天地閒只有一氣充周生人生物人稟是氣以生心即氣之靈處所謂知氣在上也心體流行其流行而有條理者即性也猶四時之氣和則爲春和盛而溫則爲夏溫衰而涼則爲秋涼盛而寒則爲冬寒衰則復爲春萬古如是若有界限于閒流行而不失其序是即理也理不可見見之于氣性不可見見之于心心即氣也心失其養則狂瀾橫溢流行而失其序矣養氣即是養心然養心猶難把捉言養氣則動作威儀旦晝呼吸實可持循也

人身雖一氣之流行流行之中必有主宰主宰不在流行之外卽流行之有條理者自其變者而觀之謂之流行自其不變者而觀之謂之主宰養氣者使主宰常存則血氣化爲義理失其主宰則義理化爲血氣所差在毫釐之閒

志卽氣之精明者是也原是合一豈可分如何是志如何是氣無暴其氣便是持志工夫若離氣而言持志未免把捉虛空如何養得古人說九容只是無暴其氣無暴其氣志焉有不在者乎更無兩樣之可言

知者氣之靈者也氣而不靈則昏濁之氣而已養氣之後則氣化而爲知定靜而能慮故知言養氣是一項工夫易云將叛者其辭慚中心疑者其辭枝吉人之辭寡躁人之辭多誣善之人其辭游失其守者其辭屈此是汎舉世人而言孟子之詖淫邪遁指一時立言之輩破其學術詖辭危險之辭如雞三足卵有毛白馬非馬之類是蔽于名實者也淫辭汎濫援引終日言成文典及細察之則倜然無所歸宿陷如入于坎窞無有實地也邪辭邪僻之辭如捭闔飛箝離遠于正道遁辭炙輠無窮不主一說人見其不窮不知其尚口乃窮也詖則公孫龍之家淫則談天行之家邪則鬼谷

之家逌則淳于髡之家皆是當時之人也

百家謹案朱子此說只要得心與氣合又云心氣合一不見其閒延平云若更分別那箇是心那箇是氣卽勞擾與師說所解雖不同亦略相似故採數則附此

盡心者如孟子見齊王問樂則便對云云言貨色則便對云云每遇一事便有以處置將去此是盡心舊時不之曉蓋此乃盡心之效如此得此本然之心則皆推得去無窮也如見牛未見羊說苟見羊則亦便是此心矣

又見諭云伊川所謂未有致知而不在敬者考大學之序則不然如夫子言非禮勿視聽言動伊川以爲制之于外而養其中數處蓋皆各言其入道之序如此要之敬自在其中也不必牽合貫穿爲一說又所謂但敬而不明于理則敬特出于勉強而無灑落自得之功意不誠矣灑落自得氣象其地位甚高恐前數說方是言學者下功處不如此則失之矣由此持守之久漸漸融釋使之不見有制之于外持敬之心理與心爲一庶幾灑落耳某自聞師友之訓賴天之靈時常只在心目閒雖資質不美世累妨奪處多此心未嘗敢忘也于聖賢之言亦時有會心處亦閒有識其所以然者但覺見反爲道理所

縛殊無進步處今已老矣日益恐懼吾元晦乃不鄙孤陋寡聞遠有質問所疑何愧如之

示諭夜氣說甚詳亦只是如此切不可更生枝節尋求卽恐有差大率吾輩立志已定若看文字心慮一澄然之時略綽一見與心會處便是正理若更生疑卽恐滯礙伊川語錄中有說明道嘗在一倉中坐見廊柱多因默數之疑以爲未定屢數愈差遂至令一人敲柱數之乃與初默數之數合正謂此也夜氣之說所以于學者有力者須是兼旦晝存養之功不至梏亡卽夜氣清若旦晝閒不能存養卽夜氣何有疑此便是日月至焉氣象也某曩時從羅先生學問終日相對靜坐只說文字未嘗及一雜語先生極好靜坐某時未有知退入室中亦只靜坐而已羅先生令靜中看喜怒哀樂未發之謂中未發時作何氣象此意不唯于進學有方兼亦是養心之要元晦偶有心恙不可思索更于此一句內求之靜坐看如何往往不能無補也此中相去稍遠思欲一見未之得恐元晦以親傍無人傔侍亦難一來奈何切望隨宜攝養勿貽親念爲至禱也

梨洲師說曰平旦之氣其好惡與人相近也者幾希此卽喜怒哀樂未發之體未嘗不與聖人同卻是靠他不得蓋未經鍛鍊一逢

事物便霍然而散雖非假銀卻不可入火爲其平日根株久禪宗席平旦之氣反似暫求之客終須避去明道之獵心陽明之隔瘧或遠或近難免發露故必須工夫纔還本體此念菴所以惡現成良知也

世人日逐于外喘汗不已竟無一安頓處到得氣機收斂之時不用耳目則葭管微陽生意漸回息生也好惡與人相近正形容平旦之氣此氣卽是良心不是良心發見于此氣也

天性生生之機無時或息故放失之後少閒又發第人不肯認定以此作主宰耳認得此心便是養若火之始然泉之始達自不能已旦晝梏亡未嘗非此心爲之用而點金成鐵迷卻當下矣

孟子言良心何不指其降衷之體言之而形容平旦之氣似落于迹象不知此卽流行之命也知此卽爲知命猶之太虛何處不是生意然不落土則生機散漫無所收拾佛氏以虛無爲體正坐不知命 以上俱師說

姜定庵曰旦晝存養則旦晝之氣亦清又何但夜氣邪正謂梏亡者夜氣亦能自清所以見性善之同然也

昔嘗得之師友緒餘以謂問學有未愜適處只求諸心若反身而誠

精通和樂之象見卽是自得處更望勉力以此而已
所云見語錄中有仁者渾然與物同體一句卽認得西銘意旨所見
路脈甚正宜以是推廣求之然要見一視同仁氣象卻不難須是理
會分殊雖毫髮不可失方是儒者氣象
又云便是日月至焉氣象一段某之意只爲能存養者積久亦可至
此若比之不違氣象又迥然別也今之學者雖能存養知有此理然
曰晝之閒一有懈焉遇事應接舉處不覺打發機械卽離閒而差矣
唯存養熟理道明習氣漸爾銷鑠道理油然而生然後可進亦不易
也來諭以爲能存養者無時不在不止日月至焉若如此時卻似輕
看了也如何
動靜眞僞善惡皆對而言之是世之所謂動靜眞僞善惡非性之所
謂動靜眞僞善惡也惟求靜於未始有動之先而性之靜可見矣求
眞於未始有僞之先而性之眞可見矣求善於未始有惡之先而性
之善可見矣
天下之理無異道也天下之人無異性也性惟不可見孟子始以善
形之惟能自性而觀則其致可求苟自善而觀則理一而見二
虛一而靜心方實則物乘之物乘之則動心方動則氣乘之氣乘之

則惑惑斯不一矣則喜怒哀樂皆不中節矣
常在目前只在戒謹不睹恐懼不聞便自然常存顏子非禮勿視聽言動正是如此
思索義理到紛亂窒塞處須是一切掃去放教胸中空蕩蕩地了卻舉起一看便自覺得有下落處
爲學之初且當常存此心勿爲他事所勝凡遇一事即當且就此事反復推尋以究其理待此一事融釋脫落然後循序少進而別窮一事如此既久積累之多胸中自當有灑然處非文字言語之所及也
常存此心勿爲他事所勝即欲慮非僻之念自不作矣孟子有夜氣之說更熟味之當見涵養用力處也於涵養處著力正是學者之要若不如此存養終不爲己物也
人心中大段惡念卻易制服最是那不大段計利害乍往乍來底念慮相續不斷難爲驅除
學問之道不在多言但默坐澄心體認天理若真有所見雖一毫私欲之發亦退聽矣久久用力於此庶幾漸明講學始有力耳
學者之病在於未有灑然冰解凍釋處縱有力持守不過苟免顯然悔尤而已若此者恐未足道也

近日涵養必見應事脫然處否須就事兼體用下工夫久久純熟漸可見渾然氣象矣勉之勉之

孟子言仁人心也不是將心訓仁字

心者貫幽明通有無

人之念慮若是於過惡顯然萌動此卻易見易除卻怕於甚是閒底事爆起來纏繞思念將去不能除此尤害事

事雖紛紛須還我處置

學已有許多意思只爲說敬事字不分明所以許多時無捉摸處

聖門之傳中庸其所以開悟後學無餘策矣然所謂喜怒哀樂未發之謂中者又一篇之指要也若徒記誦而已則亦奚以爲哉必也體之於身實見是理若顏子之歎卓然見其爲一物而不違乎心目之閒也然後擴充而往無所不通則庶乎其可以言中庸矣

人固有無所喜怒哀樂之時然謂之未發則不可言無也

看聖賢言語但一踔看過便見道理者卻是眞意思纔著心去看便蹉過了多

某歸家凡百只如舊但兒輩所見凡下家中全不整頓至有疏漏欲頹㡙處氣象殊不佳既歸來不免令人略略修治亦須苟完可耳家

人猶豫未歸諸事終不便亦欲於冷落境界上打疊庶幾漸近道理他不敢恤但一味窘束亦有沮敗人佳處無可奈何也某兀坐於此朝夕無一事若可以一來甚佳致千萬意如此然猶不敢必覬恐侍旁乏人老人或不樂卽未可更須於此審處之某尋常處事每值情意迫切處卽以輕重本末處之似少悔吝願於出處閒更體此意

承諭近日學履甚適向所眈（近作取）戀不灑落處今已漸融釋此便是道理進之效甚善甚善思索窒礙及於日用動靜之閒有拂戾處便於此致意求其所以然者久之自循理耳

吾人大率坐此窘窶百事驅遣不行惟於稍易處處之爲庶幾耳某村居兀坐一無所爲亦以窘迫遇事窒塞處多每以古人貧甚極難堪處自體卽啜菽飲水亦自有餘矣夫復何言

承來諭令表弟之去反而思之中心不能無愧悔之恨自非有志於求仁何以覺此語錄有云罪己責躬不可無然亦不可常留在心中爲悔來諭云悔吝已顯然如何便銷隕得胸中若如此卽于道理有礙有此氣象卽道理進步不得矣正不可不就此理會也某竊以爲有失處罪己責躬固不可無然過此以往又將奈何常留在胸中卻

是積下一段私意也到此境界須推求其所以愧悔不去爲何而來若來諭所謂似是于平日事親事長處不曾存得恭順敬畏之心即隨處發見之時即于此處就本源處推究涵養之令漸明即此等固滯私意當漸化矣又昔聞之羅先生云橫渠教人令且留意神化二字所存者神便能所過者化私吝盡無即渾是道理即所過自然化矣更望以此二說于靜默時及日用處下工夫看如何吾輩今日所以差池道理不進者只爲多有坐此境界中耳禪學者則不然渠亦有此病卻只要絕念不採以是爲息滅殊非吾儒就事上各有條理也元晦試更以是思之如何或體究得不以爲然便示報爲望

朱子注曰後見先生又云前日所答只是據今日病處說語錄中意卻未盡他所以如此說只是提破隨人分量看得如何若地位高底人微有如此處只如此提破便渙然冰釋無復疑滯矣

在此粗安第終不樂于此若以爲隨所寓而安之即于此䠞䟐便不是此微處皆學者之大病大凡只于微處充擴之方見礙者大耳

宗羲案朱子言余之始學亦務爲儱侗宏闊之言好同而惡異喜大而恥于小而延平之言曰吾儒之學所以異于異端者理一而分殊也理不患其不一所難者分殊耳余心疑而不服以爲天下

之理一而已何爲多事若是同安官餘以延平之言反復思之始知其不我欺矣自朱子爲是言于是後之學者多向萬殊上理會以自託于窮理之說而支離之患生矣亦思延平默坐澄心其起手皆從理一窮理者窮此一也所謂萬殊者直達之而已矣若不見理一則茫然不知何者爲殊殊亦殊箇甚麽爲學次第鮮有不紊亂者切莫將朱子之言錯會

附錄

朱子曰李先生意只是要得學者靜中有箇主宰存養處

又曰李先生教人大抵令于靜中體認大本未發時氣象分明卽處事應物自然中節此乃龜山門下相傳指訣然當時親炙之時貪聽講論又方竊好章句訓詁之習不得盡心于此至今若存若亡無一的實見處孤負教育之意每一念此未嘗不愧汗沾衣也

又曰熹早從先生學受中庸之書求喜怒哀樂未發之旨未達而先生沒余竊自悼其不敏若窮人之無歸聞張欽夫得衡山胡氏學則往從而問焉欽夫告余以所聞亦未之省也暇日料檢故書得當時往還書稿一編題曰中和舊說獨恨不得奉而質諸李氏之門然以先生之所已言者推之知其所未言者其或不遠矣

又曰中和二字該道之體用以人言之則未發已發之謂舊聞李先生論此最詳後來所見不同遂不復致思今乃知其爲人深切然恨己不能盡記其曲折矣如云人固有無所喜怒哀樂之時然謂之未發則不可徑言無也又云致字如致師之致又如先言愼獨後及中和此意亦嘗言之但當時既不領略後來又不深思遂成蹉過孤負此翁耳

又曰昔聞先生之言教以爲爲學之初且當常存此心勿爲他事所勝凡遇一事卽當且就此事反覆推尋以究其理待此一事融釋脫落然後循序少進而別窮一事如此既久積累之多胸中自當有灑然處非文字言語之所及也詳味此言雖其規模之大條理之密若不逮于程子然其工夫之漸次意味之深切則有非他說所能及者惟嘗實用力于此者爲能有以識之未易以口舌爭也

又曰李先生不要人強行須有見得處方行所謂灑然處

又曰李先生初閒也是豪邁底人到後來也是琢磨之功在鄉若不異于常人鄉曲以上底人只道他是箇善人他也略不與人說待問了方與說

又曰李先生涵養得自是別眞所謂不爲事物所勝者古人云終日

無疾言遽色他真箇是如此如尋常人去近處必徐行出遠處行必稍急先生去近處也如此出遠處亦只如此尋常人叫一人叫之二三聲不至則聲必厲先生叫之不至聲不加于前也又有坐處壁閒有字某每常亦須起頭一看若先生則不然方其坐時固不看也若是欲看則必起就壁下視之其不爲事物所勝大率若此

又曰先生少年豪勇夜醉馳馬數里而歸後來養成徐緩雖行一二里路常委蛇緩步如從容室中也

又曰李先生終日危坐而神彩精明略無隤墮之氣

又曰李先生居處有常不作費力事所居狹隘屋宇卑小及子弟漸長逐閒接起又接起廳屋亦有小書室然其齊整瀟灑安物皆有常處其制行不異于人亦嘗爲任希純教授延入學作職事居常無甚異同頹如也真得龜山法門

又曰李先生不著書不作文頹然若一田夫野老

又曰先生說一步是一步如說仁者其言也訒熹當時爲之語云聖人如天覆萬物云云先生曰不要如此廣說須窮其言也訒前頭如何要得一進步處

梓材謹案此下有一條移入和靖學案

又曰人若著些利害便不免開口告人卻與不學之人何異向見李先生說若大段排遣不去只思古人所遭患難有人不可堪者持以自比亦可以少安矣始甚卑其說以爲何至如此後來臨事卻覺有得力處不可忽也以上皆朱子語

問延平先生言行朱子曰他卻不曾著書充養得極好凡爲學也不過是恁地涵養將去初無異議只是先生睟面盎背自然不可及

趙師夏曰李先生不特以得于傳授者爲學其心造之妙蓋有先儒所未言者

王深寧曰延平先生論治道必以明天理正人心崇節義厲廉恥爲先

獻靖朱韋齋先生松

朱松字喬年婺源人政和八年同上舍出身爲政和尉父森卒于官邸貧不能歸葬卽葬其邑服除調尤溪尉監泉州石井鎭紹興四年召試館職除祕書省正字歷校書郞著作佐郞尚書度支員外郞轉司勳吏部兩曹上書諫和議出知饒州未上請祠十二年卒先生初以詩名繼而契心于賈誼陸贄之通達治理及得浦城蕭子莊劍浦羅仲素而師之以傳河洛之學而昔之餘習盡矣嘗曰士之所志其

分在于義利之閒兩端而已然其發甚微而其流甚遠譬之射焉失毫釐于機括之閒則差尋丈于百步之外矣其所善者同學李侗鄧啓之外則有胡籍溪憲劉白水勉之劉屏山子翬將卒屬其子元晦熹往受學焉後以子貴贈通議大夫謚獻靖著有韋齋集學者稱韋齋先生

韋齋文集

頃來尤溪兩月雖獲徧拜邑中之士而未詳也索居深念惟小人之歸是憂乃有識明志高傑然自拔于流俗如吾友者其爲欣幸未易具道夫仕而忘學如農夫快一朝之飽而釋終身之耕殍于溝中可立而俟然則仕而志學猶飽而念耕亦不足道也抑聞之先生長者禮記多魯諸儒之雜說獨中庸出于孔氏家學大學一篇乃入道之門其道以爲欲明明德于天下在致知格物以正心誠意而已其說與今世士大夫之學大不相近蓋此學之廢久矣自周衰楊墨雖得罪于聖人然乃學仁義而失之者至申韓儀秦之說勝而士始決裂聖人之藩牆以阿流俗之所好至漢文景之盛未衰也以至于今蓋嘗有以斯文爲己任起而倡之者然世方嬰于俗學以自強屹乎其不可攻也某方急于祿養未能往究其所學是以或聞吾友之言凜

然敬歎若居夷而聞雅雖未詳其節奏之工然卓然于吳歈楚謠之中而不可亂也書曰知之非艱行之維艱夫問塗而之盲則知亦豈易哉以吾友之明苟以德爲車而志氣御之則朝發軔乎仁義之塗而夕將入大學之門以躪中庸之庭也

答汪德粲書

學未有無師者也學而無師雖不無一至之得責之以遠道則泥質之以大方則惑用之趨時合變則膠戾而無所合是妄意臆決之說雖復憊精疲思而道日遠矣然生晚地寒無東西南北之資聞先生長者之風而不及瞻望下風者固多孟子曰誦其詩讀其書不知其人可乎是以論其世也是尚友也嗚呼此非獨友說亦師說也竊聞往者三川之間程氏兄弟推本子思孟軻以中庸爲宗而司馬文正公考正經史深于治道皆卓然有功于聖人之門蓋嘗誦讀其詩書考質于師友而聞其略矣夫達天德之精純而知聖人之所以聖誠意正心于奧窔之閒而天下國家所由治推明堯舜三代之盛修己以安百姓篤恭而天下平者始于夫婦而其極也察乎天地此程氏之學也尊德教賤功利奬名節端委廟堂則忠信恭儉足以刑主德于四方而朝廷尊燕處于家則孝友廉讓足以化其國人其酌古以準今則治亂存亡之效如食粟之必飽食堇之必斃此司馬氏之學

也程氏之門人其高弟稱謝氏不及見也新鄭晁公嘗受學于司馬之門往以事游鄭拜晁公于溱洧之上時方冥惷不能有所質問而今皆逝矣古語有之曰想望丹青不如式瞻儀型諷誦詩書不如親承風旨 上謝參政書

韋齋語

父子主恩君臣主義是爲天下之大戒無所逃于天地之閒如人食息呼吸于元氣之中一息之不屬理必至于斃是以自昔聖賢立法垂訓所以防範其閑者未嘗一日少忘

士溺于俗學不明君臣之大義是以處成敗之閒者常有苟生自恕之心而闇于舍生取義之節將使三綱淪墜而有國家者無所恃以爲安宜鑒既往之失深以明人倫勵名節爲先務而又博求魁磊骨鯁沈正不回之士寘之朝廷使之平居無事正色立朝則奸萌逆節銷伏于冥冥之中一朝有急奮不顧身以抗大難亦足以禦危辱陵暴之侮則庶幾神器尊安而基祚強固矣

宗羲案豫章稱韋齋才高而智明其剛不屈于俗故朱子之學雖傳自延平而其立朝氣概剛毅絕俗則依然父之風也

附錄

先生自謂卞急害道因取古人佩韋之義以名其齋早夜其間以自警飭由是向之所得于觀考者益有以自信而守之愈堅

金使議和先生與史院同舍胡珵共疏曰彼方吞噬未饜而一旦幡然與我和者紐于威以侮我耳又慮我畜銳而爲和之說以撓我耳彼之和使卽秦之衡人六國不悟衡人割地之無饜以亡其國今國家不悟敵使請和之得策其禍亦豈可勝言哉而執事者方以爲吾爲梓宮母后淵聖天屬之故昔項羽置太公俎上而約高祖以降矣唯高祖不信其詐謀不爲之屈日夜思所以圖楚者卒能蹙羽于鴻溝之上使其力屈而太公自歸此可以觀其計之得失矣

屏居建溪之上日以討尋舊學爲事手鈔口誦不懈益虔蓋玩心于義理之微而放意于塵垢之外有以自得澹如也

先生性孝友與人交重然諾不以生死窮達二其心接引後進教誘不倦聞人之善推借如不及至于奸佞嵬瑣簡賢附勢之流則鄙而遠之不忍正視其面晚既屬疾手書先訣于屏山籍溪白水屬以其子往受學焉

百家謹案程太中能知周子而使二子事之二程之學遂由濂溪而繼孟氏朱韋齋能友延平與劉胡三子而使其子師之晦

翁之學遂能由三子而繼程氏卓哉二父鉅眼千古矣

延平門人 胡程四傳

文公朱晦庵先生熹 別爲晦翁學案

承議羅先生博文

羅博文字宗約沙縣人以奏補福建司戶參軍調靜江府觀察支使知瑞金縣張魏公浚都督江淮辟爲幹辦公事汪玉山應辰辟蜀中參議官累遷承議郎自請奉祠乾道四年卒先生于佛老之學能究其所以然後從張魏公問行己之大方魏公手書所爲敬說以授之先生守之終身已從李延平得聞河洛所傳之要多所發明于是喟然歎曰儒佛之異無他公與私之閒耳由是自信益堅

宗羲案朱子與宗約在延平門人最爲契合然朱子之交宗約在延平沒後宗約尋又入蜀其相與不過一二年耳宗約于蜀中得豫章議論要語曰歸當以示友人朱元晦而審訂之則其所推服朱子而外無人焉乃宗約卒于途中此言遂成虛語可歎哉

百家謹案朱子文集中有宗約行狀而道南源委錄中稱宗約年未三十一榻蕭然屏遠聲色大爲朱子所敬服

劉先生嘉譽

劉嘉譽字德稱長樂人受學于延平子世南從林之奇游

韋齋家學

文公朱晦庵先生熹別爲晦翁學案

劉氏家學胡程五傳

司理劉先生世南

劉世南字景虞嘉譽子少從三山林氏游與呂東萊爲友秉禮蹈義鄉黨敬之官吉州司理參軍子砥礪參閩書

童科劉先生砥

童科劉先生礪並見滄洲諸儒學案

宋元學案卷三十九

橫浦學案表

張九成　龜山門人　二程再傳　安定濂溪三傳　陸學之先
　韓元吉　別見和靖學案
　凌景夏
　樊光遠
　汪應辰　別爲玉山學案
　沈清臣
　　趙彥肅　別見象山學案
　方疇　別見紫微學案
　于恕
　　郎煜　見上橫浦門人
　于憲
　徐椿年
　倪稱
　　子思
　劉荀　別見衡麓學案
　郎煜
　史浩
　　子彌堅　別見慈湖學案

喻樗 別見龜山學案

郭欽止

張良臣 別見龜山學案

孫守之

孫定之 並見慈湖學案

張浚 別爲趙張諸儒學案

姚述堯

葉先覺

施德操 並橫浦講友

族孫庭先 別見震澤學案

楊璿 橫浦同調

宋元學案卷四十

餘姚黃宗羲原本　　後學慈谿馮雲濠校刊

男百家纂輯　　鄞縣王梓材重校

鄞縣全祖望修定　　道州何紹基重刊

横浦學案

祖望謹案龜山弟子以風節光顯者無如横浦而駁學亦以横浦爲最晦翁斥其書比之洪水猛獸之災其可畏哉然横浦之羽翼聖門者正未可泯也述横浦學案梓材案是卷多仍梨洲原本其爲謝山所補者皆爲注明

龜山門人二程再傳

文忠張横浦先生九成

張九成字子韶錢塘人從學龜山紹興二年廷對第一僉判鎮東軍與監司不合投檄而歸學士大夫簦笈雲集多執贄門下入爲太常博士改著作郎除宗正少卿禮部侍郎兼侍講經筵論災異迕時相秦檜謫守邵州何鑄劾以依附趙公鼎落職先是先生嘗謂高宗曰外議以臣爲趙鼎之黨雖臣亦疑之帝問其故曰臣每造鼎見其議論無滯不覺坐久則人言無足怪也終父喪取旨與宮觀詹大方論

其與僧杲謗訕朝政謫南安軍檜死起知温州戶部遣吏督軍糧先生遺書痛陳其弊戶部持之卽丐祠歸先生在謫居十四年解釋經義目病就明簷下磚痕雙趺隱然廣帥致籯金先生曰吾雖遷徙困乏何敢苟取卒不受自號橫浦居士亦稱無垢居士二十九年六月四日卒年六十八寶慶初贈太師封崇國公謚文忠雲濠案先生著有尙書大學中庸孝經論語孟子說無垢錄橫浦心傳攷四庫書目采錄孟子傳二十九卷橫浦集二十卷

橫浦心傳

學問于平淡處得味方可以入道不然則往往流于異端不識眞味遂致誤人一生

或問學者多爲聞見所累如何曰只緣自家無主

或問所見與所守二者孰難先生曰所見難或曰今學者往往亦有所見而不能守則併與其所見而喪之先生曰不然只是所見不到故耳今人于水之溺火之烈未有無故而入水火者以見之審也設陷阱而蒙以錦繡玩而蹈之者多矣彼見畫虎而畏者久則狎之一日遇其眞則喪膽失魂終身不敢入山林其理可見

或問作善則吉從惡則凶如此則善惡便是吉凶否先生曰分之則

有僥倖之心

或問中和如何分先生曰中卽和作事合理人情自不乖

或問敬有定體否先生曰敬在心雖死不可變易簀結纓是矣

或問教小兒以何術爲先曰先教以恭謹不輕忽不躐等讀書乃餘事若不先以此則雖有慧黠之質往往輕狂後亦難教然有資質者父兄便教以學作文事科舉不容不躐等皆其父兄無識見子弟稍有所長便恣其所爲遂反壞其資質後來多不能成器豈得一第便是成器邪

或問孔子言性相近也不明言其實孟子乃曰人性善何也先生曰孟子源流甚正認得不錯但人不之思耳孔子嘗曰天地之性人爲貴人之行莫大于孝孝卽善也其言豈無所自

看六經須先精求語孟便自有味

有志者其規模必先定無志者一切皆偶然

或問去異端難否先生曰人多不識異端所以難去只如楊墨本學仁義仁義豈是異端惟孟子能辯之故能去之也不然未必不反溺其說此所以去之覺難也

或問六經與人心所得如何曰六經之書焚燒無餘而出于人心者

常在則經非紙上語乃人心中理耳不然則子雲韓愈董仲舒劉向之徒何以得傳其書

世俗之論多服于無心而君子則服于公公固無心矣往往有所抉擇則以有心疑其不公今于十人而擇其一之善則九人者或及其一二或不及而謬得其名與夫忌而毀矜而怒者九人不無二三也十人可以數計也乃若自十而百自百而千積而上之擇之愈詳爭之愈衆紛紛而不可較吾以爲公也是乃所以起其不公之論也至于羣千百而鋤其名錯其數唯吾之所取而唯其人之取吾固取之以無心而人亦不得以有心疑吾雖舉一盜跖而顏子不敢怒黜數伯夷而爲盜跖者亦不爲之慊然此世俗之論所以爲不公也不決之君子而孰決之乎

未能不矜安謂知道未能忘得安謂知義未能輕名安謂知德知道者必不自矜知義者必不好得知德者必不沽名此皆表裏之符也東漢君子太好名如李膺雖已禁錮而天下士大夫欣慕唯恐不及更相標榜互爲稱號八君八顧八俊八及八廚之名出而黨禍起矣皆不見道之故見道者必畏名名非可好從其自至猶且辭之況自相夸美乎此取禍之自也

禍福有幸有不幸而善惡之理則一定君子惟其一定之理而已豈當論幸不幸小人則一味圖僥倖或僥倖而得福往往不復以善惡爲定理矣

晉王昶爲人謹厚名其兄子曰默曰沈名其子曰渾曰深爲書戒之曰吾以四者爲名欲汝曹顧名思義不敢違越夫物速成則疾亡晚就則善終朝華之草夕而零落松柏之茂歲寒不衰夫能屈以爲伸遜以爲得弱以爲強鮮不遂矣觀昶所言真謹厚君子也予名諸子皆以厚亦欲其不爲刻薄耳心吾此言凡發于口必當應心亦顧名思義之意諸子無爲刻薄以愧吾此言當三復之

或問事成于偶然語得于不思技精于無意理會于適爾然皆有終身而不可及往往意愛神喜自然不忘乃若工寫規畫朝誦夕記目注心想非不甚切而旋卽遺忘何也先生曰不用意處真情自見用意則奪其真矣孟子于赤子入井時喻仁此時真情便掩不得雖頑嚚不肖者亦須發見當如此察之非言可盡

君子惟義所在雖處汙辱未始不榮若求以全名則必墮諂僞往往先自受辱矣

或問易無思也無爲也寂然不動感而遂通天下之故若有感心則

有思爲心卻說無思無爲何也先生曰當寂然不動時豈是土木

或問孔子言仁未始有定名如言仁之本仁之方以剛毅木訥爲近以克伐怨欲不行爲難樊遲之問則異于子貢司馬牛之問則異于子張顏淵之問則異于仲弓文子止得爲清子文止得爲忠管仲止得爲如往往皆無一定之說而先生論仁每斷然名之以覺不知何所見先生曰墨子不覺遂于愛上執著便不仁今醫家以四體不覺痛癢爲不仁則覺痛癢處爲仁矣自此推之則孔子皆于人不覺處提撕之逮其已覺又自指名不得或曰如此則義亦可說先生曰若能于義上識得仁尤爲活法

祖望謹案以覺爲仁謝上蔡之說也其說亦本之佛氏

或問古人卓然獨見者誰爲最先生曰伊尹或曰何謂先生曰伊尹去堯舜之世已遠絕無師承堯傳之舜舜傳之禹自此以往寥寥數百載伊尹斷然號于人曰予天民之先覺者也及湯學于尹故湯得尹之傳曰文武曰周公曰孔子皆由此傳之也不是獨見得到何由敢自任如此子細思之不是泛語補

或問先生平日處心忠厚于一事一物必欲成就其美故諸子姪皆以厚名欲其不輕薄耳以某觀之忠厚之人大抵多寬緩容物不甚

迫切每見先生疾惡太甚于喜怒略不能少制似覺不甚容與往往皆以先生爲剛躁不知或自覺否先生曰所養至則有藏蓄若作僞又非真情理不順處自然不平初無容心也若見人之惡而不怒不是作僞便是姑息

或問屈人以服己不爭則怨屈己以服人不鬭則憾力未屈則爭鬭力已屈則怨憾此人情也而孟子論以大字小者樂天以小事大者畏天皆以爲然何也先生曰聖人以天理爲人情常人往往徇人情而逆天理故爭鬭怨憾與畏樂不同

或問科舉之學亦壞人心術近來學者唯讀時文事剽竊更不曾理會修身行己是何事先生曰汝所說皆凡子也學者先論識若有識者必知理趣孰非修身行己之事本朝名公多出科舉時文中議論正當見得到處皆是道理汝但莫作凡子見識足矣科舉何嘗壞人

或問木上有火鼎君子以正位凝命鼎在木火上而以君子正位凝命言之豈非取其不動故邪先生曰鼎處烈火上如君子處倉卒擾攘中安然守正不動聲色而內有所處

或問處事當如何先生曰速不如思便不如當用意不如平心

或問近日監司責郡守縣令守令惟務事辦往往有所不恤故人情

法意每每多失其閑有一執法守正者動多拘礙不敢容易不以懦斥則以不能見鄙及違理背法一旦事敗者則又處之幸不幸此當如何先生曰做不得不如去既任其職只得守理守法雖以懦斥或以無能見鄙于心無愧人豈不知若較之違法背理而自處于幸不幸者一敗塗地非特在我有愧于人終豈無見察之理豈可謂之幸不幸

孟子千古聖賢中獨發一養氣之說卓然超越議論深邃如言勿忘勿助長言是集義所生言配義與道言至大至剛以直養而無害皆自其平日踐履工夫中來豈人所髣髴形似所可得者邪韓愈言孟死無傳其傳深矣真難其人也

爲善而好名乃是大患若能涵養消除其好名之心方是爲善耳不然則有作輟矣

處道義中慣者處勢利甚輕處勢利中熟者處道義則拘迫道義可慣勢利不可熟也熟則無一點瀟灑氣無非俗態耳

仁卽是覺覺卽是心因心生覺因覺有仁脫體是仁無覺無心有心生覺已是區別于區別熟則融化矣

見道者如見故物則他物不能易聞道者如聞妻兒聲則他人聲自

不相投

或問慮人疑者常爲人疑欲防人者必爲人防恐生事者多被事擾惡人擾者人每擾之如何先生曰皆自有以致之何如無欲無慮無恐無惡便自泰然此皆有心之過也

士大夫不必孜孜務挾冊看書但時時與文士有識者每日語話便自有氣象終日應接時事塵勞萬狀適意處少逆道理處多苟不時時洗滌令胸次閑稍有餘地則亦汨沒矣

道無形體所用者是苟失其用用亦無體

理之至處亦不離人情但人舍人情求至理此所以相去甚遠

或問當患難之來如何處曰無事時理會道理令實

或問生生之謂易如何是生生曰于道理生處不落死處便是易

或問或者云知其爲小人便當以小人處之如何先生曰既知其爲小人復以小人待之則我先爲小人矣此何心哉天下豈能一一皆君子雖堯舜盛德之君朝廷之上猶有小人堯待之無異心也四凶爲惡于舜世故不免誅戮苟可以已舜未必遽發也

或問孳孳爲善者舜之徒孳孳爲利者跖之徒欲知舜與跖之分無他利與善之閒也如何是閒先生曰不可將利心去爲善

或問如何是聖賢氣象先生曰聖賢自不知氣象如何稍自涵養充實則自然蘊藉可觀長沮桀溺見仲由卽知爲孔某之徒仲由平日在聖門中行行孔子以爲不得其死一侍孔子行便自各別

或問看古人書有入意處便覺與古人無異先生以爲果無異否曰凡古人書中用得處便是自家行處何問古今只爲今人作用多不是胸中流出與紙上遂不同

或問道果無形迹否曰道非虛無也實用處通變者是

或問人于窮時如何免怨尤曰理不一貫將天人物我都分卻自然多怨尤

或問退之言仁與義爲定名道與德爲虛位如何先生曰此正是退之闢佛老要害處老子平日談道德乃欲搥提仁義一味自虛無上去反以仁義爲贅不知道德自仁義中出故以定名之實主張仁義在此二字既言行仁義之後必繼曰由是而之焉之謂道足乎己無待于外之謂德亦未始薄道德也特惡佛老不識仁義卽是道德故不得不表而出之

或問龍無羽而飛蟬無喙而飲兎無牝而育蚿無足而行蚓無首而穴此理如何先生曰龍能變蟬能吸兎能望蚿能擾蚓首不銳而能

食壞豈有無故之理但人不推之耳

君子之心常長厚小人之心多刻薄心之所存治亂安危得失成敗所自生也不可不戒

人失則悲得則樂非能自爲得失也而得失必有主故所以致其悲樂者以主之者致之也有片玉而吾得之樂因以寓一旦失之則悲亦隨之是吾之所樂者以此玉之得而所悲者以此玉之失樂以玉得而吾初不與其樂悲以玉失而吾初不與其悲得失亦初不與而玉與之反其初焉則玉與吾較然二物耳而吾切切乃欲斂其得失悲樂于己而故爲之得失悲樂豈不疏且狂哉故凡物交于前而情動于中墮于得失悲樂之域者安得不少反其初乎

凡物之形于外者常有以泄吾之真吾逆知其形而不爲之泄則物初無柰我何而我固自若也爲之凶惡暴横以泄吾之怒爲之謏佞倩盼以泄吾之喜爲之厄窮憔悴以泄吾之悲爲之放曠快逸以泄吾之樂此皆不明乎道而與物爲徒者也至于有所養者則喜怒哀樂初不足以動其心而付之喜怒哀樂而已我何容心哉

人之念慮欲靜要須盡窮理之學理之不窮而欲念靜事來無處則愈擾矣若見得到底往往常覺靜理定故也亦有頑嬾人自會頓置

閑事不挂思慮者然亦不可應物

頃嘗見邵德升分定錄凡神告夢讖爲人耳目聞見者歷數其詳且以警貧愚不安分之人喪廉恥圖僥倖以至死亡而不悔于名教亦有補矣然此理亦甚易曉不學而求名無貨而爲商不耕而欲食雖三尺之童知無此理然其閒亦有偶然成名無貨得貲遊手坐食則往往舍其正而求其幸苟其得而忘其生忽其所不可而覬其所或可此皆暗于理故耳胡先生序春秋說有云君子以義斷命而不委之于命以理合天而不委之于天此說又有造化不止于能安分而已

梓材謹案梨洲所錄橫浦心傳五十八條今移爲附錄者四條移列于忠甫傳後者一條移入古靈四先生學案者一條移入百源學案者一條移入伊川學案者一條

橫浦日新

爲善者常受福爲利者常受禍心安爲福心勞爲禍

曾子曰其嗟也可去其謝也可食學者欲識中道試以此求之補

道非虛無也日用而已矣以虛無爲道足以亡國以日用爲道則堯舜三代之勳業也

用明于內者見己之過用明于外者見人之過見己之過者視天下皆勝己也見人之過者視天下皆不如己也此智愚所以分與

幼喜放壯喜鬬老喜憂 補下同

學文者多忌學道者多退 退謂退遜

己以爲是衆以爲非己以爲非衆以爲是吾將何從曰學而已矣學而明乎善則是非不愧乎聖賢矣否則是非皆私心耳奚擇焉

子思曰喜怒哀樂之未發謂之中若曰不發是無喜怒哀樂也若曰已發此乃和爾亦非中也惟言未發所以見子思之精微

君子之學豈志在取一第效一官而已飲食起居皆宰相事業也

一念之善則天神地祇祥風和氣皆在于此一念之惡則妖星厲鬼凶荒札瘥皆在于此是以君子愼其獨 補

人皆有此心何識之者少也儻私智消亡則此心見矣此心見則入孔子絕四之境矣

觀大節必于細事觀朝廷必于平日平日趨利避害他日必欺君賣國矣平日負約失期他日必附下罔上矣

君子爲善期于無愧而已非可責報于天也苟有一毫覬望之心則所存已不正矣蓋善猶利也

士大夫以氣爲主氣一不振則阿匼苟容無不爲矣補

巧不如拙明不如晦動不如靜進不如退補

梓材謹案橫浦日新梨洲所錄十二條今移入伊川學案一條移入龜山學案一條移入劉李諸儒一條謝山補錄八條移入明道學案二條

附錄

先生夙學天成八歲默誦六經通大旨父積書坐旁命客就試公答如響且置卷斂衽曰精粗本末無二致勿謂紙上語不足多下學上達某敢以聖賢爲法諸老驚嘆曰真奇童子也十歲善文時儕稱雄十四遊郡庠閉閤終日寒折膠暑鑠金不越戶限比舍生穴隙以視則斂膝危坐對賁大編若與神明爲伍更相驚服而師尊之

射策集英殿略曰禍亂之作天所以開聖人願以剛大爲心毋遽以驚憂自沮又曰臣觀金人有必亡之勢而中國有必興之理特在陛下何如耳又曰今日待敵之計當先用越王之法以驕之使侈心肆意無所忌憚天其滅之將見權臣爭強篡奪之禍起矣又曰陛下之心臣得知之方當春陽晝敷行宮別殿花氣紛紛竊想陛下念兩宮之在北邊塵沙漠漠不得共此融和也其何安乎盛夏之際風窗水

院涼意淒清竊想陛下念兩宮之在北邊毳氈擁蔽不得共此疏暢也亦何安乎澄江瀉練夜桂飄香陛下享此樂時必曰西風淒勁兩宮得無憂乎狐裘溫煖獸炭春紅陛下享此樂時必曰朔雪袤丈兩宮得無寒乎至于陳水陸飽珍奇必投筯而起曰雁粉腥羊兩宮所不便也食其能下咽乎居廣廈處深宮必撫几而嘆曰穹廬甌脫兩宮必難處也居其能安席乎今閭巷之人皆知有父兄妻子之樂陛下雖貴爲天子富有四海以金人之故使陛下冬不得溫夏不得清昏無所定晨無所省問寢之私何時可遂乎在原之急何時可救乎日往月來何時可歸乎每歲時遇物想惟聖心雷厲天淚雨流撫劍長吁思欲掃清鑾帳以還二聖之車此臣心之所以知陛下者如此又曰搜攬珍禽驅馳駿馬道路之言有若上誣聖德者深察其原蓋自閹人私求禽馬動以陛下爲名且閹寺聞名國之不祥也今此曹名字稍稍有聞此臣之所以憂也賢士大夫宴見有時宦官女子安居前後有時者易疏前後者難閑聖情荏苒不知其非不若使之安掃除之役復門戶之司凡交結往來者有禁干與政事者必誅陛下日御便殿親近儒者講詩書之指歸論古今之成敗云云上感其言拔置第一

侍郎在講筵上嘗謂曰何以見教對曰臣安敢當見教之語抑不知陛下臨朝對羣臣時如何存心上曰以至誠曰不知入而對宦官嬪御又何如上曰亦以至誠曰外不對羣臣內不對宦官嬪御端居靜處時不知又如何上遲疑未應曰只此遲疑已自不可上極喜握其手曰卿問得極好

上嘗命講春秋對曰臣未嘗習如高閌卻理會得上曰朕要卿講辭遜再三上固命之對曰必欲臣講臣惟以論語孟子為說上大喜曰又道不會

先生既免喪秦檜取旨上曰可與宮觀此人最是結交趙鼎之深者自古朋黨唯畏人主知之此人獨無所畏既而詹大方言頃者鼓唱浮言九成實為之首徑山僧宗杲知之今已遠竄為首者豈可置不問望罷九成宮觀投之遠方以為傾和者之戒落職編置安南軍先生與宗杲為莫逆交秦檜忌先生于是言者論先生與宗杲謗訕朝政

謫居南安步帥解潛亦謫居焉病劇公往省之謂曰太尉平日所懷有不足者否潛泣曰一生唯仗忠義誓與敵死以雪國恥以不肯議和遂為秦檜所斥此心唯天知之先生曰無愧此心足矣奚必令人

知然人亦無不知者但有遲速耳潛曰聞此言心中豁然矣卽逝公曰武人一念正氣此與朝聞夕死何異吾儕讀聖賢書平日安可不正此心乎

在南安或問先生曰近日士大夫氣殊不振曾無一言及天下事者豈皆無人材邪先生曰大抵人材在上之人作成若摧抑之則此氣亦索有道之士不任其事安肯以自取辱哉秦檜方斥異己大起告訐此其志欲盡殺賢者然未必不反激人之言子姑俟之

有士大夫見過云近日仕宦習氣可惡上下相蒙只圖苟免全無後慮若不如此則往往其禍先及爲之柰何先生曰精金百鍊則愈剛爲器益利人自不至誠豈有不可爲者

一士夫遠自浙江攜家入廣赴調且以貧爲累焦焦然見于顏色因謂之曰貧不足爲公累心爲公累耳若公不入仕又何以處隨分節約老幼均之自可無累若以口腹欲快意但恐私慾橫生無時可足貪冒無恥禍必及之回視節約之樂如在天上請公先與此心斷之便自無累

南安一老兵長在左右入夜時與子姪說文字或至三鼓老兵不去因謂之曰汝老自去眠其老兵忽云每聽侍郎說書某自喜眠不著

但恐諸小官人欲睡耳引至燭下則兩目熒熒口吻噏噏欲語喜色滿面先生曰小人中亦有警策者到此乃見知于此人良可發一笑

或問先生手執一紙扇過數夏破即補之一皮履汙敝闕裂亦不易頭上烏巾用紗不過一二尺許乃以疏布漬以墨汁作巾至夏閒裹之或至墨汁流面亦不問筆用禿筆紙用故紙以至衣服飲食皆不揀擇粗惡尤甚人乍見者必以爲不情而先生處之平生不改此是性邪抑愛惜不肯妄用邪若使愛惜亦不應如此敝陋深所未曉先生曰汝且道我用心每日在甚處若一一去自頭至足理會此形骸卻費了多少工夫我不被他使且要我使他此等語須是學道之士修行老僧方說得入世人往往以我爲鄙吝以我爲迂僻我見世人役役然爲此身所擾自早至夜應副他不暇特可爲發一笑耳

汪玉山讀龍川志曰無垢昔與某言古人行事信其大節小疵當弗論往往有曲折人不能盡知者如寇公正直聞天下豈肯向人求官者歐陽公志王文正墓言其從公求使相若此之類慎言之予聞宋子京爲晏臨淄門下士而草晏公罷相制多貶辭及讀龍川別志悚然自失乃知別有曲折無垢之言益信 補

王深寧困學紀聞曰孝經引詩十引書一張子韶云多與詩書意不

相類直取聖人之意而用之是六經與聖人合非聖人合六經也六經卽聖人之心隨其所用皆切事理補

黃東發曰橫浦先生憂深懇切堅苦特立近世傑然之士也惟交遊杲老浸淫佛學于孔門正學未必無似是之非學者雖尊其人而不可不審其說其有所謂心傳錄者首載杲老以天命之謂性爲清淨法身率性之謂道爲圓滿報身修道之謂教爲千百億化身影傍虛喝聞者驚喜至語孟等說世亦多以其文雖說經而喜談樂道之晦庵嘗謂洪适刊此書于會稽其患烈于洪水夷狄猛獸豈非講學之要毫釐必察其人旣賢則其書盛行則其害未已故不得不甚言之以警世哉蓋上蔡言禪每明言禪尙爲直情徑行杲老教橫浦改頭換面借儒談禪而不復自認爲禪是爲以僞易眞鮮不惑矣

宗羲案朱子言張公始學于龜山之門而逃儒以歸于釋宗杲語之曰左右旣得把柄入手開導之際當改頭換面隨宜說法使殊途同歸則住世出世閒兩無遺憾矣用此之故凡張氏所論著皆陽儒而陰釋其離合出入之際務在愚一世之耳目案橫浦雖得力于宗門然清苦誠篤所守不移亦未嘗諱言其非禪也若改頭換面便是自欺欺人幷亦失卻宗門眼目也

橫浦講友

提舉喻湍石先生樗 別見龜山學案

忠獻張紫巖先生浚 別爲趙張諸儒學案

進士姚先生述堯

姚述堯字進道華亭人在太學日每夜必市兩蒸餅未嘗食明日輒以飼齋僕同舍皆怪之子韶問曰公所市蒸餅不食徒以飼僕何邪先生曰固也某來時老母戒某之學夜閑飢則無所得食宜以蒸餅爲備某雖未嘗飢然不敢違老母之戒也市之如初 參北窗炙輠

梓材案先生張孝祥榜進士有蕭臺公餘詞一卷見朱竹垞北窗炙輠跋語

葉先生先覺

葉先覺

施持正先生德操

施德操字彥執鹽官人學者稱爲持正先生與橫浦游從頗厚文章學問亦其輩流也病癈而沒識者悲之生平論纂甚富里人郎晦之煜偶得其孟子發題輒鋟木以廣其傳使學者嘗此一臠亦可以知先生之大略云 雲濠案先生所著又有北窗炙輠二卷

謝山題北窗炙輠曰持正先生顛末略見于竹垞檢討之跋梓材案竹垞跋云彥執張子韶之友也病瘵而沒子韶以文祭之云生平朋友不過四人姚葉先亡公繼又去其和彥執詩云環顧天下閱四海惟三友三友者彥執及姚進道葉先覺也然未足以發其書之蘊也是書巵言叢語若出自不經意所爲乃其于伊洛再傳弟子微言多所收拾讀者未可以說部目之也持正與橫浦爲心交顧橫浦墮入妙喜之學而持正獨否則尤卓然不滓者矣

孟子發題

天生聖賢蓋將以補斯文也故其所作必卓然有所建明余嘗竊怪夫自孔子沒諸子百家分散四起操觚牘挾徒黨駕其說于天下人人自以爲得聖人之道其說卒不明惟孟子一書乃與六經孔氏之說並傳世之學者至號之爲孔孟嗚呼何其盛也晚聞師說始知其立言之意果不與百家衆說同其論道德之旨果不詭于六經孔氏之說其所以有補于天下後世其功果不細而世之學者至號曰孔孟其說果不誣嗚呼天之生斯人也其果有意于斯文乎古人謂其書包羅天地揆敘萬類仁義道德性命禍福粲然靡所不載固也然

私竊論之孟子有大功四道性善一也明浩然之氣二也闢楊墨三也黜五霸而尊三王四也是四者發孔氏之所未談述六經之所不載遏邪說于橫流啓人心于方惑則余之所謂卓然建明者此其尤盛者乎自古聖人未嘗剴談性是以諸子之說紛然其閒曰善曰惡曰混曰三品曰無分于善不善爭論四出要其歸皆以氣爲性者也豈眞識所謂氣哉孟子于衆說之中獨發之曰人性善自孟子談人性善始覺天下之人皆與天地等皆與堯舜等雖頑嚚猥瑣昏愚樸陋皆得爲道德之歸與向之爲善惡之論者功用何如哉此孟子所以爲知性之言而大有補于斯人也然後世談性莫盛于釋氏釋氏談性明體而不明用自喜怒哀樂以前釋氏宜知之喜怒哀樂已發以後釋氏置之不論此所以功用爲闕然然則欲明性善乎正在喜怒哀樂之後不然則寂然不動之時善惡安在孟子兼其用而發之始覺四端之用沛然見于日用閒堯舜禹湯文武周孔之事業皆自此建立人性如此古人未發也孟子獨發之此一大功也自古論道德者自性命之理達之于父子君臣自治心修身推之于天下國家以至天地萬物幽明鬼神何所不至特不言養氣孟子于衆說之中獨論浩然之氣自孟子談浩然之氣始覺聖賢所以爲聖賢以有此

氣孰謂此氣外物不困者是也有一物可困于吾則所存者喪矣所以爲聖賢者如何亦有是氣也方充然自得于心雖不可名狀要其爲物中正勇健廣大堅固故行之于富貴富貴不能困之使淫行之于憂患憂患不能困之使戚行之于聲色聲色不能困之使流行之于威武威武不能困之使懼行之于事物紛擾之地則事物紛擾不能困之使亂凡物之自外至者雖雜然並進而吾之胸中卓然皆有所主而非智力所及者曾子之大勇孟子之不動心非以此氣存焉乎故曰至大至剛以直世之人不明此氣往往認其氣血之彊以謂浩然者于是以倨傲爲大以凌暴爲剛以倖倖者爲直若然則世之凶人暴德皆得浩然之氣矣嗚呼噫嘻孰能眞識吾所謂直剛大之德乎則外物不困而天理渾然故其氣之充于吾身也睟然見于面盎然發于背沛然見于周旋動作之閒古人之大有爲于世者皆出于此其塞于天地則日用爲之光明山川爲之秀發萬物爲之繁滋祅祥疾癘爲之衰息其氣如此古人未發也而孟子獨發之此又一大功也當戰國之時斯道旣喪邪說並作于是有所謂縱橫之家有所謂刑名之家有所謂楊墨之家縱橫之家翻覆變詐舞一世于口舌之上而刑名之家深刻慘毒納天下于刀鋸之下使當時之民沒

身塗炭水火之中而不能出實二家之爲至于楊墨之家雖云其道過差然推其心亦本于爲善耳比之二家豈不賢甚矣哉然孟子置二家不問反區區于楊墨其故何哉蓋二家之失易見而楊墨之禍難知譬若疾病然發狂悶亂惴惴若不朝夕而未必能死膏肓之病四肢固無恙飲食起居如平日此庸醫之所忽而倉公扁鵲之所望而走也何則縱横之家誰不知其翻覆之惡刑名之家誰不知其慘毒之惡君子雖不問終于破壞而已至于墨子之兼愛則近吾聖人之仁楊氏之爲我則近吾聖人之義惟其在于近似天下莫知其非此孟子不得不辯也且天下之道莫大于君父君父之道隆則治之所由起君父之道微則亂之所由生治亂之機實係于此墨氏之道豈必無父推其兼愛之過必至于無父楊氏之道豈必無君推其爲我之過必至于無君君子知微知彰知柔知剛推其所從來極其所由往必至于此故孟子斷之曰無父無君然後楊墨之失方明而異端之說方破使天下後世人倫不隕而天理以全此又一大功也聖人之門唯論一心術霸者之心術何如哉余嘗借威公而論之威公九合諸侯一匡天下此五霸之雄也然當時狄伐衛力可救而不救又狄伐邢力可救而不救及衛之亡也率諸侯而城衛邢之亡也率

諸侯而城邢不救之于未亡之前乃城于既亡之後其設心以爲救亂之功小而存亡之功大故棄其難而成吾功聖人知其心故于救邢書曰齊侯宋師曹師次于聶北救邢以明齊侯實無救邢之心故擁兵而不進也未亡之前力可救而不救待其宗廟既已煨燼社稷既已顛覆人民既已塗炭乃徐起而收其存亡之功此何心哉公子慶父之亂魯國幾殆書曰齊仲孫來春秋或書來朝或書來聘或直書來諸侯以禮來則曰來朝大夫以禮來則曰來聘至直書來蓋不與其來也猶曰無禮云爾夫齊仲湫來寧魯難聖人曷爲不與其來蓋仲湫之來名爲寧魯難實欲窺魯耳何以知之威公問曰魯可取乎仲湫曰猶秉周禮聖人知其心故書曰齊仲孫來夫魯之難仁人君子所以惻然動心者也威公乃外收寧難之名內實欲乘危而取其國此何心哉苟爲不然司馬子魚何爲謂宋襄公曰齊威存三亡國以屬諸侯義士猶曰薄德由此觀之五霸之心可知矣孟子曰雞鳴而起孳孳爲善者舜之徒也雞鳴而起孳孳爲利者蹠之徒也欲知舜蹠之分無他利與善之閒也夫舜蹠之分雖小夫女子所能知至善利疑似雖明哲有不辨然則威公城楚邱以存衛城夷儀以存邢使仲湫以存魯豈非仁人君子之事然推其心爲利乎爲善乎將

爲舜之徒乎抑爲跖之徒乎五霸之道如此然當時不知而惟五霸之爲貴故孟子斷之曰以德行仁者王以力假仁者霸而天下之心術正此又一大功也嗚呼堯舜之道自孔子傳之曾子曾子傳之子思子思傳之孟子自孟子得其傳然後孔子之道益尊而曾子子思之道益著其所以發明斯文開悟後世者至深矣顧余不敏何足窺其髣髴是四者之功所聞于師說如此然則世之談孟子者孰不曰仁義而不知仁義果何物也胡不于赤子入井之時識其所謂人性善乎胡不于無不慊心之時識其所謂浩然之氣乎胡不于其顙有泚之時識其所謂楊墨之非乎胡不于齊王不忍觳觫之時識其所謂王者之心而黜其霸者之心乎此皆聖人心術之要孟子直指以示人學者于此了然能明此心而存之以誠敬養之以持久窮之以學問而漸摩之以師友則庶乎眞識孟子之仁義矣不然雖白首七篇之中猶曰未讀此書可也

附錄

橫浦曰施彥執作孟子發題云孟子有大功四明浩然之氣道性善闢楊墨黜五霸而尊三王皆前聖之所未言六經之所不載有功于名教此說亦是一見然謂之功似亦未善

又曰彥執工于詩一日見其賦柳有春風兩岸客來往紅日一川鶯去留不見柳而柳自在其中語亦工矣

橫浦同調

楊謹獨先生璿

楊璿字子平鹽官人安貧樂道不妄取與尤嚴謹獨之操居暗室猶在康衢學者稱爲謹獨先生與同里施持正皆力行好修里人向慕邑令魏伯恂闢祠合橫浦持正祀之參兩浙名賢錄

橫浦門人二程三傳

尙書韓南澗先生元吉別見和靖學案

尙書凌先生景夏

凌景夏字季文餘杭人徒步從橫浦遊紹興二年同第先生居第二官至吏部尙書

附錄

于恕曰舅氏平日師友弟子問如凌季文喻子才樊茂實汪聖錫其人物如何橫浦曰季文醇厚謹畏遇事有不可犯者子才學問有理趣和易而知幾茂實沈靜聖錫敏悟操履有守

知州樊先生光遠

樊光遠字茂實錢塘人少從橫浦學紹興五年南省奏名第一除祕書省正字上疏言今日士大夫之論莫不以金人詭詐爲可憂臣獨曰詭詐不足憂而信其詭詐深可懼也願陛下勿以得地爲喜而常以爲憂勿罪忠讜以養敢言之氣勿喜迎合以開濫進之門勿盡民力宜愛惜之以固根本勿沮士氣宜聳動之以備緩急時相秦檜將遂休兵罷爲閬州教授後召爲祕書丞除監察御史尋補外知嚴州

參咸淳臨安志

附錄

施彥執曰余嘗愛茂實謂有一武王必有一伯夷有一陳平必有一王陵有一霍光必有一嚴延年有一姚元之必有一宋廣平不如是無復人道矣

文定汪玉山先生應辰 別爲玉山學案

祕監沈巖晦先生清臣

沈清臣字正卿鹽官人也紹興丁丑進士宦國子錄有薦之召試者執政或發笑曰安有張子蓋女壻可爲館職者遂罷先生憤之會以歸正人王希呂爲諫官先生上書言其不可語侵宰相孝宗大怒時虞允文惡沈介乃下先生于理風使引之先生不可謫封州益勵風

節晚乃召爲敕令局刪定官孝宗欲行三年之喪執政大臣皆主易月之說諫官謝諤禮官尤袤心知其不可而莫敢盡言先生疏陳六事其一謂三年終制本之禮經行之陛下不必以滿廷之說有所回惑其一謂羣臣請陛下還內之期方下禮官集議臣以爲當俟梓宮發引始還大內其一謂金人會慶節使三省密院引明肅升遐故事請陛下見之吏部尚書蕭燧以既罷百官慶壽恐難以見使人但可于小祥後二日引見于德壽宮素幄是調停之說也已有詔從之矣竊考仁宗時嘗使契丹遭鹵有喪至柳河而還鹵主不見也夷狄尚知有禮中原乃不如邪況陛下居喪與明肅時事體不同望斷自宸衷勿牽羣議上大以爲然是日先生所奏八千餘言展讀甚久知閤張嶷奏已展正引例隔下先生奏讀如初移時嶷云簡之上目留先生令弗卻又良久嶷奏進膳先生正色謂曰所言乃大事讀竟乃退孝宗喜曰卿十年去國今不枉矣于是命就館津遣金使卻其書幣金使感嘆而去其後雖以羣臣五上表請還內孝宗勉從之于小祥後二日還內設素幄奏事而三年之喪遂定及大祥羣臣三上表引康誥冕服出應門語請御殿詔許于祔廟後行之先生疏言陛下當堅持前此內殿聽政之旨祔廟後御殿終爲非禮將來祔廟畢日豫

降御筆截然示以終喪之志杜絕輔臣來章勿令再有陳請力全聖孝以刑四海上嘉納之及祔畢竟如先生所請罷御殿禮且斷羣臣之請論者謂是時儒臣林立莫能成帝志而力破滿朝淺薄之說者庶寮一人而已尋充嘉王府翊善以直諒稱尋遷祕書監光宗卽位先生以舊學在朝趙忠定公倚之宵人側目被章去黨論起有造爲先生告人之言曰相公乃壽皇養子又言先生嘗告忠定曰外閑軍民皆推戴公禍且岌岌先生講學如故尋卒先生少學于橫浦既自嶺南歸還居苕上甚以師道自重獨其與門生問答一語不契輒使再參頗近禪門蓋亦橫浦佞佛之傳同時如玉山忠甫皆能幹師門之蠱惜先生之澄汰未盡也然大節則不媿于聖人之徒矣方姚愈以流言入告先生與劉光祖徐誼游仲鴻並列及頒黨籍先生獨幸而免殊不可考宋史脫略不爲先生立傳今据摭諸書以補之補〇

雲濠案先生所著有晦巖集十二卷

通守方困齋先生疇別見紫微學案

于先生恕

于先生憲合傳

于恕字忠甫□□人無垢先生之甥也其序橫浦心傳錄曰予與憲

弟自幼承訓頗以警策別于羣兒每一感念情不自置遂抱琴劍徒步三千餘里抵嶺下予既自喜得至舅亦喜予之來朝夕得侍座席講論經史難疑答問無頃息少置從容之暇則談及世故凡近人情合事理可為學者徑庭者莫不備錄雖所說或與舊說相異皆一時意到之語亦不復自疑故名之曰心傳予後以思親歸季弟憲亦不憚勞遠奮然獨往其承教猶予前日也遂各以所得合為一集初不敢以示人止欲訓家庭子姪耳予學生郎煜粗得數言纂為所錄而士夫已翕然傳誦信知舅氏一話一言為世所重如此予老矣守其樸學固而不化往往不與時習投凡六舉于禮部而無成遂匿影林下時時提省此心不致為窮達得喪所累以失其源流則亦無愧于吾舅平日之教矣

錄橫浦語

恕問佛氏以寂滅為教其徒未能泊然于飲食男女之欲乃欲以紙上死生禍福之說恐動其心使入于善彼世之小人刑戮榮賞日加而日督之猶且求以幸免孰謂無知之孩孺與夫鄙詐賤隷之人而欲以此化之邪而其甚者至于抑絕掩閉以成其姦過于刑戮小人之所不為者世方敬其徒而曾不察不知此亦何理先生曰佛氏一

法陰有以助吾教甚深特未可遽薄之吾與杲和尚遊以其議論超卓可喜故也其徒寧得皆善但吾甥所見者其徒之不善者耳恕曰理道妙處如子思孟子之書何減圓覺楞嚴必欲從事其人頗非素心先生曰自來知吾甥每有惡之之語執得堅時亦好但恐見不透後反爲其徒所冷笑且更窮究且更窮究

主簿徐先生椿年

徐椿年字壽卿永豐人紹興十二年進士官宜黃主簿橫浦弟子所著有尚書本義補

常簿倪綺川先生稱

倪稱字文舉雲濠案稱一作偁歸安人受業橫浦先生之門而與芮祭酒友善祭酒嘗曰文舉吾藥石友也補

梓材謹案先生紹興八年進士官太常寺主簿著有綺川集十五卷

知軍劉先生荀別見衡麓學案

特奏郎先生煜

郎煜字晦之錢塘人受學于橫浦嘗輯橫浦心傳諸書淳熙十四年特奏得官未任卒或謂先生世系與侍郎簡同譜曰我家白屋豈可

妄攀華胄

梓材謹案：于忠肅稱先生爲余學生，其殆受學橫浦而卒業于于氏者。

忠定史真隱先生浩

史浩字直翁，鄞縣人。由進士除國博，因轉對言普安、恩平二王宜擇其一以係天下望，高宗納之。普安爲皇子，進封建王，以先生兼直講。一日講周禮，言酒正歲終則會，惟王及后之飲酒不會，世子不與焉，以是知世子膳羞可以不會，飲酒不可以無節也。王作而謝曰：「敢不佩斯訓。」金人犯邊，下詔親征，王請率師爲前驅。先生以晉申生、唐肅宗靈武之事爲戒，王大感悟，立俾先生草奏請扈蹕以供子職，辭意懇到。高宗知奏出先生，語大臣曰：「真王府官也。」歷遷右庶子。孝宗受禪，累拜尚書右僕射。首言趙鼎、李光之無罪，岳飛之久冤，宜復其官爵，錄其子孫，從之。張魏公浚乞幸建康，先生陳三說不可，與魏公異議，王十朋論之，出知紹興，遂予祠，自是不召者十二年。淳熙五年，復爲右丞相，帝曰：「自葉衡罷，虛席以待久矣。」先生蒙恩再相，唯盡公道。劉文節光祖試館職，論科場取士之道，帝親批其後曰：「國朝以來，過于忠厚，宰相誤國，大將敗軍，未嘗誅戮。憖賞立乎前，誅戮設乎後，人才不出吾不信也遣會覿持示先生先生奏唐虞之世四凶止于流竄三考之法不過黜陟誅戮大臣秦漢法也太祖待臣下以禮迨仁宗而德化隆洽聖訓則曰過于忠厚夫爲國而底于忠厚豈有所謂過哉臣恐議者以陛下自欲行刻薄之政歸過祖宗不可不審也及自經筵將告歸薦江浙之士十五人如薛象先楊敬仲陸子靜石應之陳益之葉正則袁和叔趙靜之張子智後皆擢用不至通顯者六人而已除太保致仕封魏國公治第鄞之西湖上帝爲書明良慶會名其閣舊學名其堂光宗御極進太師紹熙五年卒年八十九諡文惠嘉定十四年追封越王配享孝宗廟廷改諡忠定先生喜薦人才嘗擬陳之茂進職與郡帝知之茂嘗毀先生曰卿豈以德報怨邪先生曰臣不知有怨若以爲怨而以德報之是有心也莫濟狀王十朋行事詆先生尤甚先生薦濟掌內制帝曰濟非議卿者乎先生曰臣不敢以私害公其寬厚類此參史傳

謝山題忠定鄮峯真隱漫錄曰忠定最受橫浦先生之知故其淵源不謬其爲相自屬賢者特以阻規恢之議遂與張魏公參辰然忠定蓄力而動不欲浪舉不特非湯思退沈該之徒亦與趙雄之妒南軒者不同而梅溪劾之其言有稍過者不然忠定

首請褒錄中興將相之爲秦氏所陷者而乃自蹈之乎至其有昌明理學之功實爲南宋培國脈而惜乎舊史不能闡也忠定再相謂此行本非素志但以朱元晦未見用故勉強一出耳既出而力薦之幷東萊象山止齋慈湖一輩盡入啓事乾淳諸老其連茹而起者皆忠定力也其于文人則薦放翁其家居則遣其諸子從慈湖絜齋講學又延定川之弟季文于家以課諸子故其諸子率多有學行可觀者其不馴者止同叔子申耳吾攷嗣是而後宰輔之能下士者留公正趙公汝愚周公必大王公藺皆稱知人而忠定實開其首忠定之功大矣彼夫王淮之徒以私昵阻正人剏爲學禁貽慶元以後之禍等量而觀豈不相去懸絕歟今讀忠定之集其資善堂諸文字所以啓沃孝宗于潛藩者也其兩府文字則卽吹噓諸老不遺餘力者也其歸田以後文字所以優遊林下舉行鄉飲酒禮建置義田者也中興宰輔如忠定者蓋亦完人也已

梓材謹案謝山學案劄記宰輔家登學案者南宋史忠定王家三世五人忠定子忠宣彌堅從子文靖彌忠獨善彌鞏及忠定孫朝奉守之並見慈湖學案獨善孫蒙卿自爲靜清學案

郭先生欽止

郭欽止字德誼東陽人從橫浦遊輕財樂施鄉井賴之闢石洞書院延名師以教子弟撥田數百畝以贍之後進多所成就縣學創書閣先生助之財又置書籍輸之參東陽縣志

施氏家學

施先生庭先別見震澤學案

沈氏門人二程四傳

節推趙復齋先生彥肅別見象山學案

于氏門人

特奏郎先生煜見上橫浦門人

倪氏家學

文節倪齊齋先生思

倪思字正甫歸安人也父稱受業橫浦之門先生傳父之學成乾道進士淳熙博學宏詞累遷至祕書郎以大旱上封事請罷苛斂察冤獄且請別詔中外士大夫皆得有言避殿減膳明示畏天之實且請時召大臣講論治道拱默充位者斥之次言臺職事官以言補外所宜昭示好言之實以釋人心之疑邏者以倉庫事上聞雖頗得實然

百吏各有統察監司臺諫皆耳目也焉用此輩爲孝宗是之初廟議銳意規恢迎合者多至大官久而不驗頗厭之更用謹默之士先生言往者虛誕今者輭美胥失之孝宗曰卿奇才也遷著作郎兼直翰林因侍上請旌廉吏以律貪廣集議以審令光宗卽位言高宗揖遜父子無閒今陛下承奉尤當過之請日引職事官輪對如壽皇初年又言陛下方受禪金主亦新立欲制其命必有以勝之彼奢則以儉彼暴則以仁彼怠惰則以惕厲且請增置諫員又請召內外將帥訪問以知其才否遷將作少監兼權直學士院請速按壽皇聖政爲成規裁覃恩賞格之濫除將作監兼權中書舍人言皇子翊善宜用老儒上以命黃裳又言吳瑊不可爲兵部孝宗聞而是之因上過宮問上曰倪思今爲何官曰權舍人孝宗曰猶爲權邪于是眞除中書舍人兼直學士院聖明節詔伶人依舊先生言不可紹熙二年兼侍講其春以大雪震雷求言先生謂大臣苟且給諫緘默講讀官闕員節鉞遙刺輕濫內廷好賜無節燕飲褻暱版曹州縣迫急商農愁嘆會計錄條與鐫減未什一而羣言未已無名之賦久議而未蠲疆場之備不修緩急必誤事初孝宗以戶部經費之餘財于三省置封樁庫以待軍用至紹熙移用始頻會有詔發緡十五萬入內帑以備犒軍

先生謂此實借名給他費請無發且曰往歲所入約四百六十四萬緡而所出之餘不及二萬非痛加撙節則封樁自此無儲遂定議犒軍歲以四十萬緡爲額由是費用稍有節戚畹韋璞除待制潛邸舊人譙熙載除觀察使皆封還詞頭劉光祖以爭吳端事左遷先生爭之光祖雖不果留而端亦黜又言姜特立之干請潘景珪之潛結近倖皇后姊夫王士廉請佃平江府官田以內小臣宣諭漕臣先生爭曰此斜封墨敕之漸也祕書監楊萬里求去有旨將漕江東先生留錄黃欲繳之萬里聞之亟簡先生曰幸勿留我先生答曰此公論不以爲然縱不復繳當別請之萬里又止之曰幸幷別請之說免之然先生卒入劄言萬里剛毅狷介之守不宜遂使去國臣雖書行猶望陛下留之不報時美萬里之有守而先生之能愛賢也除禮部侍郎光宗久不過重華冬至日晏不視朝先生首以四疏開陳會召嘉王先生言壽皇之欲見陛下亦猶陛下之欲見嘉王也上頗動容中宮與外事先生因進講姜氏會齊侯于濼極論家之不齊至于陰陽易位甚則離閒父子漢之呂唐之武韋幾至亂亡不特一莊公也胡晉臣尤袤夏執中卒上不信先生奏曰陛下因疑致疾愈疑愈疾遂使父子之閒中外之事有不能合理者上竦然四年兼權吏部侍郎先

生諫上飲酒過度上曰卿能盡言尋充金國賀正使先生言陛下累遣問安之期中國猶知有疾也脫金人以爲問臣將何辭上曰旦夕便當過宮先是先生嘗請書孝經四章寘座右至是章良能劾先生以敵脅君以孝經謗訕不報先生出關待罪詔知紹興府未行而孝宗崩寧宗立七月得請奉祠會求言先生條上十二事曰兢畏曰敬天曰法祖曰奉先曰安親曰正心曰勤政曰任外廷曰親賢曰納諫曰節用曰謹終起知泉州明年五月召除吏部侍郎直學士院同知貢舉御史姚愈以韓侂胄意劾之出知太平州劉德秀又劾之奉祠俄起知泉州御史朱欽劾之罷已而知建寧府御史徐柟劾之罷開禧二年參政李壁爲侂胄言乃召爲禮部侍郎兼直學士院先生上疏辭曰臣乃者爲徐柟所劾柟言是臣不當召臣可用柟不當留有詔申召入見時侂胄亦以邊事壞稍悔先以書致殷勤曰國事如此一世人望豈宜以潔己爲賢哉先生報曰但恐方拙不能徇時好耳時赴召者率先謁侂胄始入對先生徑造朝首論言路不通自呂祖儉謫徙而朝士不敢輸忠自呂祖泰編竄而布衣不敢極說近者北伐之舉僅有一二人言其不可如使未舉之前相繼力爭更加詳審必不輕動又言蘇師旦贓以巨萬胡不黥戮以謝三軍皇甫斌喪師

襄漢李爽敗績淮甸秦世輔潰散蜀道皆罪大罰輕又言近歲士大夫寡廉鮮恥列拜于勢要之門甚者匍匐門屏穿竇而入門生弟子施于執經受業者今無往而不稱且加以恩府恩使恩父之目謏文豐賂又在所不論也侂胄大怒其閒所謂恩父者乃指毛自知之于蘇師旦也先生見侂胄曰平章明有餘而聰不足堂中剖決如流此明有餘爲蘇師旦所蒙蔽者聰不足蘇師旦與周筠並爲奸利師旦已敗筠尚在人言平泉騎虎不下之勢此李林甫楊國忠晚節也曷不以先忠獻王爲法侂胄亦愕然曰聞所未聞次日謂壁曰子言正甫之爲人今始至即立異而毛自知之父憲爲御史竟劾先生予祠明年更化召爲兵部尙書兼侍讀請遵用故事東宮參決政事以杜權臣之專不時宣引宰執及別創直廬令詞臣候對以備批旨諭大臣以容受直言飭朝列以砥厲名節且言大權方歸所當防微一有干豫端倪必且仍蹈覆轍今侂胄即誅人言猶有未靖者蓋以樞臣猶兼宮賓不時宣召宰執當同班同對樞臣亦當遠權以息外議樞臣謂史彌遠也金人求侂胄函首集議先生謂有傷國體攝給事中內侍有久竄得歸者先生執不行又言辛棄疾迎合開邊請追削史彌寧將補春坊先生持不可進禮部尙書二府將以和戎遷秩以先

生之言而止飛蝗蔽天先生言當求弭災之實不可以爲用兵餘孽彌遠益專政錢象祖在中書漸不與黜陟遂求去先生力言不可偏聽彌遠自辯先生求去上留之先生言侂胄以臺諫爲私人今章良能未除中司前一日已以小與見彌遠矣侂胄專行執奏今彌遠亦獨班陳事矣宗社不堪再壞彌遠益恨先生求去亦益力除寶謨閣學士知福州甫踰月彌遠拜右相陳晦草制用昆命元龜語嘆曰此董賢爲大司馬允執其中之冊文也天下無有如蕭咸者乎乃上書請貼改麻制詔下分晰彌遠懼急改晦爲殿中侍御史晦乃歷引本朝制命嘗累用此語謂先生以藩臣僭論麻制輕侮朝廷遂罷二年晦黜復官奉祠五年金人被兵先生陳備邊十事謂金亡則北方之強我獨當之政府惡其尚言事也御史石宗萬劾之降二官永不用八年復官奉祠請老不聽又二年除華文閣學士奉祠十三年卒遺表猶乞收爵祿賞罰之八柄張禮義廉恥之四維聞者悲之謚文節先生孤行一意其在乾淳閒不爲周益公所喜趙忠定公嘗稱先生爲眞侍講而先生亦以事忤之陳止齋章茂獻皆其所不咸也朱子入朝君子傾心歸之先生亦落落人頗疑之及其爲周趙朱三公制詞極其奬許乃知其無私慶元之召爲吏部也侂胄亦以先生故與

諸君不甚相得意欲援之以自助遣弟仰冑道意先生謝之是以有太平之謫及再起乃大忤以去葉公水心極嘆之補

祖望謹案先生始終風節不屈不隨真有得于橫浦之傳顧其所不足者酷佞佛至于濡首沒頂以從之試讀其經鉏堂雜志又不止於橫浦之所溺也然如先生之踐履是則所謂儒其行而釋其言者學者法其行而略其言可也昆命元龜之說宋家制誥文字用之良多陳晦之初未必有心然先生爲彌遠而發耳言固有所當也所著齊齋甲乙稿兼山集及經解雜著等共四百一十三卷今多不傳

經鉏堂雜志

女子與小人既不可近又不可遠然則奈何曰先勿近之而已矣惟先近之一旦遠之則怨

必有事焉而勿正心既不通以勿正爲一句亦不通正心二字原是忘字既當勿忘又當勿助疊下勿忘乃文法也

人或毀己當退而求之於身若己有可毀之行則彼言當矣若無則彼言過矣當則無怨於彼過則無害於身又何報焉

學必先知而後行譬之適燕而南轅則愈遠耳故曰知之在先凡行

之不力者爲其知之不深也既行而益知如登山見其高處尙多又復登矣

古人制字閑適與防閑之閑同蓋有深意飽食終日無所用心難矣君子居閑雖不至如小人然亦多恣意於聲色詩酒者是貴以禮閑之

父母笞怒其子不以爲少恩知其深愛之也造物以逆境處君子其亦笞怒之意與

福善禍淫常也其偶相反者特變耳

性行各有長短惟善教者因其所長而使之不蔽於所短此夫子教由求之法

君子退閑亦是濟時世方汩於聲利廉恥之風日喪而有一君子焉道不苟合於以厲天下廉恥之風豈不謂之濟時乎

祖望謹案橫浦再傳弟子東萊而外章公茂獻與齊齋足稱二傑矣然齊齋之佞佛明目張膽不可收拾是則橫浦淵源之流極也其中亦有粹言可以師法者予節錄數則焉

梓材謹案謝山所錄經鉏堂雜志十條其一條移入荆公新學略

附錄

王深寧困學紀聞曰齊齋倪公三戒不妄出入不妄言語不妄憂慮

史氏家學

忠宣史滄洲先生彌堅

朝奉史先生守之

知州史先生定之並見慈湖學案

史氏門人

管庫張雪窗先生良臣別見龜山學案

宋元學案卷四十

衡麓學案表

胡寅 文定長子 龜山荊門門人 二程朱氏靳氏再傳 安定泰山濂溪三傳
- 子 大原 別見五峯學案
- 從子 大正
- 毛以謨
- 劉荀

胡寧 別見武夷學案

胡宏 別爲五峯學案

梁觀國 並衡麓學侶

江琦

胡襄

韓璜 並見武夷學案

劉衡 別見百源學案

張祁——子孝祥

並衡麓講友

趙鼎別爲趙張諸儒學案

衡麓同調

高登——林宗臣——陳淳別爲北溪學案

陳元中

並梁氏講友

宋元學案卷四十一

餘姚黃宗羲原本　　男百家纂輯
後學慈谿馮雲濠校刊
鄞縣全祖望補定　　鄞縣王梓材重校
道州何紹基重刊

衡麓學案

祖望謹案武夷諸子致堂五峯最著而其學又分爲二五峯不滿其兄之學故致堂之傳不廣然當洛學陷入異端之日致堂獨皭然不染亦已賢哉故朱子亦多取焉述衡麓學案梓材案衡麓學案黎洲本附武夷卷中謝山初別爲致堂學案後定序錄又易其稱又案衡麓爲武夷諸子稱以門人則不類故標之曰家學五峯放此

武夷家學二程再傳

文忠胡致堂先生寅

胡寅字明仲崇安人文定之弟子也雲濠案陳直齋云明仲文定長子也本其兄子將生母以多男不欲舉文定夫人夢大魚躍盆水中急取而子之少桀黠難制父閉之空閣其上有雜木先生盡刻爲人形文定曰當有以移其心別置書數千卷于其上年餘悉成誦中宣

和進士甲科靖康初薦授祕書省校書郎時龜山爲祭酒稟學焉還司門員外郎張邦昌僭位棄官歸建炎三年擢起居郎言高宗當糾合義師北向迎請不宜遽踐大位遂奉祠紹興二年起知永州四年復召爲起居郎遷中書舍人時議遣使入雲中先生疏言女真警動陵寢殘毀宗廟劫質二聖吾國之大讎也誤國之臣遣使求和苟延歲月九年于茲其效何如幸陛下灼見邪言漸圖恢復然後二聖之怨可平陛下人子之職舉矣高宗嘉納召至都堂諭旨既張忠獻浚自江上還奏遣使爲兵家機權竟反前言因乞郡就養出知邵嚴永三州徽宗訃至故事以日易月先生上疏言禮讎不復則服不除願降詔旨服喪三年墨衰臨戎除禮部侍郎兼侍講直學士院父喪除起徽猷閣直學士秦檜當國乞致仕歸衡州檜既忌先生雖告老猶憤之坐與李光書譏訕朝政安置新州檜死復官二十七年卒年五十九謚文忠先生志節豪邁初擢第中書侍郎張邦昌欲以女妻之不許文定素與秦檜善及檜擅國先生絕之故爲所惡在謫所隨行無文字先生以所記憶者著讀史管見平生所著有論語詳說及詩文斐然集學者稱致堂先生

崇正辯

推兼愛之意而不知別親疏此墨之弊也

墨氏之弊固如此矣釋氏之弊豈不甚于此乎棄父母出家而不顧見螻蟻蚊蚋則哀矜之謂之別親疏可乎不別親疏故不辨賢否今有聖賢之人坐致太平而不喜佛則釋子必不譽也小人亡國敗家建寺宇崇塔廟厚給其田廣度其衆則釋氏必以爲宿植家根親受佛記者也試用此觀之其情見矣

正法念經云若有衆生埽如來塔命終生意樂天又云修治故塔命終生白身天與諸天女且欲自娛菩薩行經云有一貧人賣薪爲業向澤中採薪見一塔寺狐狼飛鳥草木荊棘不淨滿中貧人愴然誅伐埽除作禮而去命終生光音天盡其天壽又復一日返作轉輪王

佛設如此等教其發心也不知欲誘人爲善乎抑將自保其塔乎如誘人爲善莫先于正其心如此等教反以利樂害其心也人各有所欲而未必皆同多爲利路以張之必有一中中則其說可入此佛之術也言生意樂天則凡心意有所好樂而不得者必爲之埽塔矣言生白身天則凡醜黑爲女子所惡欲淫色而不得者必爲之埽塔矣言生光音天作轉輪王則凡瘖啞聾聵貧窮下賤者必爲之埽塔矣

其設教之心如此果可謂之正道乎今欲詰之則必曰此皆無礙方便也人之根器萬端不如是不能攝之入善嗚呼使人隨意所欲而得之好色則得女好貴則得王天下大亂之道也曾謂如是而爲善乎

顏之推曰信謗之徵有如影響善惡之行禍福所歸九流百氏皆同此論豈釋典爲虛妄乎項橐顏回之短折原憲伯夷之凍餒盜跖莊蹻之福壽齊景桓魋之富強若引之先業冀以後生更爲通耳如以行善而偶鍾禍報卽便怨尤爲惡而儻值福徵乃爲欺詭則亦堯舜之云虛周孔之不實也又欲安所信而立身乎

夏至之日一陰初生而其時則至陽用事也陰雖微其極必有折膠墮指之寒冬至之日一陽初生而其時則至陰用事也陽雖微其極必有鑠石流金之暑在人積善積惡所感亦如此而已顏回伯夷之生也得氣之清而不厚故賢而不免乎夭貧盜跖莊蹻之生也得氣之戾而不薄故惡而猶得其年壽此皆氣之偏也若四凶當舜之時則有流放竄殛之刑元凱當堯之世則有奮庸亮采之美此則氣之正也何必曲爲先業後世因果之說乎若行善有禍而怨行惡值福而恣此乃市井淺陋之人計功效于旦暮閒者何乃稱于君子之前

乎盜跖膾人肝雖得飽其身而人惡之至今顏子食不充口而德名流于千世若顏子之心窮亦樂通亦樂簞瓢陋巷何足以移之鐘鼎廟堂何足以淫之威刑死生何足以動之而鄙夫之見乃以貧賤夭折爲顏子宿報嗚呼陋哉之推又云若不信報應之說則無以立身然則自孟子而上列聖羣賢舉無以立身而後世纍纍蠢蠢千百其羣者爲立身之人與

釋圓光少耽墳典詰理窮神及聞釋宗反同腐芥由是出家

人之稟氣不同或昏或明或拙或巧或靜或躁或剛或柔千條萬端非一言可盡也膾炙人所共嗜而有好食瘡痂者晝夜人所共由而有俾晝作夜者方王澤將息佛教未來凡趨靜厭事之流亦爲山林之行往而不返如接輿荷蕢長沮桀溺乃其所見偏蔽舍此取彼自以爲是而不可以入堯舜文王之道聖人不取也又況佛法入中國有以惑人之耳目而移人之心意宜夫一曲之士棄經典而耽釋宗如圓光者不可勝數可悲也已可悲也已或問乎有道君子曰儒學者晚多溺佛何也對曰學而無所得其年齒長矣而智力困矣其心欲遽止焉則又不安也一聞超勝侈大之說是以悅而從之譬之行人方履坦途其進無難也山忽高乎其前水忽深乎其下而進爲難

也于是焉有捷徑則欣然由之矣其勢使然也夫託乎逆旅者不得家居之安耳未有既安于家而又樂舍于旅也至哉斯言乎至哉斯言乎

後周武帝季年毀破前代一切佛塔鎔剷聖容焚燒經典寺廟盡賜王公爲第宅三坊釋子滅三百萬皆復軍民還歸編戶蓋蒼生之不幸非吾宗之不幸也

偉哉周武之此舉也禍福報應之說所不能惑茫昧無稽之言所不能誑卓然自信罷斥不疑使後嗣稍賢能承美志世傳弗失以待聖王則邪說與異端消滅已久蒼生之幸豈有量哉若周武者可謂明矣若周武者可謂勇矣後世英主者出能視傚而爭美之又何愧于大禹放蛇龍戮防風周公驅虎豹兼夷狄孔子成春秋討亂臣賊子孟子闢楊墨息邪說距詖行放淫辭以承三聖豈特于周武有光而已也

德志値周武毀滅敕從儒禮秉操鏗然守死無懼帝愍其貞諒哀而放歸

孔子曰守死善道于道之至善以守死而不變不亦智乎于道之不善以守死而不變不幾乎天下之至愚乎何謂道之至善父慈而子

孝君仁而臣忠兄友而弟恭夫義而婦順是也此儒教也何謂道之不善離天性之自然而外立其德自以爲道者是也此佛教也佛者未嘗慕儒之善而學之而儒者乃甘心于佛之不善而依歸之是愚也若德志違令執迷所宜誅責用表至正周武乃以其守死而哀之殆爲所嚇矣此亦啓發後世明君之一事也

天竺沙門智克武德九年達京住興善寺自古教傳詞旨有所未諭者皆委其宗緒括其同異渙然氷釋帝曰諸非有樂物我皆宗眷言眞要無過釋典流通之極豈尙翻傳遂下詔命顧德一十九人于興善創問傳譯又敕左僕射房元齡參助勘定

佛之道以空爲至以有爲幻此學道者所當辨也今日月運乎天山川著乎地人物散殊于天地之中雖萬佛並生亦不能消除磨滅而使無也日晝而月夜山止而川流人生而物育自有天地以來至今而不可易未嘗不樂也此物雖壞而彼物自成我身雖死而人身猶在未嘗皆空也唐祖何循習不思之甚乎儻信以爲然又復東征西伐經綸王業何其求不樂而爲不空哉如不能行之于身而徒言之于口則是妄而已矣房元齡唐之賢相輔致昇平然所學蹇淺守正不固乃奉承僻命參勘邪說使政治駁雜其君不及于堯舜其俗未

興于禮樂元齡不自知也後世觀之責備于賢者豈非沒身之遺恨與

景龍二年有御史大夫馮思暴卒見二子持簿引馮庭對官聽案覆罪愆官吏傍有舊識者張思義手招馮曰吾為假貸僧物于今未脫汝所坐者不合于天后宮中亂越可發願造涅槃經鑄鐘以資餘祐卻放還馮既甦三日寫經鑄鐘更享壽四十八年

凡如此類皆僧人所撰記如佛頂心經所載耳人貸僧物久幽而未脫則僧取人物不可勝數當入于無間永無出期也于天后宮中亂越罪之不可赦者造經鑄鐘而得免則是經鐘乃為人庇覆濫淫之具耳治世常法負債而不償必償而後已豈問僧與不僧哉設有犯奸抵罪入于縲絏使之造經鑄鐘而可以逭刑者吾未之見也地獄固必無設其有之人神一理必公正不阿而後法行今造經鑄鐘而免其奸罪錫之永年不公不正甚矣使人自此淫濫而無害豈非邪說害政之甚者與

唐元宗研思注金剛般若經至是人先世罪業應墮惡道處執筆狐疑詔沙門道氤問其是非氤曰佛力不可測陛下曩于般若會中聞熏不一更沈注想自發現行帝豁然若憶疇昔下筆不休

聖學以心爲本佛氏亦然而不同也聖人教人正其心心所同然者謂理也義也窮理而精義則心之體用全矣佛氏教人以心爲法起滅天地而夢幻人世擎拳植拂瞬目揚眉以爲作用于理不窮于義不精幾于具體而實則無用乃心之害也如道家存想隨使心之術耳明皇方疑而未決一聞其言致思入念如道家存想隨所欲而萌焉龍華之會靈山之集妙喜之國兜率之天種種現身皆可自誑雖高才穎質攻苦學道之士于此猶不脫又況明皇志滿氣驕樂佚游樂宴樂其心昏然者哉

沙門仁贊曰孔子自衞反魯贊易刪詩六經由是而列百王于焉取法梁武明皇搖翰于至誥之場冥心于真常之境非天下英傑可以與于此乎

無是非之心非人也蕭衍破國殞身明皇致寇失位萬世人君之醜也仁贊徒以其親御翰墨箋注佛經遂稱爲英傑之人與孔子等其諂諛後世之人主以自立其黨而忘是非之心乃如此乎餓死于臺城不可謂至誥之場也播遷于蜀道不可謂真常之境也以二君爲英傑則自古破國殞身致寇失位之君爲不少亦皆天下之英傑矣

釋法雲與僧閔年臘齋譽雲公篤學勞于色養及居母憂毀瘠過

禮閔謂曰佛有至理恩愛重賊不可寬放惟有智者以方便方善
能治制何必縱情于細近邪
法雲之所爲乃人之本心自古至今欲埽除泯滅而不可得者蓋天
命之性其理自然非智力技巧所能造作也不遇聖賢因其良心之
未亡歸諸正道而陷身佛教又與僧閔爲徒乃法雲之不幸耳孟子
曰天生蒸民有物有則民之秉彝也故好是懿德僧閔者戕毀物則
之人也毀則爲賊反則爲亂又可責以仁義之道邪
釋曇延著涅槃義疏疏畢恐不合聖理乃于塔前以火驗之其卷
軸並放光明通夜呈祥
理之所在先聖後聖其心一也曇延造經疏若于理周盡何以前言
若有未盡更須進學如飲水食飯其冷煖饑飽之意他人豈能知之
乃驗之于火以卜中否可笑甚矣復云經軸放光則又妄之極也火
無不化之物今以大乘經典投之火中應手煨燼曇延獨以何道使
疏不可焚無乃幻術邪自達摩而後凡參禪悟徹者必求人印證夫
得道不得道在我而已人何預焉我誠自信孰得移敓之我誠勿悟
孰能分與之必待人言爲是而後以爲是是信否在人而不在己與
對塔焚疏者何以異乎

靈潤十三出家二親既終兄弟哀訴曾無動容但爲修冥福而已

靈潤割父母天性之愛棄兄弟哀訴之言自以世網超脫慧忍能斷然良心終不可忘也何以驗之靈潤雖無動容而爲修冥福則其心于父母有絲毫不忍之意當其回向之時必曰資薦父母終不曰資薦道路他人也卽此絲毫不忍者乃是人之本心佛教以爲幻妄埽而去之儒教以爲惻隱保而存之其係如此或者謂儒佛同歸是冰炭可以共器乎

釋惠嵩高昌國人少出家兄爲博士嘗勉嵩令罷道嵩曰腐儒小智當同諸糟粕餘何可論元魏末至京本國請還嵩曰以我之博達非邊鄙之所資固執不往高昌乃夷其三族嵩聞之告其屬曰經不云乎三界無常諸有非樂何足怪哉

佛之教欲以大悲願力盡度衆生故阿難贊之曰若一衆生未成佛終不于此取泥洹惠嵩學佛者也未能度人先殞其族此何道邪彼之教曰三界無常何爲愛戀中華而輕賤邊鄙又曰諸有非樂何爲自恃博達而詆誚儒風遂使三族之人無罪夷滅愚很慘酷蛇虺豹狼之不如也

釋惠斌博覽經史十九爲州助敎懷慕出世年二十三翦髮其父

于汝水之陰九達之會建義井一區仍樹碑銘云哀哀父母載生載育亦既弄璋我顧我復一朝棄予山川滿目雲擁重關風迴大谷愛敬之道天倫在茲殷憂莫訴見子無期鑿井通道託事興辭百年幾日對此申悲

惠斌博覽經史年既踰冠父母依望以成家者也棄親而去無復人心理之所不容矣觀井碑之語哀怨感切讀之令人怵惕而惻然想當日之意爲何如也其所以建碑于九達之會者必其力不能制其子庶幾往來之人官師之閒或見或聞動心興念能反之耳則不知是時爲民上者以爲是乎以爲非乎亦有欲存天理明人倫行反道敗德之誅者乎後人目覩此事者亦將崇邪毀正姑置之不問而已乎夫天性至恩不可解于心猶水之溼猶火之燥孰能逃之而佛之教乃一切埽除謂之至道嗚呼異哉嗚呼異哉

釋惠豫誦涅槃法華等經嘗寢見人來叩戶問其故答曰師應死故來奉迎豫曰小事未了可申一年否答曰可至明年而卒

佛教中有術使人豫知死期僧人得之往往以爲神異或曰吾某日當去或曰明年某月吾去矣此精于卜相者亦或能之何足貴哉人死猶其生其來不可禦其去不可止若可留一年則十年百年皆可

引伸而常存此理之所必無也近世儒者如師魯尹公子厚張公康節邵公皆聞于死生之際辭氣不亂安靜而逝君子猶以爲未及曾子易簀之正也蓋聖人以生死爲分內事無可懼者故未嘗以爲言佛氏本于怖死是以藏經五千四十餘卷傳燈一千七百餘人皆皇皇以死爲一大事彼三代之民直道而行順受其正夭壽不貳修身以俟之不聞有輪迴之說豈非簡易明白之道何至惴恐經營若彼其切哉自佛教入中國說天堂可慕地獄可怖輪迴可脫于是人皆以死爲一大事而舍身取義殺身成仁之道晦矣夫旣不以死爲常事必至于貪生失理懼死怛化而不順受其正也自兩漢而上戰國春秋之時聖人所謂道喪之世也當其時義心激切視死如歸者班班可攷其心初無慕怖安于義而已後世學佛者自以爲其道可以了達死生而其行事視三代之風尚未能及況聖賢之際乎

澄謂弟子法祚曰戊申歲禍亂漸萌己酉石氏當滅吾及其未亂先從化矣卽遣人辭虎虎出宮慰諭澄謂虎曰出生入死惟道之常修短分定非人能延念意未盡者以國家心存佛理無若興起寺廟崇顯壯麗稱斯德也

澄所以告其弟子與告石虎者何得反覆不侔邪旣曰及其未亂當

先從化則是死生在我去住自如也又曰修短分定非人能延則是天命有限欲止不可也則未知澄以數盡不得已而死乎抑數未盡自經而絶乎智者必能辨之矣且當其將死之曰石氏危亂已著澄果有愛人忠虎之計史必傳之以爲美談今觀其告虎之言曰無若興起寺廟崇顯壯麗而已是以有道君子闢之曰佛氏之教名爲廣愛衆生終必歸于自利之塗聖人復起不易斯言哉

釋寶崖于益州城西路首以布裹左右五指燒之有問痛邪崖曰痛由心起心既無痛指何所痛並燒二手于是積柴于樓上作乾麻小室以油潤之自以臂挾炬麻燒油濃赫然火合于熾盛之中禮拜比第二拜身面焦折復一拜身踣于炭上

佛教以心爲法不問理之當有當無也心以爲有則有心以爲無則無理與心二謂理爲障謂心爲空此其所以差也聖人心卽是理理卽是心以一貫之莫能障者是是非非曲曲直直各得其所物自付物我無與焉故曰如天之無不覆如地之無不載如四時之錯行如日月之代明如飛走動植並育而不相害仁義禮智並行而不相背夫又何必以心爲空起滅天地僞立其德以擾亂天下哉今夫人目視耳聽手執而足行若非心能爲之主則視不明聽不聰執不固行

不正無一而當矣目瞽耳聵心能視聽乎手廢足蹇心能執行乎一身之中有本有末有體有用相無以相須相有以相成未有焦灼其肌膚而心不知者也學佛者言空而事忍蓋自其離親毀形之時已喪其本心矣積習空忍之久于刲剔焚煉而不以爲痛蓋所以養心者素非其道也凡人之生無不自愛其身彼學佛者于蚊蚋之微草芥之細猶不忍害廣悲願也自愛乃能愛人愛人乃能愛物故養心保身者濟人利物之本也今乃殘之如此將何爲哉非有喪心之疾而然乎

釋道安天和四年三月敕召有德衆生名儒道士文武百官二千餘人量校三教之優劣欲事廢立安乃著本二教論有客問曰優柔宏闊于物必濟曰儒用之不匱于物必通曰道老嗟身患孔歎逝川固欲後外以致存生感往以知物化何異釋典厭身無常之說哉主人曰救形之教教稱爲外濟神之教教稱爲內釋教爲內儒教爲外教惟有二寧有三

客與主人問答之言皆出道安之手道安所見蹇淺若是哉儒之爲名學者之通號耳非爲稱名爲儒即是賢也故孔子謂子夏曰女爲君子儒無爲小人儒不知道安所謂優柔宏闊于物必濟之儒何所

本乎稽之書傳無是言也子在川上曰逝者如斯不舍晝夜蓋言存
神過化闔闢如古變而常存之道如此何嘗有厭身之嘆哉道安所
以知孔子未矣釋教爲內而釋徒自處則曰方外之人儒教爲外而
鄙薄儒者則曰方內之士吾未知道安所以區別內外之限者何如
也今以地言之天子所居曰京師千里曰王畿推而廣之至于要荒
則京師爲內而要荒爲外矣人之所居曰奧阼然後有堂有庭有門
有垣則奧阼爲內而垣爲外矣名者實之賓也有此實然後有此名
無其實則名何從生不知道安所謂內外者何以限之吾恨不得聞
其實說也

釋惠立見尙醫奉御呂才造釋因明圖注三卷非斥諸師正義立
致書責之云奉御于俗少聞遂謂眞宗可了何異鼷鼠見釜竈之
堪陟乃言崐邱之非難蛛螯覩棘林之易羅亦謂扶桑之可網才
由茲而寢

射如李廣然後可以服匈奴御如王良然後可以乘騕褭蓋事各有
理物各有能不知物之能則不足以役物不知事之理則不足以揆
事如呂才亦有意乎不信異端小道嘗著論以排之矣惠立所言鄙
淺才不應遽爲之改然其詳則未之考也大抵儒者之遇異端其未

達則推理以窮之其既達則明理而正之必能折其萌芽而摧其枝葉然後言不徒發而于道有補楊墨之言盈天下孟子以無父無君之言折之其禍遂息佛氏之言盈天下程子以天理及自利之言折之而其禍未息者前乎此者有以解經自名而得君其學雜乎佛也後乎此者有以文辯豪世而得時其學雜乎佛也人之所趨者勢利所悅者華采于是聖人之道欲明而復暗然賴先聖之說尚存而不泯世學者可以溯流窮源一洗其害而先韓歐之駕以追蹤于孟子正人心闢邪說距詖行放淫辭爲聖人之徒不亦善乎

釋元珪曰若能無心于萬物則欲不爲淫福淫禍善不爲盜濫誤混疑不爲殺先後違天不爲妄惛荒顛倒不爲醉無心則無戒無戒則無佛無衆生無汝及無我無我無汝孰能戒哉

世之禪師所謂機辯橫說豎說逆行順行者皆如此吾今折之曰人未有無心者也自古大聖人垂世立教曰養心曰宅心曰存心曰洗心不言無心也心不可無無則死矣聖人之心若鑑不勞思慮不用計度而盡天地之理者亦曰如鑑之明而已不言無鑑也有所欲必淫聖人所欲不踰矩是以無淫福淫禍善必盜聖人福善禍淫是以無盜濫誤混疑必殺聖人四罪而天下咸服是以無殺先後違天必

妄聖人憲天聰明是以無妄惛荒顛倒必醉聖人不爲酒困是以無醉聖人之心寂然不動感而遂通天下之故自己及人自人及物各止于其所而天下之理定元珪所言失之毫釐差之千里者也今有欲其所不可欲以淫人爲是以善人爲非觸情殘害逆天之理放意于酒沈酣日富而曰我未嘗有心也適然如是耳而可乎蓋佛氏以心跡爲兩途凡其犯理背義一切過失必自文曰此粗迹非至道也譬如有人終日涉泥塗歷險阻而謂人曰吾足自行耳吾心未嘗行也則可信邪

釋明瓚于衡嶽閑居李泌隱南嶽潛察瓚所爲曰非常人也中夜往謁焉望席門自贊而拜瓚大詬仰空唾曰是賊李公愈加敬惟拜而已瓚正撥牛糞火出芋啖之良久乃曰可席以坐取啗芋之半以授焉李跪捧盡食而謝謂李曰愼勿多言領取十年宰相李拜而退

李鄴侯高才多智唐之名臣方未仕時辭萬乘之友隱居南嶽紫蓋峯者凡十年隱居之旁有一僧巖居曰明瓚相去甚邇鄴侯未嘗與往來此見之于傳記乃事之實不知明瓚何爲有此說乎使鄴侯欲謁瓚白日而不往中夜而後行素非師尊望門而便拜中下之人猶

不爲此孰爲鄭侯而爲之明瓚其果有道之士與鄭侯隣居之日久亦豈不知其賢否也一見詬唾此何禮哉以鄭侯氣淩宇宙才幹四海嘗辭宰相而不爲及得山僧煨芋之餘乃跪捧而食事理之必無者也十年宰相人世之常事使鄭侯天命不當作瓚豈能與之使其固有瓚但能知之耳何足爲鄭侯之損益哉大抵僧人多取世閒有名之士一言半句增重其事抑彼揚己人人同轍家君崇寧中宦遊湖南偶與一僧倡酬一絶詩句尋卽忘之矣後三十年再至湖南乃見其僧有鏤語錄載此詩者題其目曰某人請益乃知此曹攀附名勢其心深切必借重于公卿大夫然後足以籠惑愚俗過庭之訓曰侯師聖有言君子當守先王之道壁立萬仞異端邪說勿挂于口庶幾不爲所誘矣此言是也汝等其識之予敢不奉以周旋乎

釋曇遷隋開皇七年下詔勞問遷旣爲揖敬或謂滯于榮寵者乃著無是非論以示之

曇遷所著無是非論雖不可見而其立名已失矣事有是非猶松直棘曲鷺白烏黑雖創物之智不能改也聖人之教因人本有是非之心而教之使是其所當是非其所當非是非不亂則天下之事定矣曇遷學佛則當遺物離世投身于巖穴之閒使世欲聞其聲且不可

得況見其面乎今乃借用佛法付于國王之言詔諛人主耽彼榮利何也若以事君爲是則不臣爲非若以徇俗爲非則出家爲是是非之分豈可亂哉曇遷心疑又增滯寵之議慨然著論秖益贅疣耳將以是爲非何異指中尊爲外道將以非爲是何異稱外道爲中尊將是非之泯然何異中尊外道莫較賢否僧人誠以此思之則是非之心自見苟見此心必從是而違非矣

釋懷感信念佛往生暨三載忽感靈異見金色玉毫便證念佛三昧臨終感佛來迎面西而往

人心有所著者不能忘之于心存想既極則恍惚微茫之中真若有所見者漢武帝見李夫人唐明皇見李老君皆此類耳懷感專切用志不分故隨其所欲而見焉其實則寂然無一物乃妄見也故君子養心貴于得正正則無此矣得正則所見亦正

東晉成帝幼沖庾冰輔政謂沙門應敬王者何充等議不應敬詔曰父子君臣百代所不應廢今慕茫昧棄禮教使凡民常人假飾服以傲憲度吾所弗取充言五戒之禁實助王化今一令其拜遂壞其法修善之俗廢于聖世臣所未安詔曰百王制法未有以
俗參治者也五戒小善既擬人倫而于世主略其禮敬耶

陳王教亂矣充言今沙門燒香祝願必先國家欲福祐之隆情無
極矣奉上崇順出于自然臣以爲因其所利而惠之使賢愚莫敢
不用情則上有天覆地載之施下有守一修善之人也冰議遂寢
凡釋氏自護其教甚密不肯少爲法度所屈以開廢毀之漸故于一
言一拜計較如此充溺佛者也觀其言曰今令其拜遂壞其法遠法
師亦云一旦行此如來之法滅矣遠膠于所習固不足責充服儒衣
冠爲國大臣反主無父無君之教千古之罪人也人之夭壽稟于天
命一定而不可易燒香祝壽曰無量壽佛者蓋所諂諛世主竊寺宇
衣食之安耳梁衍齊襄豈不深受回向其終何如是可鑒也若夫天
保歸美報上祈之以日月祝之以南山者爲君能下下以成其政臣
子至情以遐壽望焉非爲諛也能正是國人則惜其胡不萬年能爲
邦家之光則願其萬壽無期皆好善之誠心非爲利也名之曰幽厲
則孝子不能改時日曷喪則民欲與之偕亡非有私也故古之愛君
者惟勸其作德周公戒成王曰夏商之末惟不敬厥德乃早墜厥命
逸欲之君乃罔克壽或五六年或四三年其德既至雖短命如顏子
何病其賢其德不修雖期頤如莊蹻何救其惡故詩人詠歌其上者
皆以其有德而已今僧于人不問其賢不肖苟于己有分毫之利則

焚香唄贊書棟名鐘必深致善頌以悅之豈彼不知命不可以力增福不可以諂求禍不可以苟免哉以世之愚者惑而向焉是以其說得行而莫或正之也孟子曰舜跖之分無他利與善之閒耳僧人以自利存心而以修善爲言利與善之閒甚微非明哲不能辨如充烏足以知之彼僧者當隋煬帝時祝之曰今上萬歲當唐太宗時祝之亦然至武后時祝之又然必有明哲之君灼見其情狀斷然絕之則其術無所施矣

宗羲案吳必大問崇正辯如何朱子曰亦好必大曰今釋亦爲所辯者皆其門中自不以爲然曰吾儒守三綱五常若有人道不是亦可謂吾儒自不以爲然否又問此書只論其迹曰論其迹亦好伊川言不若只于迹上斷畢究其迹是從那裏出來明仲說得明白某案致堂所辯一部書中大概言其作僞雖有然者畢竟已墮億逆一邊不若就其所言件件皆眞愈見其非理然此皆晉宋閒其徒報應變化之論後來愈出愈巧皆吾儒者以其說增益之牛毛繭絲辯之所以益難也

梓材謹案謝山于崇正辯標目上記云宜再采擇知其修補未完又案五峯文集謝山節錄之致堂集亦當補采惜盧氏藏底

附錄

朱子曰致堂議論英發人物偉然向常侍之坐見其數盃後歌孔明出師表誦張才叔自靖人自獻于先王義陳了翁奏狀等可謂豪傑之人也

衡麓學侶

參義胡茅堂先生寧別見武夷學案

承務胡五峯先生宏別爲五峯學案

梁歸正先生觀國

梁觀國字賓卿番禺人始業儒挺挺屹屹如孤松立石嘗謂學而畔道皆由異端惑之乃力排老佛二氏爲奏疏兩通各萬言走私僮謁諸天子願屏絕二氏弗俾無父無君之術侵紊人紀會所在道梗阻于上聞紹興壬戌閒胡致堂退居衡山之陽先生因其友高登知致堂之有志鄒魯而無趣竺乾也詒書致雜文一編致堂稱而揚之後三年卒年五十九著有歸正集二十卷議蘇文五卷駮其羽翼異端者編正喪禮十五卷壹教十五卷卒之逾月其友人陳元中率其門人約古禮葬之而致堂誌其墓蓋其所與遊獨高陳二子云參斐然

集

梓材謹案謝山爲端溪講院先師祠記云梁先王觀國遊于致堂之門者也然其年長致堂十二歲止稱學侶可爾

衡麓講友

教授江先生琦

直閣胡先生襄

諫院韓先生璜並見武夷學案

庶官劉先生衡別見百源學案

直閣張總得先生祁

張祁字晉彥歷陽人以兄邵使金恩補官先生負氣高義工詩文趙豐公張魏公皆器遇之與胡致堂交最善時秦檜疑之會其子孝祥舉進士第一誣先生以罪付大理檜死獲免累官遷直祕閣淮南轉運通判以孝祥仕寖顯不復干進卜居蕪湖晚嗜禪學號總得翁參姓譜

附錄

林拙齋紀問曰張安國言其父嘗教之云世間如貪鄙刻薄等事須常常把做一大罪過看不可有分毫放過處才慣了便只把做常事

看補

衡麓同調

忠簡趙得全先生鼎別爲趙張諸儒學案

梁氏講友

學錄高東溪先生登

高登字彥先臨漳人號東溪先生靖康閒遊太學與陳少陽伏闕拜疏以誅六賊留种李爲請用事者欲兵之不爲動也紹興初召至政事堂又與宰相秦檜論不合去爲靜江府古縣令有異政帥守希檜意招其過以屬吏會帥亦以讒死獄中乃得釋被檄試進士湘州使諸生論直言不聞之可畏策閩浙水沴之所由而遂被檄以歸檜聞大怒奪官徙容州先生學博行高議論慷慨口講指畫終日滾滾無非忠臣孝子之言舍生取義之意聞者凜然其在古縣學者已爭歸之至是其徒又益盛屬疾自作埋銘召所與遊及諸生訣別正坐拱手奮髯張目而卒參朱子文集

陳先生元中

陳元中閩人居番禺

梓材謹案周益公誌胡忠簡長子承務墓云隨忠簡謫新州詩

人陳元忠目爲春秋生元忠蓋即元中傳寫之異

衡麓家學二程三傳

胡伯逢先生大原別見五峯學案

簽判胡先生大正

胡大正字伯誠崇安人致堂先生從子也以任入官累遷泉州簽判賊有逼臨漳者泉爲鄰境城門晝閉忽近郊有荷斧四五十人邏卒捕之同官欲斬以徇先生不可曰賊豈無攻具乃以短斧思破城邪訊之果樵者時人稱之補

衡麓門人

毛先生以謨

毛以謨字舜舉衡山人也受業衡麓先生之門嘗爲題其齋曰不息而五峯爲之記補

知軍劉先生荀

劉荀字子卿清江人嘗從胡致堂于新州又從張橫浦于南安凡有得二公緒言皆筆之名曰思問記淳熙中知餘干縣未滿適周益公必大入相以先生爲首薦改判德安知盱眙軍所著有政規四十卷明本三卷座右記三卷文源八卷癡兒錄五卷德安守禦集三卷都梁

記問八卷邊防指掌圖三卷南北聘使錄三卷參江西通志

梓材謹案先生本東平人所著明本一作明本釋書中稱先忠肅公蓋忠肅摯之後于子駒芮爲兄弟行又稱昔嘗問學于胡衡麓張橫浦二侍郎莫不舉四端五典以示誨子駒見元城學案

張氏家學

安撫張于湖先生孝祥

張孝祥字安國直祕閣祁之子也紹興二十四年廷試第一授祕書正字初對首言乞總攬乾綱以盡更化之美又言官吏忤故相意並緣文致有司觀望鍛鍊而成罪乞令有司即改正又言王安石作日錄一時政事美則歸己今故相信任之專非特安石臣懼其作時政記亦如安石專用己意乞取已修日曆詳審是正黜私說以垂無窮從之累遷起居舍人罷知撫州平江張魏公自蜀還朝薦之召赴行在除直學士院兼都督府參贊軍事後知荊南湖北路安撫使卒孝宗惜之有用才未盡之歎進顯謨閣直學士致仕年三十八參史傳

高氏門人

主簿林先生宗臣

林宗臣字實夫龍溪人受業高登之門登乾道進士歷官主簿見陳北溪趨向不凡心異之謂曰子所習者科舉耳聖賢大業則不在是因授以近思錄北溪卒爲儒宗實先生啓之也參道南源委

梓材謹案陳伯澡爲北溪敘述云高東溪門人林主簿宗臣鄉之先儒也一見奇之是道南源委所本唯儒林宗派列先生于

晦翁之門

林氏門人東溪再傳

文安陳北溪先生淳別爲北溪學案

五峯學案表

胡宏
文定季子
龜山荊門門人
二程朱氏靳氏再傳
安定泰山濂溪三傳

從弟實

子大時 別見嶽麓諸儒學案

從子大原

從子大本

楊大異 胡氏所傳

張栻

彪居正——劉強學 別見嶽麓諸儒學案

吳翌

孫蒙正 別見元城學案

趙師孟

趙棠——子方 別見嶽麓諸儒學案

方疇 別見紫微學案

向浯

蕭□——子佐別見嶽麓諸儒學案

胡憲別爲劉胡諸儒學案

曾幾

李椿

彪虎臣並見武夷學案

並五峯學侶

餘姚黃宗羲原本　後學慈谿馮雲濠校刊
男百家纂輯　鄞縣王梓材重校
鄞縣全祖望補定　道州何紹基重刊

五峯學案

祖望謹案紹興諸儒所造莫出五峯之上其所作知言東萊以爲過於正蒙卒開湖湘之學統今豫章以晦翁故祀澤宮而五峯闕焉非公論也述五峯學案梓材案五峯傳與及門諸子梨洲本亦附武夷卷中謝山始別爲五峯學案

武夷家學二程再傳

承務胡五峯先生宏

胡宏字仁仲崇安人文定之季子自幼志于大道嘗見龜山于京師又從侯師聖于荆門而卒傳其父之學優游衡山二十餘年玩心神明不舍晝夜張南軒師事之學者稱五峯先生朱子云秦檜當國卻留意故家子弟往往被他牢籠出去多墜家聲獨明仲兄弟卻有樹立終不歸附所著有知言及詩文皇王大紀雲濠案謝山學案劄記有云五峯易外傳一卷

百家謹案文定以游廣平之薦誤交秦檜失知人之明想先生兄弟竊所痛心故顯與檜絶所以致堂有新州之徙先生初以蔭補右承務郎避檜不出至檜死被召以疾卒嗚呼此真孝子慈孫克蓋前人之愆者也其志昭然千古若見焉

胡子知言

道充乎身塞乎天地而拘于墟者不見其大存乎飲食男女之事而溺于流者不知其精諸子百家億之以意飾之以辯傳聞習見蒙心之言命之理性之道置諸茫昧則已矣悲夫此邪說暴行所以盛行而不爲其所惑者鮮也然則奈何曰在修吾身

夫婦之道人醜之矣以淫欲爲事也聖人則安之者以保合爲義也接而知有禮焉交而知有道焉惟敬者爲能守而弗失也語曰樂而不淫則得性命之正矣謂之淫欲者非陋庸人而何天得地而後有萬物夫得婦而後有男女君得臣而後有萬民此一之道也所以爲至也

天下莫大于心患在于不能推之爾莫久于心患在于不能順之爾莫成于命患在于不能信之爾不能推故人物內外不能一也不能順故死生晝夜不能通也不能信故富貴貧賤不能安也

氣之流行性爲之主性之流行心爲之主

學貴大成不貴小用大成者參于天地之謂也小用者謀利計功之謂也

有而不能無者性之謂與宰物不死者心之謂與感而無自者誠之謂與往而不窮者鬼之謂與來而不測者神之謂與

仁者人所以肖天地之機要也

靜觀萬物之理得吾心之悅也易動處萬物之分得吾心之樂也難是故仁智合一然後君子之學成成己所以成物

堯舜以天下與人而無人德我之望湯武有人之天下而無我取人之嫌是故天下無大事我不能大則以事爲大而處之也難

有毁人敗物之心者小人也操譽人成物之心者義士也油然乎物各得其分而無爲者君子也

禮文多者情實必不足君子交際宜察焉言辭巧者臨斷必不善君子選用宜察焉

學欲博不欲雜守欲約不欲陋雜似博陋似約學者不可不察也

能攻人之實病至難也能受人之實攻爲尤難也人能攻我實病我能受人實攻朋友之義其庶幾乎不然其不相陷而爲小人者幾希

矣

行紛華波蕩之中慢易之心不生居幽獨得肆之地匪僻之情不起上也起而以禮制次也制而不止者昏而無勇者也理不素窮勇不自任必為小人之歸可恥之甚也

萬物皆性所有也聖人盡性故無棄物

情一流則難遏氣一動則難平流而後遏動而後平是以難也察而養之于未流則不至于用遏矣察而養之于未動則不至于用平矣是故察之有素則雖嬰于物而不惑養之有素則雖激于物而不背易曰艮其背不獲其身行其庭不見其人无咎此之謂也

性定則心宰心宰則物隨

氣惑于物發如雷霆狂不可制唯明者能自反勇者能自斷事之誤非過也或未得馭事之道焉耳心之惑乃過也心過難改改心過則無過矣

生本無可好人之所以好生者以欲也死本無可惡人之所以惡死者亦以欲也生求稱其欲死懼失其欲憧憧天地之閒莫不以欲為事而心學不傳矣

深于道者富用物而不盈衛公子荊善居室孔子何取焉以其心不

嬰于物可以爲法也夫人生于物用物以成其生耳其久能幾何而世人馳騖不返也

知言疑義

天命之謂性性天下之大本也堯舜禹湯文王仲尼六君子先後相詔必曰心而不曰性何也曰心也者知天地宰萬物以成性者也六君子盡心者也故能立天下之大本人至于今賴焉不然異端並作物從其類而瓜分孰能一之

朱子曰以成性者也此句可疑欲作而統性情也何如○張南軒曰統字亦恐未安欲作而主性情何如○朱子曰所改主字極有功然凡言刪改者亦且是私竊講貫議論以爲當如此耳未可遽塗其本編也何如○又案孟子盡心之意正謂私意脫落衆理貫通盡得此心無盡之體而自是擴充則可以即事即物而無不盡其全體之用焉耳但人雖能盡得此體然存養不熟而于事物之閒一有所蔽則或有不得盡其用者故孟子既言盡心知性又言存心養性蓋欲此體常存而卽事卽物各用其極無有不盡云爾以大學之序言之則盡心知性者致知格物之事存心養性者誠意正心之事而夭壽不貳修身以俟之者修身以下之事也此其

次序甚明皆學者之事也然程子盡心知性不假存養其唯聖人乎者蓋唯聖人則合下盡得此體而用處自然無所不盡中閒更不須下存養擴充節次工夫然程子之意亦指夫始條理者而爲言非便以盡心二字就功用上說也今觀此書之言盡心大抵皆盡功用上說又便以爲聖人之事竊疑未安朱子自注舊說未明今別改定如此○呂東萊曰成性固可疑然今所改定乃兼性情而言則與本文設問不相應來諭以盡心爲集大成者之始條理則非不可以爲聖人事但胡子下者也兩字卻似斷定爾若言六君子由盡其心而能立天下之大本如此○朱子曰論心必兼性情然後語意完備若疑與所設問不相應而者也二字亦有未安則某欲別下語云性固天下之大本而情亦天下之達道也二者不能相無而心也者知天地宰萬物而主性情者也六君子者惟盡其心故能立天下之大本行天下之達道人至于今賴焉云云不知更有病否若所謂由盡其心者則辭恐太狹不見程子所謂不假存養之意

天理人欲同體而異用同行而異情進修君子宜深別焉

朱子曰某案此章亦性無善惡之意與好惡性也一章相類似恐

未安蓋天理莫知其所始其在人則生而有之矣人欲者梏于形雜于氣狃于習亂于情而後有者也然既有而人莫之辨也于是乎有同事而異行者焉有同行而異情者焉君子不可以不察也然非有以立乎其本則二者之幾微曖萬變夫孰能別之今以天理人欲混爲一區恐未允當○東萊曰天理人欲同體而異用者卻似未失蓋降衷秉彝固純乎天理及爲物所誘人欲滋熾天理泯滅而實未嘗相離也同體異用同行異情在人識之爾○朱子曰再詳此論胡子之言蓋欲人于天理中揀別得人欲又于人欲中便見得天理其意甚切然不免有病者蓋既謂之同體則上面便著人欲二字不得此是義理本原極精微處不可少差試更子細玩索當見本體實然只一天理更無人欲故聖人只說克己復禮教人實下工夫去卻人欲便是天理未嘗教人求識天理于人欲汩沒中也若不能實下工夫去卻人欲則雖就此識得未嘗離之天理亦安所用乎

好惡性也小人好惡以己君子好惡以道察乎此則天理人欲可知

朱子曰案此章即性無善惡之意若果如是則性但有好惡而無善惡之別矣君子好惡以道是性外有道也察于此則天理人欲

可知是天理人欲同時並有無先後賓主之別也然則所謂天生烝民有物有則民之秉彝好是懿德者果何謂乎龜山楊子曰天命之謂性人欲非性也卻是此語直截而胡子非之誤矣○南軒曰好惡性也此一語無害但著下數句則爲病矣今欲作好惡性也天理之公也君子者循其性者也小人則以人欲亂之而失其則矣○朱子曰好惡固性之所有然直謂之性則不可蓋好惡物也好善而惡惡物之則也有物必有則是所謂形色天性也今欲語性乃舉物而遺則恐未得爲無害也

百家謹案朱子好惡物也此句可疑蓋好惡物之則也如以好惡爲物將喜怒哀樂未發之中亦物乎

心無不在本天道變化爲世俗酬酢參天地備萬物人之爲道至大也至善也放而不知求耳聞目見爲己蔽父子夫婦爲己累衣裘飲食爲己欲既失其本矣猶皆曰我有知論事之是非方人之短長終不知其陷溺者悲夫故孟子曰學問之道無他求其放心而已矣

朱子曰人之爲道至善也至大也此說甚善若性果無善惡則何以能若是邪○南軒曰論性而曰善不足以名之誠爲未當如元晦之論也夫其精微純粹正當以至善名之龜山謂人欲非性也

亦是見得分明故立言直截爾遺書中所謂善固性也惡亦不可不謂之性也則如之何譬之水澄清者其本然也而或混焉則以泥滓之雜也方其混也亦不可不謂之水也夫專善而無惡者性也而其動則爲情情之發有正有不正焉其正者性之常也而其不正者物欲亂之也于是而有惡焉是豈性之本哉其曰惡亦不可不謂之性者蓋言其流如此而性之本然者亦未嘗不在也故善學者化其滓以澄其物而已○朱子曰某詳此論性甚善但明道所謂惡亦不可不謂之性是說氣稟之性觀上下文可見○某又看此章云本天道變化爲世俗酬酢疑世俗字有病猶釋子之謂父母家爲俗家也改作日用字如何○某又細看雖改此字亦爲未安蓋此兩句大意自有病聖人下學而上達盡日用酬酢之理而天理變化行乎其中爾若有心要本天道以應人事則胸次先横了一物臨事之際著意將來把持作用而天人之際終不合矣大抵自謝子以來雖說以灑掃應對爲學然實有不屑卑近之意故纔說灑掃應對便須急作精義入神意思想像主張惟恐其滯于小也如爲朱子發說論語乃云聖門學者敢以天自處皆是此箇意思恐不免有病也

百家謹案知言本天道變化爲世俗酬酢就心本體能事言未
曾說到工夫也似亦無病

或問性曰性也者天地之所以立也曰然則孟軻氏荀卿氏楊雄氏之以善惡言性也非與曰性也者天地鬼神之奧也善不足以言之況惡乎哉或又曰何謂也曰某聞之先君子曰孟子所以獨出諸儒之表者以其知性也某請曰何謂也先君子曰孟子之道性善云者歎美之辭不與惡對也

或問心有死生乎曰無生死曰然則人死其心安在曰子既知其死矣而問安在邪或曰何謂也曰夫唯不死是以知之又何問焉或曰未達胡子笑曰甚哉子之蔽也子無以形觀心而以心觀心則其知之矣

朱子曰性無善惡心無死生兩章似皆有病性無善惡前此論之已詳心無死生則幾于釋氏輪迴之說矣天地生物人得其秀而最靈所謂心者乃虛靈知覺之性猶耳目之有見聞爾在天地則通古今而無成壞在人物則隨形氣而有始終知其理一而分殊則又何必爲是心無生死之說以駭學者之聽乎○南軒曰心無死生章亦當刪去

凡天命所有而衆人有之者聖人皆有之人以情爲有累也聖人不去情人以才爲有害也聖人不病才人以欲爲不善也聖人不絕欲人以術爲傷德也聖人不棄術人以憂爲非達也聖人不忘憂人以怨爲非宏也聖人不釋怨然則何必別于衆人乎聖人發而中節而衆人不中節也中節者爲是不中節者爲非挾是而行則爲正挾非而行則爲邪正者爲善邪者爲惡而世儒乃以善惡言性邈乎遼哉○朱子曰聖人發而中節故爲善衆人發不中節故爲惡世儒乃以善惡言性邈乎遼哉此亦性無善惡之意然不知所中之節聖人所自爲邪將性有之邪謂聖人所自爲則必無是理謂性所固有則性之本善也明矣○南軒曰所謂世儒殆指荀楊荀楊蓋未知孟子所謂善也此一段大抵意偏而辭雜當悉刪去○朱子曰某詳此段不可盡刪但自聖人發而中節以下刪去而以一言斷之云亦曰天理人欲之不同爾○南軒曰所謂輕詆世儒之過而不自知其非恐氣未和而語傷易析理當極精微毫釐不可放過至于尊讓前輩之意亦不可不存也○朱子曰某觀此論切中淺陋之病謹以刪去訖

彪居正問心無窮者也孟子何以言盡其心曰惟仁者能盡其心居正問爲仁曰欲爲仁必先識仁之體曰其體如何曰仁之道宏大而親切知者可以一言盡不知者雖設千萬言亦不知也能者可以一事舉不能者雖指千萬事亦不能也曰萬物與我爲一可以爲仁之體乎曰子以六尺之軀若何而能與萬物爲一曰身不能與萬物爲一心則能矣曰人心有百病一死天下之物有一變萬生子若何而能與之爲一居正竦然而去他日某問曰人之所以不仁者以放其良心也以放心求心可乎曰齊王見牛而不忍殺此良心之苗裔因利欲之閒而見者也一有見焉操而存之存而養之養而充之以至于大大而不已與天同矣此心在人其發見之端不同要在識之而已

朱子曰某案欲爲仁必先識仁之體此語大可疑觀孔子答門人問爲仁者多矣不過以求仁之方告之使之從事于此而自得焉爾初不必使先識仁體也又以放心求心之問甚切而所答者反若支離夫心操存舍亡閒不容息知其放而求之則心在是矣今于已放之心不可操而復存者置不復問乃俟異時見其發于他處而後從而操之則夫未見之閒此心遂成閒斷無復有用功處及其見而操之則所操者亦發用之一端耳于其本源全體未嘗

有一日涵養之功便欲擴而充之與天同大愚竊恐無是理也○南軒曰必待識仁之體而後可以爲仁不知如何而可以識也學者致爲仁之功則仁之體可得而見識其體矣則其爲益有所施而無窮矣然則答爲仁之問宜莫若敬而已矣○東萊曰仁體誠不可遽語至于答放心求心之問卻自是一說蓋所謂心操存舍亡閒不容息知其放而求之則心在是者平時持養之功也所謂良心之苗裔因利欲而見一有見焉操而存之者隨時體察之功也二者要不可偏廢苟以此章欠說涵養一段未見之閒此心遂成閒斷無復用功處是矣若曰于已放之心置不復問乃俟其發見于他處而後從而操之語卻似太過蓋見牛而不忍殺乃此心之發見非發見于他處也又謂所操者亦發用之一端胡子固曰此良心之苗裔固欲人因苗裔而識根本非徒認此發用之一端而已○朱子曰二者誠不可偏廢然聖門之教詳于持養而略于體察與此章之意正相反學者審之則其得失可見矣孟子指齊王愛牛之心乃是因其所明而導之非以爲必如此然後可以求仁也夫必欲因苗裔而識根本孰若培其根本而聽其枝葉之自若邪

天地聖人之父母聖人天地之子也有父母則有子矣有子則有父母矣此萬物之所以著見道之所以名也非聖人能名道也有是道則有是名也聖人指明其體曰性指明其用曰心性不能不動動則心矣聖人傳心教天下以仁也

朱子曰心性體用之云恐自上蔡謝子失之此云性不能不動動則心矣語尤未安凡此心字皆欲作情字如何○南軒曰心性分體用誠爲有病此若改作性不能不動動則情矣一語亦未安不若伊川云自性之有形者謂之心自性之有動者謂之情語意精密也此一段似亦不必存○朱子曰此段誠不必存然性不能不動此語卻安但下句卻有未當爾今欲存此以下而頗改其語云性不能不動動則情矣心主性情故聖人教人以仁所以傳是心而妙性情之德又案伊川有數語說心字皆分明此一段卻難曉不知有形二字合如何說

宗羲案朱子謂知言可疑者大端有八性無善惡心爲已發仁以用言心以用盡不事涵養先務知識氣象迫狹語論過高然會而言之三端而已性無善惡一也心爲已發故不得不從用處求盡仁人心也已發言心故不得不從用處言仁三者同條二也察識

此心而後操存三也其下二句則不過辭氣之閒愚以爲胡氏主張本然之善本自無對便與惡對蓋不欲將氣質之性混入義理也心爲已發亦自伊川初說有凡言心皆指已發而言以其未定者爲定爾察識此心而後操存善觀之亦與明道識仁無異不善觀之則不知存養之熟自識仁體有朱子之疑則胡氏之說未始不相濟也

五峯先生語

誠成天下之性性立天下之情情效天下之動心妙性情之德誠者命之道乎中者性之道乎仁者心之道乎惟仁者爲能盡性至命補

梓材謹案此二條南軒張子序胡子知言所述五峯先生之言從謝山補錄南軒文集移入

心性二字乃道義淵源當明辯不失毫釐然後有所持循未發只可言性已發乃可言心故伊川云中者所以狀性之體段而不可言狀心之體段心之體段難言無思也無爲也寂然不動感而遂通天下之故是也未發之時聖人與衆同一性已發則無思無爲寂然不動感而遂通天下之故聖人之所獨若楊尹二先生以未發爲寂然不動是聖人感物亦動與衆人何異至尹先生又以未發爲眞心然則

聖人立天下之大業成絕俗之至行舉非真心邪故某嘗謂喜怒哀樂未發沖漠無朕同此大本雖庸與聖無以異而無思無爲寂然不動乃是指易而言易則發矣故無思無爲寂然不動聖人之所獨喜怒哀樂未發句下還下得感而遂通一句否若下不得則知立意自不同伊川指性指心蓋有深意 答曾吉甫

魏鶴山曰胡五峯此等語直是廣大而精微某亦謂人生而靜天之性也此語好繼云感于物而動性之欲也此語差蓋漢儒之論多然

梓材謹案此條與鶴山語從梨洲所錄鶴山師友雅言移入

五峯文集

來教謂佛氏所以差了途轍者蓋由見處偏而不該爾見處偏踐履處皆偏大抵入道者自有聖人所指大路吾輩但當篤信力行其他異同一筆句斷 與曾吉甫

梓材謹案此條上半截九十八字移入震澤學案

河南先生之言曰道外無物物外無道晨昏之奉室家之好嗣續之託此釋氏所謂幻妄粗迹不足爲者曾不知此心本于天性不可磨滅妙道精義具在于是聖人寂然不動感而遂通百姓則日用而不

知爾釋氏不知窮理盡性乃以天地人生爲幻化此心本于天性不可磨滅者則以爲妄想粗迹絶而不爲別談精妙者謂之道未知其所指之心何以爲心所見之性何以爲性兒得毋未之思乎萬物皆備于我反身而誠仁爲體要義爲權衡萬物各得其所而功與天地參此道所以爲至也釋氏狹隘褊小無所措其身必以出家出世爲事絶滅天倫屏棄人理然後以爲道非邪說暴行之大者乎

致疑聖人以爲未盡推信釋氏以爲要妙則愚意之所未安釋氏與聖人大本不同故末亦異五典天所命也五常天所性也天下萬物皆有則吾儒步步著實所以允蹈性命不敢違越也退可以立命安身進可以開物成務不如是則萬物不備謂反身而誠吾不信也釋氏毀性命滅典則以事爲障以理爲障而又談心地法門何哉縱使身心休歇一念不生以至成佛乃區區自私其身不能與天下大同言雖精微行則顛沛若大本既明知言如孟子權度在我則雖引用其言變腐壞爲神奇可矣若猶未也而推信其說則險詖淫蕩奇衺流遁之辭善迷人意使人醉生夢死不自知覺故伊川謂須如淫聲美色以遠之以上與原仲兄

聖人之道得其體必得其用有體而無用與異端何辨井田封建學

校軍制皆聖人竭心思致用之大者也欲復古最是田制難得便合法且井之可也封建擇可封者封之錯雜于郡縣之閒民自不駭也古學校之法掃地矣復古法與今法相增減亦可也軍制今保伍之法猶在就其中增修使之合古行之二十年長征兵日減而農兵日盛但患人不識聖人因天理合人情均平精確廣大悠久之政不肯行爾

祖望謹案此條惟論田制曰且井之可也此句鶻突不可行

今之學者少有所得則欣然以天地之美爲盡在己自以爲至足乃是自暴自棄左右妙年所見大體已是知至矣當至之知終矣當終之乾乾不舍工夫深後自然已不得今且當以速成爲戒

莊子之書世人狹隘執泥者取其大略亦不爲無益若篤實君子句句而求字字而論則其中無真實妙義不可舉而行也其說夫子奔軼絕塵事類如此矣

爲學是終身事天地日月長久斷之以勇猛精進持之以漸漬薰陶升高自下陟遐自邇故能有常而日新 以上與張欽夫

梓材謹案謝山所錄五峯與南軒書六條其二條移入南軒學案

吾徒幸不蔽固于俗學聖賢事業幸有一綫路可以究竟惟不志于功利死而後已者可與共進此道

書辭有得有失篤志近思得也迫切則苦而不可久悔過而不能釋去則局束而不可大欲速之心以未見近功而自謂恐終不能至則大非所望也孟子曰心勿忘勿助長此養心之要道

學問之道但患自足自止若勉進不已則古人事業決可繼

前輩凋零殆盡續之使不絕正在後輩其可聽此事若存若亡乎嗚呼執書冊則言之臨事物則棄之如是者終歸于流俗不可不戒

思曰睿睿作聖豈可放下若放下時卻是無所事矣無所事則安人矣若太勞則不可

老人病人衰人有死之道然以目前觀之死者亦未必便是三種人蓋修短有數一定而不可變雖聖人于修短亦聽之未嘗別致力也此所以爲聖人在衆人則不奈何著死爾凡事皆然不特死生也疏水曲肱安靜中樂未是眞樂須是存亡危急之際其樂亦如安靜中乃是眞樂此豈易到古人所以惟日孜孜死而後已也讀書一切事須自有見處方可不然汨沒終身永無超越之期不自知覺可憐可憐

當有見處不可爲事物所驅役大抵情所重處便被驅役自以爲是而不知區區于一物之中人本與天地同德乃自棄于一物可惜哉凡有疑則精思之思精而後講論乃能有益若見一義卽立一說初未嘗求大體權輕重是謂穿鑿穿鑿之學終身不見聖人之用心之精微言豈能宣涉著言語便有滯處歷聖相傳所以不專在言語之閒以上與虙德美

聞公每言纔親生產作業便俗了人果有此意否古人蓋有名高天下躬自鉏菜如管幼安者灌畦鬻蔬如陶靖節者使顏子不治郭內郭外之田饘粥絲麻將何以給孔子猶且計升斗看牛羊亦可以爲俗乎豈可專守方冊口談仁義然後謂之清高之人當以古人實事自律不可作世俗虛華之見

行貴精進言貴簡約欽夫之言真有益便可于此痛加工夫

辱許顧我少留幸甚雖然相守著亦不濟事若左右積思積疑有不決處則一夕話真勝讀十年書不然雖某竭其愚而左右未能脫然有悟處亦空相守也

仁之一義聖學要道直須分明見得然後所居而安只于文字上見不是了了須于行住坐臥上見方是真見光陰不易得摧頹之人亦

有望于警策也

見處要有領會不可泛濫要極分明不可模糊直到窮神知化處然後爲是道學衰微風教大頹吾徒當以死自擔以上與孫正孺

附錄

紹興閒先生嘗上書略云徽欽二帝刼于讐敵遠適窮荒願陛下加兵敵國庶得復還父子兄弟得重相見引領南望九年于茲矣陛下乃北面事仇偷安江左亦何誤邪又陛下卽位以來中正邪佞更進更退然陳東以直諫死于前馬伸以正論死于後何摧中正之易去奸邪之難

高閌爲國子司業請幸太學先生見其表作書責之曰昔楚懷王不返楚人憐之如悲親戚大上皇刼制于強敵生往死歸此臣子傷心切骨臥薪嘗膽宜思所以必報也而柄臣乃敢欺天罔人以大仇爲大恩乎昔宋公爲楚所執及楚釋之孔子筆削春秋乃曰諸侯盟于薄釋宋公不許楚人制中國之命也太后天下之母其縱釋乃在金人此中華之大辱臣子所不忍言也而柄臣乃敢欺天罔人以大辱爲大恩乎晉朝廢太后董養遊太學升堂歎曰天人之理既滅大亂將作矣遂遠引而去今閤下偃然爲天下師儒之首既不能建大論

明天人之理以正君心乃阿諛柄臣希合風旨求舉太平之典又爲之辭欺天罔人孰甚焉

勸樊茂實沈元簡二御史請立國本 補

初南軒見先生先生辭以疾他日見孫正孺而告之孫道五峯之言曰渠家好佛宏見他說甚南軒方悟不見之因于是再謁之語甚相契遂授業焉南軒曰栻若非正孺幾乎迷路

朱子曰近世爲精義之說莫詳于正蒙而五峯亦曰居敬所以精義也此言尤精切簡當深可玩味

又曰知言中議論多病近疏所疑與敬夫伯恭議論如心以成性相爲體用性無善惡心無生死天理人欲同體異用先識仁體然後敬有所施先志于大然後從事于小此類極多又其辭意多急迫少寬裕良由務以智力探取全無涵養之功所以至此然其思索精到處何可及也

又曰五峯善思然其思過處亦有之

又曰五峯臨終謂彪德美曰聖門工夫要處只在箇敬此爲名論

張南軒曰知言一書乃其平日之所自著其言約其義精誠道學之樞要制治之著龜也

又序先生文集曰先生非有意于爲文者也其一時詠歌之所發蓋所以抒寫其性情而其他述作與夫問答往來之書又皆所以明道義而參異同非若世之爲文者徒從事于言語之閒而已也粵自早歲服膺文定公之教至于沒齒惟其進德之日新故其發見于議論之閒者亦月異而歲不同雖然以先生之學而不得大施于時又不幸僅得中壽其見于文字閒者復止于此豈不甚可歎息至其所志之遠所造之深綱領之大義理之精後人亦可以推而得焉

呂東萊與朱侍講書曰十年前初得五峯知言見其閒滲漏張皇處多遂不細看後來繙閱所知終是短底向來見其短而忽其長正是識其小者補

魏鶴山師友雅言曰周禮不可信王畿之外甸稍縣都各五百里王畿湊合豐洛之地方得千里甸稍縣都如何安排先儒只去僻處說不曾從大處看惟胡五峯斷然以爲劉歆蓋起于劉歆而成于鄭玄附離者大半然紀綱制度縝密處亦多看周禮須只用三代法度看義理方精鄭注引後世之法便不是補

五峯學侶

簡肅胡籍溪先生憲別爲劉胡諸儒學案

文清曾茶山先生幾

侍郎李先生椿

彪先生虎臣 並見武夷學案

五峯家學 二程三傳

主簿胡廣仲先生實

胡實字廣仲五峯之從弟也先生年十五初習辭藝五峯謂之曰文章小技所謂道者人之所以生而聖賢得之所以爲聖賢也先生曰竊有志于此願有以詔之由此就學以門蔭補將仕郎不就銓選以講道爲事晚得欽州靈山主簿亦未上也乾道九年卒年三十八與考亭南軒皆有辯論未嘗苟合也

廣仲問答

心有所覺謂之仁此謝先生救拔千餘年陷溺固滯之病豈可輕議哉夫知者知此者也覺者覺此者也果能明理居敬無時不覺則視聽言動莫非此理之流行而大公之理在我矣尚何憤驕險薄之有

復卦下面有一畫乃是乾體其動以天且動乎至靜之中爲動而能靜之義所以爲天地之心乎

以愛名仁者指其施用之迹也以覺言仁者明其發見之端也

附錄

南軒與朱元晦書曰胡廣仲不起可傷渠邇來雖肯講論終是不肯放下病中過此猶爲及之然胡氏失之亦甚害事補

胡季隨先生大時別見嶽麓諸儒學案

胡伯逢先生大原

胡大原字伯逢五峯之從子也雲濠案伯逢爲致堂先生長子先生與廣仲澄齋守其師說甚固與朱子南軒皆有辯論不以知言疑義爲然

梓材謹案龜山語錄陳幾叟羅仲素與先生所錄豈先生嘗及龜山之門邪或先生諸父從龜山遊有所傳誦而先生錄之邪

伯逢問答

心有知覺之謂仁此上蔡傳道端的之語恐不可爲有病夫知覺亦有深淺常人莫不知寒識暖知飢識飽若認此知覺爲極至則豈特有病而已伊川亦曰覺不可以訓仁意亦猶是恐人專守著一箇覺字耳若夫謝子之意自有精神若得其精神則天地之用卽我之用也何病之有以愛言仁不若覺之爲近也

觀過知仁云者能自省其偏則善端已萌此聖人指示其方使人自

得必有所覺知然後有地可以施功而爲仁也

胡季立先生大本

胡大本字季立茅堂次子伯逢弟也梓材案先生乃伯逢從弟與南軒共學于嶽麓補

五峯門人

宣公張南軒先生栻別爲南軒學案

彪先生居正

彪居正字德美湘鄉人也其父虎臣從胡文定公遊先生因事五峯五峯疾病先生問之且求教焉五峯曰聖門工夫要處只在箇敬字游定夫先生所以得罪于程氏之門者以其不仁不敬而已先生著述雖不傳然觀五峯所答先生書皆志其學之大者蓋南軒之下即數先生當時有彪夫子之稱修

梓材謹案先生問心與爲仁于五峯見上知言

吳澄齋先生翌

吳翌字晦叔建寧府人遊學衡山師事五峯聞其所論學問之方一以明理修身爲要遂捐科舉之學曰此不足爲吾事也五峯歿又與張南軒胡廣仲胡伯逢遊張氏門人在衡湘者甚衆無不從之參決

所疑築室衡山之下有竹林水沼之勝取程子澄濁求清之語榜之曰澄齋淳熙四年卒年四十九朱文公集有行狀

澄齋問答

遺書云自性之有形者謂之心自性之有動者謂之情又曰心本善發于思慮則有善有不善若既發則可謂之情不可謂之心夫性也心也情也其實一也今由前而觀之則是心與情各自根于性矣由後而觀之則是情乃發于心矣竊謂人之情發莫非心爲之主而心根于性是情亦同本于性也今曰若既發則可謂之性不可謂之心然則既發之後安可謂之無心哉豈非情言其動而心自隱然爲主于中乎

若不令省察苗裔便令培壅根本夫苗裔之萌且未能知而還將孰爲根本而培壅哉此亦何異閉目坐禪未見良心之發便敢自謂我已見性者故文定公曉得敬字便不差也

程子云視聽思慮動作皆天也但其中要識得真與妄爾伯逢疑云既是天安得妄某以爲此六者人生皆備故知均稟于天但順其理則是真違其理則是妄卽人爲之私爾

姜定庵曰人心道心同是一、心正謂此也

孫先生蒙正別見元城學案

監嶽趙先生師孟

趙師孟字醇叟□□人以蔭入官監永州酒稅用宗室恩得監潭州南嶽廟自是之後寓居南嶽蕭寺中從五峯遊餘三十年自以爲未有得其後有室家之戚歷時而情累未遣頗以爲病一日晨起洒然有喜色家人怪而問焉則笑而不答已而語其友人曰吾今而後始爲不負此生平時滯吝冰解凍消其樂有不可名言者乾道八年卒年六十四

趙先生棠

趙棠衡山人少從五峯學慷慨有大志嘗見張魏公于督府魏公雅敬其才欲以右選官之不爲屈乃命子南軒與先生交先生之子方又從南軒學

通守方困齋先生疇別見紫微學案

通判向先生浯

向浯字伯源薌林侍郎仲子也從胡文定公遊卒業于五峯端重有父風以邵陽通判挂冠歸補

蕭先生□

蕭□南軒高弟定夫之父也魏鶴山述定夫之言曰佐之先人事五峯先生與張宣公爲同門友云參鶴山文集

胡氏所傳

修撰楊先生大異

楊大異字同伯醴陵人從五峯授春秋梓材案當作從胡氏授春秋嘉定中進士授衡陽主簿調龍泉尉召對極言時政進直祕閣

謝山跋宋史列傳曰楊大異登嘉定十三年進士其爲四川參議官死節更生在理宗嘉熙三年已而入知鼓院遷理寺出除廣東庾節除祕閣奉祠蓋尚未六十也家居又二十四年卒而宋史言其少時乃常受春秋于五峯胡氏之門愚考五峯之卒在紹興之末今姑以大異死節之時追計之閒以孝宗二十六年光宗五年寧宗三十年理宗十三年已七十餘矣大異從五峯時卽甚少亦當及冠果爾則其成進士已六十餘本傳年八十二之言又恐不足信也五峯弟子寥寥寡傳然自南軒而外如彪居正吳晦夫俱在淳熙前後之閒大異相去懸殊于嶽麓弟子吳趙輩尙稱後進則譌誤可知諸胡以籍溪爲最長致堂茅堂皆與五峯年相若無及孝宗之世者惟廣仲稍後死其與

南軒昌明文定之學最爲碧泉遺老或者大異曾受經焉而本傳因之成訛耳

梓材謹案五峯兄弟致堂以紹興二十一年辛未卒籍溪以紹興三十二年壬午卒謝山謂五峯之卒在紹興之末蓋與籍溪前後卒若廣仲之卒在乾道九年癸巳僅後十一年又七年而南軒亦卒茅堂未詳其年其卒亦未必在廣仲之後疑楊先生所從受春秋者尚在五峯之子季隨兄弟也

彪氏門人

二程四傳

提刑劉退庵先生強學 別見嶽麓諸儒學案

趙氏家學

忠肅趙先生方 別見嶽麓諸儒學案

蕭氏家學

蕭定夫先生佐 別見嶽麓諸儒學案

劉胡諸儒學案表

- 劉勉之　元城龜山譙氏門人　涑水二程再傳　安定濂溪三傳
  - 朱熹　別爲晦翁學案
  - 呂祖謙　別爲東萊學案
- 胡憲　文定從子　譙氏門人　伊川再傳　安定泰山濂溪三傳
  - 魏掞之
  - 朱熹　別爲晦翁學案
  - 劉懋
    - 子爚
    - 子炳　並見滄洲諸儒學案
  - 邵景之
  - 方耒　見下屏山門人
- 劉子翬　洛學私淑
  - 從子珙
  - 嗣子玶
  - 朱熹　別爲晦翁學案

陸祐

劉懋見上籍溪門人

方耒

黃銖

陳以莊

詹體仁別見滄洲諸儒學案

林之奇

李楠

李樗並見紫微學案

方德順

朱松別見豫章學案

並劉胡學侶

宋元學案卷四十三

餘姚黃宗羲原本　　後學慈谿馮雲濠校刊
男百家纂輯　　鄞縣王梓材重校
鄞縣全祖望補定　　道州何紹基重刊

劉胡諸儒學案

祖望謹案白水籍溪屏山三先生晦翁所嘗師事也白水師元城兼師龜山籍溪師武夷又與白水同師譙天授獨屏山不知所師三家之學略同然似皆不能不雜于禪故五峯所以規籍溪者甚詳其時閩中又有支離先生陸祐者亦于三先生爲學侶焉述劉胡諸儒學案梓材案是卷學案亦謝山所特立所以表晦翁之師也內胡籍溪傳本在武夷學案照序錄移入之

劉楊門人馬程再傳

簡肅劉白水先生勉之

劉勉之字致中建州崇安人少以鄉舉入太學時蔡京方嚴挾元祐書制之禁先生心知其非陰訪伊洛程氏之書藏于篋底深夜下帷燃膏潛鈔而默誦之學易于譙天授定已而厭科舉業南歸見劉元城楊龜山皆請業焉亂後故山室廬荒頓乃結茅別墅讀書其中力

耕自給澹然無求于世與胡籍溪劉屏山日以講論切磋爲事紹興閒特召詣闕先生知不與秦檜合卽謝病歸杜門十餘年學者踵至人號曰劉白水先生婦家富無子謀盡以貲歸于女先生不受以畀族之賢者命之奉祀其友朱韋齋卒屬以後事且戒子受學焉故文公之得道自先生始卒年五十九雲濠案是傳原題聘君據閩書先生謚簡肅

附錄

中書舍人呂公居仁知公之深嘗以小詩問訊有老大多材十年堅坐之句世傳以爲實錄時國家南渡幾十年謀復中原以攄宿憤而未有一定之計方且寤寐俊傑與圖事功呂公乃與同列曾公天游李公似之張公子猷三數人者共列其行誼志業以聞于朝特詔詣闕將行屏山先生爲作招劍之文以祝之其卒之亂曰寶劍徠奉君王撫四裔定八荒時乎時毋深藏其所望于先生者如此

秦檜專柄國政方決和戎之策惡聞天下正論意山林之下不顧利害敢盡言觸忌諱尤不欲使見天子談當世事第令策試後省給札俾上其對先生知道不易行卽日謝病歸杜門高臥十餘年造養益熟名聞日尊故相趙忠簡公出鎭南州道出里門紆轡入謁坐語移

日彌加歎重然而去未幾卽遭讒竄海外以歿同時知先生者亦皆廢錮不復用先生竟不及一試于用而卒有志之士莫不哀之

林少穎祭先生文曰嗟嗟先生久居隱淪采芝食菊若將終身短檠萬卷精義入神氣溢六合力輕千鈞藉使逢辰素志獲伸成康其俗堯舜其君天胡不弔忍使邅迍百不一試老死荆榛從黃氏補本錄入

武夷家學 伊川再傳

簡肅胡籍溪先生憲

胡憲字原仲崇安人文定從父兄子也從文定學卽會悟程氏之說紹興中以鄉貢入太學會伊洛學有禁先生獨與鄉人劉白水勉之陰講而竊誦焉既而學易于譙天授久未有得天授曰是固當然心爲物滓故不能有見惟學乃可明耳先生喟然歎曰所謂學者非克己工夫邪一日揖諸生歸隱故山力田賣藥以養其親從遊日衆行義聞于朝詔特徵之賜進士出身授左迪功郎建州學教授先生猶不起郡守魏矼手書開譬始就職迪諸生以爲己之學諸生孚化共留七年不徙以母老監南嶽廟以歸是時秦檜用事先生無復當世之念及檜死召爲祕書正字疏言金人勢必敗盟宿將惟張浚劉錡

在願亟起之時兩人皆爲積毀所傷無有敢顯言者先生疏入卽求去帝嘉其忠詔改秩左宣教郎主崇道觀歸初先生與劉白水俱隱又與劉屏山子翬朱韋齋松交韋齋將沒特屬其子文公熹並受學文公自謂從三君子遊而事籍溪先生爲最久籍溪先生之所居而以自號者也年七十七卒謚簡肅

胡籍溪語 補

凡學者治經術商論義理可以問人至於出處不可與人商量

祖望謹案時范伯達被召問之先生不應再三叩之答以此語

附錄

先生歸隱故山決意不出文定稱其有隱君子之操賢士大夫皆注心高仰之于是朝臣折公彥質范公沖朱公震劉公子羽呂公祉呂公本中共以先生行義聞于朝詔特徵之先生以母老辭折公入西府又言于高宗促召愈急先生辭益固郡守魏公矼遣行義諸生入里致詔且手書陳大義開譬甚力始不得已出拜命

紹興己卯先生由司直改正字將就職晦翁送行詩云執我仇仇詎我知漫將行止驗天機猿驚鶴怨因何事只恐先生袖手歸後又寄詩云先生去上芸香閣閣老新峨豸角冠 時劉珙自秘書丞除察官

留取幽人臥空谷一川風月要人看甕牖前頭列畫屏晚來相對靜儀型浮雲一任閑舒卷萬古青山只麼青五峯見之曰其言有體而無用別賡之曰幽人偏愛青山好爲是青山青不老青山出雲雨太虛洗盡塵埃山更好

先生質本恬淡而培養深固平居危坐植立時然後言望之枵然如槁木之枝而卽之温然雖當倉卒不見其有疾言遽色人或犯之未嘗校也其讀書不務多爲訓說嘗纂論語說數十家復鈔取其要附以己說

先生教諸生于功課餘暇以片紙書古人懿行或詩文銘贊之有補于人者黏置壁閒俾往來誦之咸令精熟

謝山書文定傳後曰宋史別列籍溪于隱逸不知是何義例籍溪雖立朝不久然再召適當秦檜諱言之後一時誦其輪對疏者以爲朝陽之鳳固不可謂之潛德終淪者矣況淵源實建安所自出雖建安謂其講學未透要不可不列之儒林也又曰籍溪少嘗賣藥其後書堂中尙有胡居士熟藥正鋪牌卒成一代儒者眞人豪哉

洛學私淑

觀使劉屏山先生子翬
劉子翬字彥沖崇安人忠顯公韐仲子以父死靖康之難痛憤廬墓三年以父任授承務郎辟真定府幕屬通州興化軍以執喪致羸疾不堪吏事辭歸武夷山閉走父墓下瞻望徘徊涕泗嗚咽或累日而返妻死不再娶事繼母呂氏及兄子羽盡孝友姪珙敏而嗜學教之不懈所與遊皆海內名士韋齋朱先生且以子文公托之先生少喜佛歸而讀易渙然有得以爲學易莫先于復而初九乃其工夫之要文公嘗請益先生曰吾于易得入道之門焉所謂不遠復者吾之三字符也佩服周旋罔敢失墜汝尚勉哉一日感微疾謁家廟泣別其母與親朋訣付珙家事指己所葬處後二日卒年四十七學者稱爲屏山先生雲濠案先生著有屏山集二十卷子玶編朱子序之

聖傳論

吾觀古聖賢進修之速未有如湯者湯之盤銘曰茍日新日日新又日新夫豈有瞬息悠悠意度哉樂善如貪契理如踊聞非如獲利舍過如遺蛻德必日新也日新之學非踐履純實不自覺知彼謂聖道一言可契非由階級不假修爲以日就月將爲初學以真積力久爲鈍才是自誣也

學易者必有門戶復卦易之門戶也入室者必自戶學易者必自復始得是者其惟顏氏乎

附錄

先生學尤深于易家有東西二齋東以復名西以蒙名齋之記有曰三代而下易學廢矣六國之士爲談說所蒙兩漢之士爲章句所蒙晉魏之士爲虛無所蒙隋唐之士爲辭藻所蒙皆處偏滯而不反如波滾沙反以自渾如谷騰霧反以自瞑初不知其豁然者常存也今吾與二三子既知之矣可不兢兢肅肅以養其聖邪

或問原道謂軻之死不得其傳程子以爲非見得真實不能出此語屏山乃以爲孤聖道絕後學何如朱子笑曰屏山只要說釋子道流皆得其傳耳

劉胡學侶

教授陸支離先生祐

陸祐字亦顏侯官人也以進士爲主簿尋爲湖廣南路宣撫司準備差遣又任福建茶鹽公事官所至盡心職事察冤獄有惠政不求榮進或勸以治生者笑而不答其守身持家不隨俗爲好惡不顧人之是非一準禮經沈酣經學篤信自守閩中自古靈先生倡道其後游

楊胡三子得程氏之傳先生則自得之者也東萊呂居仁入閩福州諸子如李楠林之奇李樗輩皆從遊焉居仁歸浙之奇輩無所卒業適先生自楚中歸大喜羣造其門居仁寄詩有云時從陸丈人共此一篇書者也里人乞爲本州添差教授葉石林以聞從之命下而卒學者稱爲支離先生其晚年所自署也 補

附錄

林少穎祭先生文曰嗟嗟先生仕則不達壽則不永亦有以是爲先生之恨者是皆淺之爲丈夫也先生之志尚友古人于千載之上蓋已得夫顏曾之遺風義理是非之分辭受進退之節皎然明白于世而處常得終以死在先生無一恨云觀此亦足以見其人之大槪矣

從黃氏補本錄入

庶官方先生德順

方德順莆陽人早以文行知名一時諸公長者皆折輩行與交紹興初嘗召對極論講和不便雖不合以去而名聞益高張忠獻折大參曾侍郎張給事呂舍人皆深知之仕竟不遭以卒 參朱子文集

梓材謹案謝山學案劄記方德順侯官人呂東萊祭林少穎文有云里居之良若方若陸王厚齋困學紀聞引此原注方德順

陸亦顏陸爲支離方卽先生其名未詳

獻靖朱韋齋先生松 別見豫章學案

白水門人 馬程三傳

文公朱晦庵先生熹 別爲晦翁學案

成公呂東萊先生祖謙 別爲東萊學案

籍溪門人 伊川三傳

直閣魏艮齋先生掞之

魏掞之字子實初字元履建寧人嘗師籍溪胡先生登鄉舉禮部不第遂不復出築室讀書榜以艮齋人稱艮齋先生乾道中詔舉遺逸力辭陳相魏公俊卿雅知先生招致甚力乃以布衣陳當時之務賜同進士出身爲太學錄請廢王安石父子從祀追爵程顥程頤列祀典不報又請罷詞賦空言取人宜以德行經術爲先其次則通習世務亦不報喟然歎曰上恩深如此而吾德不足以感悟聖意遂丐去會倖臣曾覿召還復累疏諫遺書陳魏公責其不能救正語甚切至罷爲台州教授居家謹喪祭重禮法行古社倉民賴以濟諸鄉社倉自先生始或訾其近名則蹙然曰使夫人避此嫌爲善之路絕矣病革母視之不巾不見戒其子勿以僧巫俗禮浼我素與朱文公遊趣

向相同召至委以後事而卒年五十八贈宣教郎直祕閣

附錄

幼有大志少長遊郡庠事胡公憲奇之已而徧從鄉之儒先長者遊閒適四方又盡交其先達名士于是聞見日廣而聲稱日益大于學無不講而尤長于前代治亂興衰存亡之說以及本朝故事之實皆領略通貫識其大者平居論說聽者悚然

故相趙忠簡竄海上歸葬常山衢守章傑雅怨忠簡又希秦檜意逮繫其家人劾治甚急人畏其兇虐無敢議者先生適客衢獨慨然以書譙傑傑亦不能害也

先生諫曾覿事又以書切責陳魏公魏公亦不堪乃因其告歸罷爲台州教授覿時至龍山已久候先生去然後入

朱子記先生贈告後曰挨之本以白衣召見天子悅之擢爲學官在職未幾數上書論政以至力遏近倖之不當進者遂不自安而告歸以卒上則初未始厭其言也越五年而眷念不忘咨嗟憫悼錫命追榮如此嗚呼偉哉甚盛德也所以感人心而厲臣節爲何如邪因書所記幷刻于石以答揚先帝之光訓俾彌億萬年不墜于地是則不惟聖子神孫永有觀法而任事之臣有志之士亦得以稱誦道說更

相勉勵而益勸于忠讜云

張釆謹案君子難進易退大約綽有餘地若待上厭而始歸則斥逐隨之矣功名中一輩所以昧昧爾

文公朱晦庵先生熹別爲晦翁學案

朝奉劉恆軒先生懋

劉懋字子勉建陽人從劉屏山胡籍溪學以文林郎奉祀以朝奉大夫致仕學者稱恆軒先生文簡公爚其子也

縣令邵先生景之

邵景之字季山古田人橫渠弟子彥明之姪早負文名登第後攝教建寧受業于籍溪胡氏之門官止莆田令先生幼喪母事繼母以孝聞所著有玉坡集參姓譜

縣令方先生耒見下屏山門人

屏山家學

忠肅劉先生珙

劉珙字共父崇安人安撫使子羽之子也生有奇質從季父屏山先生學以蔭補承務郎登進士乙科監紹興府都稅務請祠歸杜門力學不急仕進後歷禮部郎秦檜欲追謚其父召禮官會議先生不至

檜卽諷言者逐之檜死召爲大宗正累遷中書舍人直學士院出知潭州湖南安撫使終建康府江東安撫使行宮留守進觀文殿學士屬疾請致仕草遺奏言恭顯侫文近習用事之戒今以腹心耳目寄之此曹朝綱以紊士氣以索民心以離咎皆在此陳俊卿忠良確實可以任重致遠張栻學問醇正可以拾遺補闕願亟召用旣又手書與南軒晦翁訣皆以未能爲國雪讎爲恨卒年五十七贈光祿大夫謚忠肅先生事繼母以孝聞功緦之戚必素服以往喜受盡言事有小失下吏言之立改臨數鎭民愛如父母聞訃有罷市巷哭相與祠之者

附錄

南軒與朱元晦書曰共父今日達官似皆不逮之憂患中正宜進德此有賴于兄愛之尤深責之尤重 補

祖望謹案是時共父以憂歸

又曰前書勸共父謙虛使人得以自盡人才大小皆有用處而報書謂到江上尤不見有人才竊懼此語天下事豈獨智力能辦通都會邑豈無可器使者恐吾恃聰明以忽之彼無以自見耳若當大任實有所妨望兄其以此意開廣之 補

從事劉七者先生玶

劉玶字平甫屏山之子仕爲從事郎自號七者翁每與朱晦庵諸名賢倡和有詩集十卷參姓譜

梓材謹案先生少傅公子羽之幼子也以公命爲屏山先生後娶范直閣如圭之女

附錄

朱子與平甫書曰學問之道不在于多言但默坐澄心體認天理若見雖一毫私欲之發亦自退聽矣久久用力于此庶幾漸明講學始有力也補

又曰大率有疑處須靜坐體究人倫必明天理必察于日用處著力可見端緒在勉之爾補

屏山門人

文公朱晦庵先生熹別爲晦翁學案

朝奉劉恆軒先生懋見上籍溪門人

縣令方先生耒

方耒字耕道莆田人也曾祖元寀曾共學于伊川從父翥則王信伯之私淑也先生爲南軒之客亦與朱子共講學雲濠案一本云少孤

貧苦學遊建安參謁朱子乾道中登第爲魯化尉以直道待南軒在幕府中無阿辭南軒嘗曰友朋之足與共死生禍福者耕道也已而以先生與游九言並薦爲屬曰是二人能攻臣過者官終連江令後村以先生置朱張弟子之列非也觀勉齋跋先生遺墨則可見矣先生有弟曰禾亦講學補

梓材謹案方耕道有二一名疇弋陽人一名耒莆田人謝山始并爲一人而立之傳云偏從橫浦籍溪澹庵屏山遊既復抹而分爲之傳于弋陽耕道傳云偏從胡文定父子張橫浦諸公遊于是傳云與朱子共講學籍溪爲文定從子與屏山皆朱子師弋陽耕道既從胡氏遊則莆田耕道必屏山門人而與朱子同學矣

隱君黃縠城先生銖 附門人陳以莊

黃銖字子厚建安人也隱居不仕從劉屏山遊屏山門下朱子最爲大儒而先生亦其眉目也屏山歿遺文散落晦翁與先生讎校以傳固窮而卒所著有縠城集五卷朱子序之謂其文學太史公詩學屈宋曹劉隸古皆得魏晉以前筆意而西山後序述其詩曰先生有遺訓憂道不憂貧又曰私意苟未克放心何由馴此不媿爲屏山之徒

矣有高第曰陳以莊字敬叟其甥也亦工詩修

總領詹元善先生體仁別見滄洲諸儒學案

陸氏門人

提舉林三山先生之奇

李和伯先生楠

李迂齋先生樗並見紫微學案

恆軒家學伊川四傳

文簡劉雲莊先生爚

侍郎劉先生炳別見滄洲諸儒學案

宋元學案卷四十三

趙張諸儒學案表

- 趙鼎（子文門人，百源伊川再傳，安定濂溪三傳）
  - 子 謐
    - 曾孫 綸（別見滄洲諸儒學案）
  - 王大寶
    - 張栻（別爲南軒學案）
- 張浚（譙氏門人，伊川東坡再傳，安定濂溪老泉三傳）
  - 子 栻（別爲南軒學案）
  - 子 杓
    - 孫 忠恕（別見南軒學案）
  - 王十朋
    - 子 聞詩
    - 子 聞禮
  - 楊萬里
    - 子 長孺
    - 宋晉之
      - 弟 習之
    - 劉儼
    - 呂陟（別見南軒學案）
  - 羅博文（別見豫章學案）

張杰 別見玉山學案

陸游 別見荊公新學略

汪應辰 別爲玉山學案
趙張學侶

陳良翰

芮煜

呂祖謙 別爲東萊學案

陳傅良 別爲止齋學案

陳亮 別爲龍川學案

蔡幼學

陳武 並見止齋學案

黃補

林光朝 別爲艾軒學案

范端臣 別見范許諸儒學案

陳鵬飛
並趙張同調

宋元學案卷四十四

鄞縣全祖望補本　後學慈谿馮雲濠校刊

鄞縣王梓材重校

道州何紹基重刊

趙張諸儒學案

祖望謹案中興二相豐國趙公嘗從邵子文遊魏國張公嘗從譙天授遊豐公所得淺而魏公則惑於禪宗然伊洛之學從此得昌魏公以曾用陳公輔得謗或遂疑其阻塞伊洛之學與豐公有異同未必然也陳公良翰芮公煜之徒亦吾道之疏附也述趙張諸儒學案梓材案謝山是卷序錄原底作趙張二公學案後定序錄刊本益以陳芮諸公故易其稱

子文門人邵程再傳

忠簡趙得全先生鼎

趙鼎字元鎮聞喜人生四歲而孤母樊氏教之通經史百家之書登崇寧五年進士第對策斥章惇誤國累官開封士曹金人陷太原朝廷議割三鎮地先生曰祖宗之地不可與人何庸議已而京師失守金人議立張邦昌先生與胡寅張浚逃太學中不書議狀高宗即位

累除司勳郎官久雨詔求闕政先生言自蔡京託紹述之名盡祖安石之政凡今日之患始于安石成于蔡京今安石猶配享廟廷而京黨未除時政之闕無大于是上爲罷安石配享擢右司諫旋遷殿中侍御史中丞范宗尹言故事無自司諫遷殿中者上曰鼎在言路極舉職所言四十事已施行三十有六遂遷侍御史北兵至江上先生陳戰守避三策拜御史中丞韓世忠敗金人於黃天蕩宰相呂頤浩請上幸浙西先生以爲不可輕舉頤浩惡其異己改先生翰林學士不拜改吏部尚書又不拜疏頤浩過失凡千言上罷頤浩詔先生復爲中丞曰朕每聞前朝忠諫之臣恨不之識今于卿見之除端明殿學士簽書樞密院事金人攻楚州先生上章丐去會辛企宗除節度使先生言企宗非軍功忤旨出奉祠除知平江府尋改知建康又移知洪州襄陽陷召拜參知政事宰相朱勝非言襄陽國之上流不可不急取上問岳飛可使否先生曰知上流利害無如飛者飛出師竟復襄陽言者謂當國者不知兵乞令參政通知由是爲勝非所忌除先生知樞密院川陝宣撫使先生辭以非才上曰四川全盛半天下之地盡以付卿黜陟專之可也時吳玠爲宣撫副使先生奏言臣與玠同事或節制之邪上乃改先生都督川陝諸軍事九月拜尚書右

僕射同中書門下平章事兼知樞密院事制下朝士相慶時劉豫子麟與金人合兵大入諸將各異議獨張浚以爲當進討先生是其言且言陛下養兵十年用之正在今日若少加退沮卽人心渙散長江不可恃矣乃命諸將邀諸淮連敗之金人遁去上謂先生曰將士致勇爭先諸路守臣亦翕然自效乃朕用卿之力也先生謝曰皆出聖斷臣何力之有上嘗語張浚曰趙鼎眞宰相天使佐朕中興可謂宗社之幸也五年上還臨安制以先生守左僕射知樞密院事張浚守右僕射兼知樞密院事都督諸路軍馬先生以政事先後及人才所當召用者條而置之座右次第奏行之皇子瑗封建國公于行宮門外建資善堂先生薦范沖爲翊善朱震爲贊讀朝論謂二人極天下之選先生以宰相監修神宗哲宗二史是非各得其正上親書忠正德文四字又以御書尚書一帙賜之張浚在江上嘗遣其屬呂祉入奏事所言誇大先生每抑之上曰他日張浚與卿不和必呂祉也後浚因論事語意微侵先生先生言臣初與浚如兄弟因呂祉離閒遂爾睽異今浚成功當使展盡底蘊浚當留臣當去浚又嘗奏乞幸建康而先生與折彥質請回蹕臨安暨浚還乞乘勝攻河南先生與議不合乃以觀文殿大學士知紹興府及浚去位乃以萬壽觀使兼侍

讀召先生入對拜尚書左僕射同中書門下平章事兼樞密使進四官上言淮西之報初至執政奏事皆失措惟朕不爲動先生曰今見諸將尤須靜以待之不然益增其驕蹇之心先生再相或議其無所施設先生聞之曰今日之事如人患羸當靜以養之若復加攻砭必傷元氣金人遣使議和朝論以爲不可信上怒先生曰陛下于金人有不共戴天之讎今屈己請和不憚爲之者以梓宮及母后耳羣臣憤懣之辭出于愛君不可以爲罪陛下宜諭之曰講和非吾意以親故不得已爲之但得梓宮及母后還敵雖渝盟吾無憾焉上從其言羣議遂息給事中張致遠以潘良貴常同被斥不書黄上怒顧先生曰固知致遠必繳駁蓋已有先入之言秦檜繼留身奏事既出先生問帝何言檜曰上無他恐丞相不樂耳嗣因和州防禦使璩除節鉞封國公先生奏建國雖未正名天下皆知陛下有子在今禮數不得不異上曰姑徐之檜後留身不知所云先生嘗闢和議與檜意不合及先生以爭璩封國事拂上意檜乘閒擠之又薦蕭振爲侍御史振本先生所引及入臺劾參知政事劉大中罷之先生曰振意不在大中也振亦謂人曰趙丞相不待論當自爲去就先生引疾求免言大中持正論爲章惇蔡京之黨所嫉臣議論出處與大中同大中去臣

何可留乃以忠武節度使出知紹興府尋加檢校少傅改奉國軍節度使檜率執政往餞先生不爲禮一揖而去檜益憾之初先生與張浚薦檜可共大事然檜機穽深險外和而中異浚初求去有旨召先生先生至越丐祠檜惡其逼己徙知泉州又嗾言者論其嘗受僞命屢謫清遠軍節度副使潮州安置在潮五年杜門謝客時事不挂口有問者引咎而已中丞詹大方誣其受賄移吉陽軍先生謝表曰白首何歸悵餘生之無幾丹心未泯誓九死以不移檜見之曰此老倔強猶昔在吉陽三年門人故吏不敢通問惟廣西帥張宗元時饋醪米檜知之命本軍月具存亡申先生遣人語其子汾曰檜必殺我我死汝曹無患不爾禍及一家矣先得疾自書墓中石記鄉里及除拜歲月至是書銘旌云身騎箕尾歸天上氣作山河壯本朝不食而死天下聞而悲之明年得旨歸葬孝宗即位謚忠簡贈太傅追封豐國公高宗祔廟以先生配享廟廷擢用其孫十有二人先生汲引善類惟恐不及若胡寅魏矼晏敦復潘良貴呂本中張致遠輩數十人分布朝列稱有知人之明顧竟爲檜所欺斥逐流離齎志以歿論者惜之所著有擬奏表疏雜詩文二百餘篇號得全集行于世參史傳

天授門人程蘇再傳

忠獻張紫巖先生浚

張浚字德遠綿竹人四歲而孤行直視端無誑言識者知爲大器靖康初以進士爲太常簿高宗即位累遷侍御史時乘輿在揚州先生請葺東京關陝襄鄧以待巡幸咈宰相意除集英殿修撰知興元府未行擢禮部侍郎旋除御營使司參贊公事先生度金人必來攻言宜設備宰相黃潛善汪伯彥皆笑其過計建炎三年春金人果南侵車駕幸錢塘留朱勝非與先生于吳門捍禦已而先生獨留招集潰兵甫定會苗傅等作亂乃檄秦鳳路總管張俊相持而泣告以起兵問罪遂約呂頤浩劉光世以兵來會而命俊分兵扼吳江上疏請復辟亂定除知樞密院事入見伏地涕泣待罪高宗問勞再三引入內殿曰太后知卿忠義欲識卿面適垂簾見卿過庭矣解所服玉帶以賜高宗欲相之先生以晚進不敢當初先生次秀州嘗夜坐警備甚嚴忽有客至前出一紙懷中曰此苗傅劉正彥募賊公賞格也先生問欲何如曰僕河北人粗讀書知逆順豈以身爲賊用特見爲備不嚴恐有後來者耳先生下執其手問姓名不告而去先生謂中興當自關陝始慮金人或先入陝取蜀遂慷慨請行詔以先生爲川陝宣撫處置使得便宜黜陟既抵興元金帥婁宿兵已在永興先生合五

路之師復之集諸門問大舉之策曲端言必敗先生怒令責狀既戰于富平璟慶趙哲軍先潰斬哲以徇哲將多不服背降金先生退入閬中下曲端獄論死會有言殺趙哲曲端非是朝廷疑之三年遣王似副先生先生求解兵柄且奏似不可任宰相呂頤浩不悅詔先生赴行在四年御史中丞辛炳劾先生以本官提舉洞霄宮居福州及劉麟引金入寇趙忠簡鼎薦除知樞密院事即日長驅臨江部分諸將捍禦身留鎮江節度之兀朮聞先生已至江上驚曰張樞密貶嶺南何得乃在此夕遁五年除尚書右僕射同中書門下平章事都督諸路軍馬岳武穆飛平楊幺先生奏遣武穆屯荊襄以圖中原乃自鄂岳轉淮東大會諸將議防秋之宜高宗遣使賜詔趣歸勞問之曰卿暑行甚勞湖湘羣寇既就撫成朕不殺之仁卿之功也召對便殿進中興備覽四十一篇高宗嘉歎置之坐隅先生以敵勢未衰會諸將議事江上請帝幸建康諜報劉豫與子猊挾金人入偪趙忠簡及折彥質欲召武穆兵東下先生奏岳飛一動襄漢有警何所恃乎時楊沂中兵抵濠州劉光世舍廬州而南淮西洶動先生疾馳至采石令曰有一人渡江者斬光世復駐軍與沂中接劉猊爲沂中所敗遁高宗手書嘉獎趙忠簡等議回蹕臨安先生奏陛下一再臨江士氣

百倍今六飛一還人心解體初先生與忠簡同心輔國至是不合忠簡去而先生獨任以卻敵功除特進未幾加金紫光祿大夫徽宗皇帝寧德皇后凶問至上哀不自勝先生奏願陛下揮涕而起一怒以安天下乃命先生草詔諭中外辭甚哀切每奏對必言讎恥上未嘗不改容流涕酈瓊軍叛劫殺參謀呂祉先生引咎求去位高宗問可代者且曰秦檜如何先生曰近與共事方知其闇檜憾之臺諫交詆遂落職居永州九年以赦復官十年金復取河南先生奏治海艘直指山東之計十一年除檢校少傅崇信軍節度使十二年封和國公十六年彗星出西方先生將極論時事恐貽母憂母訝其瘠問故先生以實對母誦其父對策之語曰臣寧言而死於斧鉞不忍以不言而負陛下先生意乃決上疏謂當今事勢譬如養成大疽于頭目心腹之閒不決不止秦檜大怒令臺諫論徙永州先生去國幾二十載天下士無賢不肖莫不傾心慕之武夫健將言先生者必咨嗟太息至兒童婦女亦知有張都督也檜死復觀文殿大學士判洪州先生時以母喪將歸葬臺諫湯鵬舉淩哲論先生歸蜀恐搖動遠方詔復居永州服除落職以本官奉祠三十一年春有旨自便先生自潭聞欽宗崩號慟不食上疏請早定守戰之策三十二年車駕幸建康先

生迎拜道左衛士見之無不以手加額車駕將還臨安慰勞先生曰卿在此朕無北顧憂矣累除少府江淮東西路宣撫使進封魏國公史忠定浩在政府先生所規畫浩每沮之先生薦陳正獻俊卿爲宣撫判官孝宗召俊卿與先生子栻赴行在曰朕依魏公如長城不容浮言搖奪符離之戰南軍不利先生上疏待罪有旨降授特進更爲江淮宣撫使時湯思退爲右相急于求和上召先生入見復議罷和拜先生尙書右僕射同中書門下平章事兼樞密使都督如故隆興二年奉詔行視江淮御史尹穡論先生費國不貲先生亦乞致仕除少師保信軍節度判福州朝廷遂決棄地求和之議既去猶上疏論尹穡姦邪誤國行次餘干得疾手書付二子曰吾不能恢復雪恥即死不當葬先人墓左葬我衡山下足矣訃聞贈太師諡忠獻先生幼有大志及爲熙河幕官徧行邊壘覽觀山川形勢時時與舊戍守將握手飲酒問祖宗以來守邊舊法及軍陣方略之宜故一旦起自疏遠當樞筦之任悉能通知邊事本末朱子狀先生行實或以所述事止據其家牒詮次殊不協人言高宗祔廟議配廷臣或有謂先生恢復空言未酬二潰之辱然和尙原宿州兩勝皆自先生決之不可謂非善將將者矣嘗與趙忠簡共政多所引擢從臣朝列悉一時之望

人號小元祐所薦虞忠肅允文汪文定應辰王忠文十朋劉忠肅珙等爲名臣拔吳玠吳璘于行閒謂韓蘄王世忠忠勇可倚以大事一見劉武穆錡奇之付以事任卒皆爲名將有成功一時並稱爲知人先生事母以孝稱所著有易解及雜說十卷書詩禮春秋中庸亦各有解文集十卷奏議二十卷子二人栻杓參史傳

張魏公語

留意聖賢之學愛養精神使清明在心自然讀書有見處以之正身正家而事業從此興矣見鶴山集

梓材謹案謝山劄記南宋宰輔登學案者張魏公家三世五人蓋謂先生及二子一孫一曾孫也

趙張學侶

文定汪玉山先生應辰別爲玉山學案

趙張同調

獻肅陳邦彥先生良翰

陳良翰字邦彥臨海人蚤孤事母孝爲文恢博有氣中紹興五年進士第知溫州瑞安縣聽訟咸得其情或問何術先生曰無術第公此心如虛堂懸鏡耳以薦爲檢法官遷監察御史孝宗初除右正言金

再移書求唐鄧淮泗先生言廟堂督府論議不同邊奏上聞皆陽唯諾而陰沮敗之萬一失事機督府安得獨任其責上矍然稱善盧仲賢至汴許金人以疆土歲幣而還上大怒下仲賢理欲誅之宰相懇請得免復遣王之望龍大淵先生言前遣使已辱命大臣不悔前失不謂秦檜復見今日且金要我罷四郡屯兵以歸之不折一兵而坐收四千里要害之地決不可許若歲幣則俟得陵寢然後與今議未決而之望遂行恐辱國不止于仲賢也詔侍從臺諫議多是先生湯思退尙執前論尹穡附思退以撼督府先生疏思退姦邪誤國宜早罷黜張浚精忠老謀不宜以小人言搖之孝宗曰思退警敏冀可效卿其置之若魏公則今日孰出其右此殆言者有異意卿爲朕諭之先生頓首謝曰警敏二字恐非明主卜相之法既退以上語諭同列穡勃然變色明日亦請對遂罷先生言職兩淮撤備金大入太學生數百人伏闕乞召用先生與胡銓王十朋而斬思退等思退由是始敗召爲宗正少卿兵部侍郎除右諫議大夫進給事中奏王抃矯詔請正典刑改禮部侍郎不拜以敷文閣待制提舉江州太平興國宮既爲太子詹事召對選德殿上出手書唐太宗與魏徵論仁德功利之說先生言仁德治之本功利治之效仁德無累功利自致上爲之

嘉歎詔兼侍講未幾以疾告老除敷文閣直學士提舉太平宮卒年六十五光宗立賜謚獻肅 參史傳

修撰芮國器先生煜

芮煜字仲蒙一字國器吳興人也紹興進士爲仁和尉荒殍載道區處賑䘏各有條理初官左從政郎憤秦氏之亂政通判常州沈長卿者李莊簡公客也嘗言和議之非一日與先生賦牡丹詩或告之謂有謗訕語下大理寺獄以先生爲證官騎赤棒至門先生慨然就質曰吾不知獄吏之貴也對簿力辯其非長卿不任笞掠誣服獄吏以示先生對曰長卿誣服則可吾不能妄證也吏乃別摘先生平日所作詩有今作塵埃奔走人之句以爲怨望竄化州檜死召用爲監察御史其爲廣東提刑雍容儒雅以經術飾吏事舊例供饋甚豐先生潛輸之公帑歸過曲江盡以頒犒郡尉之缺于月給者時謂其清不近名利不違衆尚書左僕射葉顒薦先生與王十朋周操可備執政歷國子司業祭酒其對諸生䟽然如重客聞人有善欣然道之陳傅良陳亮蔡幼學陳謙皆在太學先生陶鑄之甚至時東萊爲學官樞衣講學昌明斯道先生以女妻之孝宗諭宰相曰侍從有闕亟用之而先生以疾固請祠以右文殿修撰歸太學之士祖送以千人觀者

太息先生雖不主和議而亦未嘗輕言用兵嘗奏孝宗曰陛下以爲蓄積稍羨思大舉當會計可得幾番犒賞上曰朕未思也行當報卿已而上約略之僅可得十三番費用于是始爲息民之計先生每與人言及退入室端坐默思唯恐有失蓋省察之嚴如此所著有易傳及文集共三十四卷先生自化州還追和長卿牡丹詩有寧分漢社稷變作莽乾坤之句今人傳以當時所作非也先生卒孝宗思之不置用其弟煇至尙書

祖望謹案芮祭酒所著易傳一卷奏議二卷雜文七卷周益公采其說易之句曰坎之象曰君子以常德行習教事蓋坎惟素習則在險不失其常險至方習亦復何及故初爻曰習餘則否雖然習當出險乃復入于坎窞者爲小人言也離之三曰日中必昃人生必死當如曾參易簀子路結纓怡然死生之際嗟則惑惑則凶矣

員外陳少南先生鵬飛

陳鵬飛字少南永嘉人也紹興十二年進士自爲布衣以經術文詞名當世教學諸生數百人其于經不爲章句新說至君父人倫世變風俗之際必反復詳至而趨于深厚晚始得第秦檜寓永嘉其子熺

學于先生于是得召對太學博士多所接納林光朝范端臣輩由此出時以高公息齋之爲司業與先生皆中興師儒之首改崇政殿說書遷禮部員外郎在資善堂贊讀仍兼說書經筵論平王歸仲子之賵上問母以子貴何也先生對畢進曰舜禹皆聖人興于賤微其父母待之而後顯所以貴也若失道與民以憂其父母則非所以爲貴也上爲悚然而檜浸不說先生每見檜言荆襄可爲都以控接北方今置郊祀壇都驛亭勞費甚矣是忘中原以自佚檜益怒乃以熺爲禮部侍郎以臨之先生謂熺所下文案多不應法蓋年少未習政事批其後還之熺亦恨甚先生講筵多引尊君卑臣之義崇抑予奪有所諷遂以御史疏罷奉祠高宗頗思先生將召之適彗星見有自永嘉來者檜問陳少南作何狀則對曰覩妖星聚飲爲樂耳乃除名居惠州徒步往居四年以瘴疾卒所著有陳博士書傳二十卷詩傳二十卷雲濠案直齋書錄解題作書解詩解謝山劄記亦然管見集十卷羅浮集二卷陳振孫曰觀其書紹興十三年所敘于文侯之命其言驪山之禍申侯啓之平王感申侯之立己而戍申不知其德不足以償怨鄭桓公死于難而武公復娶申君臣如此而望其振國恥難矣嗚呼其得罪于檜豈一論而已哉先生解詩則以爲商頌當闕而

魯頌可廢深寧先生不以爲然予謂先生是說蓋亦取尊君抑臣之義有爲言之也

得全家學 邵程三傳

知州趙先生謐

趙謐字安卿丞相元鎮子也永州太守楊東山言某初筮爲零陵主簿初參之時客將傳言待衆官退卻請主簿客退具冠裳端立堂上凡再請某不動三請某解其意遂庭趨一揖上階稟敘遂一還他禮數既畢立問何日交割稟以欲就某日答曰可一面交割一揖徑入更不延坐某退而抑鬱成疾以書白誠齋欲棄官歸誠齋報曰此乃教誨吾子也他日得力處當在此某意猶未平後涉歷稍深方知此公善教人尚有前輩典型 參鶴林玉露

得全門人

尚書王元龜先生大寶

王大寶字元龜海陽人建炎初廷試第二差監登聞鼓院奉祠趙豐公謫潮先生從之遊日講論語後知連州張魏公先謫是州卽命其子敬夫從之學改知袁州召爲國子司業孝宗時遷禮部侍郎諫議大夫上疏劾宰相湯思退主和誤國罪改兵部侍郎力乞祠後召爲

禮部尚書參姓譜

紫巖家學程蘇三傳

宣公張南軒先生栻別爲南軒學案

端明張定叟先生杓

張杓字定叟雲濠案先生名一作枃魏公次子而南軒先生之弟也以父恩授承奉郎歷廣西經略司機宜通判嚴州年少已有能稱浙西使者薦所部吏而不及先生孝宗特令再薦召對差知袁州改知衢州南軒之喪無壯子請祠以營葬事主管玉局觀還湖北提舉常平奏事帝大喜諭輔臣曰張浚有子如此改浙西督理荒政蘇湖二州皆闕守命兼攝焉有執政姻黨閉糴先生首治之帝獎其不畏彊禦還兩浙轉運判官未幾以直徽猷閣升副使改知臨安府奏除逋欠四萬緡米八百斛進直龍圖閣都城浩穰姦盜聚慝先生分地警捕夜戶不閉張師尹納女掖庭供給使恃以恣橫先生因事痛繩之徙其家信州其類帖伏南郊禮成賜五品服權兵部侍郎仍知臨安加賜三品服修三牐復六井府治火延及民居上疏自劾詔削二秩累遷至戶部侍郎面對言事迕時相意高宗崩以集英殿修撰知紹興府董山陵事召還爲吏部侍郎光宗卽位權刑部侍郎復兼知臨

安府紹熙元年爲刑部侍郎仍爲府尹內侍毛伯益冒西湖葑地爲亭外戚有殺其僕者獄具賓緣宣諭求免先生奏論如律孝宗觀湖先生伏謁道左孝宗止輦問勞賜以酒炙進煥章閣學士知襄陽府未幾進徽猷閣學士知建康府繼復命還襄陽寧宗嗣位歸正人陳應祥忠義人党琪等謀襲均州副都統馮湛閉道疾馳以聞先生不爲動徐部分掩捕獄成斬其爲首者二人盡釋黨與反側以安升寶文閣學士知平江府未行改知建康府升龍圖閣學士知隆興府兼江西安撫使奉新縣舊有營田募民耕之畝賦米斗五升錢六十其後議請鬻之始征兩稅和買且加折變民重爲困先生悉奏蠲之進端明殿學士復知建康府以疾乞祠卒先生天分高爽吏材敏給遇事不凝滯多隨宜變通所至以治辦稱南渡以來論尹京者以先生爲首次子忠恕 參史傳

祖望謹案定叟力拔同甫

紫巖門人

忠文王梅溪先生十朋

王十朋字龜齡樂清人資穎悟日誦數千言及長有文行聚徒梅溪受業者以百數入太學主司異其文秦檜死高宗親政策士先生以

攬權對高宗嘉其經學淹通議論醇正擢爲第一學者爭傳誦其策以擬古晁董上謂十朋乃朕親擢授紹興府簽判既至或以書生易之先生裁決如神時以四科求士帥王師心謂先生身兼四者以應詔召爲祕書郎兼建王府小學教授先是教授入講堂居賓位先生不可皇孫特加禮而位教授中坐奏解楊存中兵權除著作郎三十一年正月風雷雨雪交作先生以爲陽不勝陰之驗遺陳康伯書冀以春秋災異之說力陳于上崇陽抑陰以弭天變遷大宗正丞請祠歸孝宗受禪起知嚴州歷除侍御史論史丞相浩懷奸誤國植黨盜權忌言蔽賢欺君訕上爲出浩知紹興府及楊存中復用出知饒州丞相洪文惠适請故學基益其圃先生曰先聖所居十朋何敢予人移知夔州饒民乞留不得至斷其橋復知泉州入爲太子詹事禮遇有加累章告老以龍圖閣學士致仕命下而卒年六十謚曰忠文先生事親孝終喪不處內友愛二弟郊恩先奏其名歿而二子猶布衣書室扁曰不欺每以諸葛武侯顏平原寇萊公范文正韓魏公自比朱晦翁張南軒雅敬之時北方餘學未衰耆老尚多有聞先生風聲皆服其行事故紹興末乾道初士類常推先生爲第一先生之學一出于正自孔孟而下惟韓文公歐陽公司馬公是師故其文粹然有

春秋尚書論語解梅溪集子聞詩聞禮皆篤學自立參史傳

梓材謹案先生嘗爲張魏公所薦當以紫巖爲受知師其劾史

忠定也謝山謂其言稍過云

文節楊誠齋先生萬里

楊萬里字廷秀吉水人中紹興進士第調永州零陵丞時張魏公謫永杜門謝客先生三往不得見以書力請始見之魏公勉以正心誠意之學先生服其教終身迺名讀書之室曰誠齋魏公入相薦之朝除臨安府教授未赴丁父憂改知隆興府奉新縣縣以大治以薦召爲國子博士南軒以論張說出守袁先生抗言公論偉之遷太常博士轉將作少監出知漳州改常州尋提舉廣東常平茶鹽盜沈師犯南粵帥師平之孝宗稱之曰仁者之勇遂有大用意除提點刑獄請于潮惠二州築外砦俄以憂去召爲尚左郎淳熙十二年五月以地震應詔上書累累數千言請以選將備敵爲事又言天下事有本根聖學高明願益思其所以爲本根者東宮講官闕帝親擢先生爲侍讀官僚以得端人賀他日讀陸宣公奏議等書皆隨事規警太子深敬之王淮爲相一日問曰宰相先務者何事曰人才又問孰爲才卽疏朱子以下六十人以獻淮次第擢用之歷樞密院檢詳官右司郎

中遷左司郎中十四年夏旱先生疏四事以獻言皆懇切還祕書少監會高宗崩孝宗欲行三年喪創議事堂命皇太子參決庶務先生上疏力諫高宗未葬學士洪邁不俟集議配饗獨以呂頤浩等姓名上先生上疏劾之孝宗不悅出知筠州光宗立召爲祕書監入對言天下無形之禍起于朋黨積於近習會孝宗日歷成參政王藺以故事俾先生序之而宰臣屬之禮部郎傅伯壽先生以失職丐去帝宣諭勉留會進孝宗聖政先生當奉進孝宗猶不悅出爲江東轉運副使朝議欲行鐵錢于江南先生疏其不便忤宰相意改知贛州不赴除祕閣修撰提舉萬壽宮自是不復出矣寧宗立召赴行在辭升煥章閣待制引年乞休致進寶文閣待制致仕開禧初召復辭升寶謨閣學士卒年八十三贈光祿大夫謚曰文節先生爲人剛而褊孝宗始愛其才以問周文忠必大文忠無善語由此不見用韓侂冑用事欲網羅四方知名士相羽翼嘗築南園屬先生爲記許以掖垣先生曰官可棄記不可作也侂冑恚改命他人臥家十五年皆其柄國之日也侂冑專僭日益甚先生憂憤成疾家人知其憂國也凡邸報皆不以告忽族子自外至遽言侂冑用兵事先生慟哭失聲亟呼紙書曰韓侂冑專權無上動兵殘民謀危社稷吾頭顱如許報國無路惟

有孤憤又書十四言別妻子筆落而逝先生精于詩嘗著易傳行于世雲濠案四庫書目誠齋易傳二十卷誠齋集一百三十三卷光宗嘗爲書誠齋二字學者稱誠齋先生子長孺同上

梓材謹案先生誠齋集有胡忠簡行狀云萬里與公同郡嘗從學故自稱門人則又在胡門矣

庸言

古之君子道足以淑一身及其足以淑萬世而不自知也後之君子言將以淑萬世及其不足以信一室而不自知也

易之道損而不已必益升而不已必困吾未見處損而喜處升而懼者也

旅之六五獨不取君義程子謂君無旅也流于汾出居于鄭在乾侯孫于越旅也作易與說易者諱之耳非諱也不忍言也

趙簡子問史墨以季氏出其君而莫之罪而墨對之以君臣無常位詭哉言也君臣天下之大分非有桀紂之惡湯武之聖則易之革聖人不作意如何人而干之且簡子之問安知其無季氏之志乎詩云無教猱升木

禮者免刑之大閑

人主觀聖賢之行藏可以察其時

寂然不動感在其中矣感而遂通寂在其中矣

君子之于人以大善揜小惡不以大惡揜小善

君子之于小人也有容而無敵

君子不言己之所不能行不言人之所不可行

臧堅以齊侯遣奄人唁己爲恥後世以閹人薦己而不恥袁盎以宦者參乘爲恥後世以宦者參國而不恥

人之爲不善一而足爲善百而不足

博愛與兼愛異乎曰異博無私兼無別

非禮勿視非禮勿聽閑其入也非禮勿言非禮勿動閑其出也

知譬則目也行譬則趾也目焉而已是離婁可躄也趾焉而已是師冕可馳也目趾具而已矣

張敞不貨昌邑王以售其身可謂賢矣

三年耕必有一年之蓄而學者朝學之夕喪之

班固謂石建之澣衣周仁之垢汙君子譏之仁可譏也建恭爲子職而可譏乎

天下之至神者惟人心見人之過得己之過矣何必今人也見古人

之過得己之過矣何必古人也見日月之過寒暑之過得己之過矣

何必天地也見韋弦之過得己之過矣何必萬物也因前日之過得

今日之過矣是數者非人告也心告也

引重者先進之感德自重者後進之報德

燭定則明搖則昏而況心乎

血氣之氣盈則暴虛則屈惟道義之氣塞乎天地

惟受責者能爲君子

附小人累也附君子亦累也故記曰中立而不倚

人莫不愛其生故莫不厚其生莫不厚其生故莫不傷其生

頭垢則思沐足垢則思濯心垢則不思沐濯焉何哉

南子之見公山佛肸之往子路不悅宜何從曰吾從子路曰然則夫

子非與曰子路可爲也夫子不可爲也

古之巫者一今之巫者二謂老釋

張禹孔光之保身乃所以失身

秦人之尙功術猶人之餌金石之藥也其初也瘠必肥老必壯其究

則死也忽焉

見乎表者作乎裏形于事者發于心其外寂然其中森然

學者莫上于敏莫下于鈍然敏或以窒鈍或以通何也不可怙者天不可畫者人

禮義廉恥柳子以爲二其實一而已矣恥是也

梓材謹案此下有一條移入龜山學案

有心而弗治子有庭內弗灑弗掃者也有師友而弗問子有鐘鼓弗鼓弗考者也

讀書者非言語之謂也將以灌吾道德之本根榮吾道德之枝葉

有敗詐無敗誠

登高者未必跌而常覆車于夷塗夜坐者未必寢而嘗失旦于昧爽

井不食不泉木不鑽不燧

中和之功至于位育若是其大乎曰子不見漢武之一怒乎追仇乎城之役一怒萌于心天地萬物何與焉而長星竟天死人如麻則喜怒哀樂不中不和之徵也

水能溼夫火而隔之以土則溼者燥火能流夫金而乘之以水則流者止

水在其內而壺之瑩外達善之出而不揜者肖之日月在其外而牖之輝內達善之入而不拒者肖之

始雪而温陽之終也既霽而寒陰之窮也
五色之變始乎金終乎水五味之變始乎土終乎火水火者陰陽之
初也極其變者反其初
精氣爲物神而明也游魂爲變明而神也
湯至熱也久漱而涼泉至寒也徐咽而温
大法不可犯詩曰豈不懷歸畏此簡書清議不可犯詩曰豈不欲往
畏我友朋雖然清議之威甚于大法
不可好者名也不可不好者善也善之與名其猶形影影之有無視
其形名之有無視其善故教曰名教義曰名義節曰名節
物以數來我以誠應將無墮彼乎曰不見夫鏡乎無一物故見萬物
神領意會者見鶩于滕口塗說之儒下帷潛心者見誚于開門授徒
之師噫
橫渠謂海水凝則冰浮則漚然冰之才漚之性其存其亡海不得而
與焉推是足以究死生之說然則吾之死生而曰有與焉者非妄則
惑
何謂闢戶謂之乾闔戶謂之坤曰不觀子之噓吸乎
或問仕曰事長官莫太親任事莫太專

性無善無不善此釋氏之論性可以爲善可以爲不善此楊雄氏之論有性善有性不善此韓愈氏之論孟子之時已有三家者流之說

有雷在天上之力然後能爲非禮勿履之事

宮之奇與百里奚臣子宜孰則曰宮之奇哉爲人臣者節至焉功次焉宮之奇與日月爭光矣

其上行道其次守道其上捐身其次潔身

古之所謂爲人者將以並天地而三之焉者也將以其止于飲食男女之能而已也則夫飛焉者走焉者亦皆能吾人之所能也而遽自以爲足乎

人之于道猶魚之于水故不可須臾離

水爲冰雨爲雪精氣爲物也冰爲水雪爲雨游魂爲變也

公孫宏曰湯之旱桀之餘烈也爲湯諱巧矣桀亦無辭也至云堯遭洪水未聞禹之有水也又以諛湯者諛禹而何以爲堯地聖人未嘗諱天災

何謂安其身而後動安在動後非憂則悔何謂慮其交而後求慮在求後非辱則累

士窮于窮亦通于窮達于達亦病于達爵三公祿萬鍾達矣謂道必待達而後達則公孫之相徒足為其曲學阿世之資飲糗茹草曲肱飲水窮矣謂道必以窮而遂窮則顏氏之巷乃適借之以為心齋坐忘之地然後知富貴者中人之膏肓而貧賤者君子之穀粟 上張子韶書

文于道未為尊固也然譬之瑑璞為器瑑固璞之毀也若器成而不中度瑑就而不成章則又毀之毀也君子不近庶人不服亦奚取于斯 答劉子和書

景純葬書東漢以前無有也先生亦微信其奇怪乎景純大節固卓然然豈不前知而逆善其先人之窀穸 答朱侍講書

謝山跋楊誠齋易傳曰易至南宋康節之學盛行鮮有不眩惑其說其卓然不惑者則誠齋之易傳乎其于圖書九十之妄方位南北之訛未嘗有一語及者得意忘象得象忘言清談娓娓醇乎其醇真潦水盡而寒潭清之會也中以史事證經學尤為洞邃予嘗謂明輔嗣之傳當以伊川為正脈誠齋為小宗胡安定蘇眉山諸家不如也

承議羅先生博文 別見豫章學案

縣令張先生杰別見玉山學案

中大陸放翁先生游別見荊公新學略

國器門人

成公呂東萊先生祖謙別爲東萊學案

文節陳止齋先生傅良別爲止齋學案

文毅陳龍川先生亮別爲龍川學案

文懿蔡先生幼學

祕監陳先生武並見止齋學案

少南門人

縣尉黃吾軒先生補

黃補字季全號吾軒莆田人紹興中從父宦遊惠州得永嘉陳少南師友之已而以其學教授于鄉及門者數百人時林艾軒講學城南先生在城東幾與齊名官至高要縣尉有九經解論語人物志

文節林艾軒先生光朝別爲艾軒學案

舍人范蒙齋先生端臣別見范許諸儒學案

元龜門人邵程四傳

宣公張南軒先生栻別爲南軒學案

定叟家學程蘇四傳

直閣張拙齋先生忠恕別見南軒學案

梅溪家學

提刑王先生聞詩

王聞詩字興之梅溪長子知光州提點江東刑獄始從梅溪遊太學梅溪于法當任子先生曰二父老矣請先及梅溪卒而先生爲士人如故召審察比再爲郎皆趙丞相忠定所進毀趙公者不以爲黨歷事三世未獲論建然正學盡言未嘗相時容悅矢義勇發不以怵利動搖參葉水心集

運判王先生聞禮

王聞禮字立之梅溪次子知常州江東轉運判官爲治能守家法惠安丞時禁私庵寮有壯屋號彌陀庵主僧倚郡將爲姦先生捕立毀撤守怒詰之徐疏以實守因敬之薦其賢先生果敢激烈當官與事遇法理不順者直前疏治雖雷霆獨立面折無諱同上

梅溪門人

朝散宋樟坡先生晉之附弟習之

宋晉之舊名孝先字舜卿樂清人幼穎悟日誦數百千言弱冠從梅

溪遊學徒數百人獨先生首出梅溪器之以經魁南省歷知臨海光化奉化縣通判信州以朝散郎致仕自號樟坡居士著有乾坤二卦中庸大學禹貢洪範講義春秋十二公論各一卷歷代中興君臣論二卷擬進萬言書一卷樟坡集三十卷弟習之少先生四十歲亦恭謹好學事先生猶父也參樓攻媿集

梓材謹案先生梅溪題名賦猶名孝先字舜卿

誠齋家學

文惠楊東山先生長孺

楊長孺字伯大誠齋長子號東山以父蔭守湖州彈壓豪貴治聲赫然郡之士相與肖像祠于學宮擢經略廣東以己俸代下戶輸租遷福建安撫使真西山入相寧宗問當今廉吏以先生對端平閒加集英殿修撰年七十餘致仕卒謚文惠參江西通志

誠齋門人

劉先生儼

劉儼字子思安福人也學於誠齋益公有序贈之嘆其才名二十五年而不遇者也

監司呂先生陟別見南軒學案

得全續傳

安撫趙時齋先生綸別見滄洲諸儒學案

宋元學案卷四十四

范許諸儒學案表

范浚 默成講友
從子端臣—范處義
虞唐佐
柴喆
陳九言
邵恂
高栴 父廉
張龜年

許翰 梁溪講友
高元之 崧老續傳

許忻 紫微講友 並程學同調
—陸九齡 別爲梭山復齋學案

宋元學案卷四十五

鄞縣全祖望補定　後學慈谿馮雲濠校刊

鄞縣王梓材重校

道州何紹基重刊

范許諸儒學案

祖望謹案伊洛既出諸儒各有所承范香溪生婺中獨爲崛起其言無不與伊洛合晦翁取之又有襄陵許吏部得中原之文獻別爲一家蕭三顧則嘗學于伊洛而不肯卒業自以其所學孤行亦狷者邪述范許諸儒學案梓材案是卷諸儒多別爲一家者謝山特立學案以類敘之

默成講友

賢良范香溪先生浚

范浚字茂明蘭溪人也世世家膴仕先生獨不近榮利篤志聖賢之學以治心養氣爲本紹興中以賢良薦因秦氏當國不起婺守延之入學主講亦辭不就閉門講道危坐一室塵几敗帷處之泰然學者稱爲香溪先生先生之文世之所誦習者朱子所取心箴而已雲濠案香溪集有元吳師道跋稱朱子取其心箴註孟子他罕有知者元之

胡仲子始表章之謂其多超然自得之語不獨心箴也朱子謂先生不知從誰學案先生答潘默成書云膚受末學本無傳承所自喜者徒以師心謀道尙見古人自得之意不孑孑爲世俗趨慕耳然則先生之學所謂得之遺經者也顧當南北宋之交關洛之書盛行浙東永嘉九先生而後默成一輩多屬楊尹之徒先生所爲文集若未嘗見關洛諸公書者故絕口不及也而其言則多與之合先生又及與默成交此事之不可解者要之是時學者如閩之支離先生陸亦顏屛山先生劉彥沖以及先生皆承伊洛之風而出者雖不在見知聞知之列而同車合轍可謂豪傑之士也所著有香溪集二十二卷雲濠案香溪集二十二卷爲其門人高栴所編其姪端臣刊之收入四庫集部抑予讀先生進策五卷及上李丞相書則甚有志于用世特以其時之不可而自晦耳固非石隱者流也

香溪文集

茫茫堪輿俯仰無垠人生兩閒眇然有身是身之微太倉稊米參爲三才曰惟心耳往古來今孰無是心心爲形役乃獸乃禽惟口耳目手足動靜投閒抵隙爲厥心病一心之微衆欲攻之其與存者嗚呼幾希君子存誠克念克敬天君泰然百體從令心箴

古之人進乎進知至至之止乎止知終終之不進不止不止不能不進進學齋銘

善利之念起于心者其始甚微而其得失之相去也若九地之下與重天之顛雖舜也一罔念而狂雖跖也一克念而聖于危微之際得之舜跖圖說

孟子曰恥之于人大矣夫恥入道之端也人之知非而恥者必惕然動乎中赧然見乎色瞿然見乎四體是孰使之然哉其必有覺之者矣然則無恥則無覺與木石等恥之爲義不大哉然有是恥心而能充之者千百而一焉穿窬士所恥也而所以恥穿窬之心則不能充故于穿窬則恥于穿窬之類則不恥孔子曰色厲而內荏其猶穿窬之盜又曰情疎而貌親在小人則穿窬之盜也孟子亦云以言餂以不言餂皆穿窬之類也聖賢之于恥心必使人充之如此故曰恥入道之端也恥說

傳有之曰日悔昨月悔朔至哉古人之善學也人非堯舜不能每事盡善惟過而悔悔而改則所以爲過者亡矣古之聖賢未有不由悔而成者成湯悔故改過不吝太甲悔故自怨自艾仲尼悔故曰于予與改是顏淵悔故有不善未嘗不知知之未嘗復行子路悔故人告

之以過則喜子夏悔故投杖而拜曾子悔故曰我過矣然非必失諸言行而後悔之也過生于心則即悔悔勿復失諸言行而已矣 悔說

高帝誅項籍圍魯魯諸儒尚講習絃歌不絕可謂信之篤守之固矣人之所甚畏者死也死且不奪更何物足以移之逮魯邴氏以鐵冶起富至巨萬魯人于是多歆慕之去文學而趨利至使世謂魯人好利甚于周人利之能敗人也如此 題貨殖傳

天降衷曰命人受之曰性性所存曰心惟心無外有外非心惟性無僞有僞非性也僞而有外者曰意意人之私也 性論

祖望謹案此于意之義未融然亦自有見

守約是儉德儉于聽可以養虛儉于視可以養神儉于言可以養氣凡儉皆可以悠久而無窮 太甲三篇論

人誰不欲使人謂正人君子而卒不免爲常人至或陷于大惡者患在心違其貌而安于自欺夫人之自欺非一知善之可好而勿爲是自欺知不善之可惡而姑爲之是自欺實無是善而貪其名是自欺實有是惡而辭以過是自欺實所不知而曰我知之是自欺色取仁而居之不疑是自欺求諸人而無諸己是自欺有諸己而非諸人是自欺其目殆未可殫言而悉數也彼欲以欺人而不知一日之閒自

欺者實多而欺人者不能十一且未能欺人而先自欺幾何不陷于大惡邪夫人有殺心輒形于聲有欲炙心輒形于色有懼心目動而言肆有異心視遠而足高其心甚微而形于外者已不可掩如此乃欲掩其不善而著其善自欺孰甚焉是以古之學者必愼獨不覩不聞所謂獨也愼獨齋記

今人平日出門牽事逐食營爲百緒暮必歸居以休其身然方動作疲劇昏睡寤起則思慮如昨彼其心事躁擾冥迷流浪曾不少自存省是知休其身不知休其心夫人生而有知不學則愚愚則視不明聽不聰思不達雖有知猶無知也旣學矣不得其正則哆哆則緣目而逐色緣耳而逐聲緣思而逐欲所以禍其生者殆有甚于不學而愚是以君子正之爲貴夫人受命于天正性本具君子保之斃而後已由是則可以無媿于天且萬物散殊形生氣化未有無正性者石可破不可奪其堅丹可磨不可奪其赤霜雪大摯松色猶茂風雨晝晦雞鳴自如物且不移人其可失正乎易于蒙曰養正于頤亦曰養正頤養也而蒙爲物穉欲得其養又其互體自二至上有頤象故異卦而同辭古之人見正事聞正言習正人邪室不坐邪蒿不食行容必直立容不跛不傾聽不睇視皆所以養正而其要則先正其心是

爲聖之功也水未必遽至于海言水者必期于海學未必遽至于聖言學者必本于聖蓋道無本末趨進唯諾掬溜播灑幼學也而上達之理存焉勉之哉 養正齋記

學者之患莫大乎自足而止曰學如是是亦足矣譬猶揭流涉波溯沿上下不出于斷潢絶港以爲舉天下之觀水者皆莫吾若使之浮滄江並溟渤渺瀰汗漫不見邊際彼將悵悔自失自比于蹄涔杯坳之不暇然則世之果自標異者庸非不學者之過也哉 拙嬾軒記

宴坐虛堂如臨上官如面重客如前民吏而後胥徒視一克念如諧羣言患一失念如耳道謗不欺如是則可以對越鬼神洞開金石況此民其寧或我欺乎 永嘉縣不欺堂記

夫人之生固有物焉渾然天成在善養無害而已以禮制之懼其放也戒物之感懼其誘也居之虛靜之地欲其安也飲天和如甘泉味道腴如薦草懲忿窒慾如去敗羣致一不二如惡多歧勉之慎之曰自牧之 自牧齋記

凡益之道非能贅夫固有而增多之也惟性至大初無限量益動而巽日進無疆則凡德之裕皆所固有易曰益長裕而不設益豈由人乎哉惟夫短于自知故友直不足于信故友諒未學寡陋故友多聞

然卒所以得益皆在我不在彼也 三益齋記

學者覺也覺由于心心且不存何覺之有人之念慮橫生擾擾萬緒羨慕耽嗜厭惡憎嫉得喪欣戚觖望很忿怵迫憂懼凡私意妄識交午叢集紛紜于中汨亂變遷無或寧止雖魂交夢見亦且顛冥迷憒悠揚流遁彼其方寸蕩搖如疾風振海濤浪洶湧求一息之安且不可得則存其心不亦難乎然彼紛紜于中者浮念耳邪思耳物交而引之耳雖百慮煩擾而所謂至靜者固自若也故孟子曰養心莫善于寡欲使不誘于外此存心之權輿也至若藏心于淵則必有事焉而勿正能于勿忘勿助之閒默識乎所謂至靜者此存心之奧也凡學始于存心中于盡心終于盡性方其存心也猶有存之者焉非所謂盡心未能盡心安能盡性孟子曰盡其心者知其性蓋心既盡而空洞清明然後知性之爲性皆天理也 存心齋記

古之學者用心于內深造自得默識神解何暇事無益之言哉 訥齋記

韓退之曰世無孔子不當在弟子之列豈知得師之義乎孔子學無常師大而師天地故上律天時下襲水土小而師萬物故于山樂其高于水取其有本于易之象詩之比興凡物理之見于經者舉取之

上而師古聖賢祖述堯舜憲章文武竊比于老彭下而于人無所不師故曰三人行必有我師焉豈必弟子云乎哉大抵古人之學不越乎窮理理之所存師之所存也喬梓父子之師也常棣兄弟之師也嚶鳴朋友之師也羔羊跪乳有禮之師也蛾子時術進學之師也石泉潛流而清慎獨之師也勁松凌寒而秀厲操之師也蘭之馨鮑之臭善惡之師也有是物必有是理無非吾師況在人乎見舌而知守柔顧影而知持後于吾身猶得師焉況在人乎退之于是乎失言 答胡英彥書

處人所難處始見學力至與未至士當以宏毅自期乃能任重而力行不怠居困而心亨自如今人質既薄學且不固一落莫則大戚戚以悶苟可以脫寒餓而濟其欲者無不爲也不知士君子所謂窮特其人窮耳其人之天孰能窮之是心如太虛外物如浮雲浮雲有去來太虛無得喪明此雖臨死生如坦途況外物乎 答羅駿夫書

梁溪講友

右丞許崧老先生翰

許翰字崧老拱州襄邑人中元祐進士第宣和中召爲給事中爲書抵時相請罷雲中之師高麗入貢調民開運河舍人孫傅論高麗于

國無功不宜興大役傅坐罷先生謂傅不當黜時相怒落職提舉江州太平觀靖康初復以給事中召改御史中丞上疏陳決勝之策种師道罷先生言師道名將沈毅有謀不可使解兵柄欽宗謂其老難用先生曰秦始皇老王翦而用李信兵辱于楚漢宣帝老趙充國而卒能成金城之功自呂望以來用老將收功者難一二數以古揆今師道雖老可用也且謂金人此行存亡所係宜起師道邀擊之上不能用擢中大夫同知樞密院論益不合以病去除延康殿學士知亳州高宗卽位以薦召復延康殿學士拜尙書右丞兼權門下侍郎宗忠簡澤論車駕不宜南幸且劾黃潛善等潛善請罷忠簡先生極論以爲不可李忠定綱罷先生言綱忠義英發舍之無以佐中興今罷綱臣忠無益力求去時潛善奏誅陳東先生謂所親曰吾與東皆爭李綱者東戮東市吾在廟堂可乎求去益力章八上以資政殿大學士提舉洞霄宮復以言者落職紹興初復資政殿學士卒贈光祿大夫先生通經術正直不撓歷事三朝致位政府忠忱發臆不脫儒者本色顧以薰蕕異味斥逐而死君子惜之所著書有論語解春秋傳參史傳

梓材謹案樓攻媿誌高端叔墓云少讀襄陵許公翰書及從沙

隨程公迥故允遂于春秋是先生爲吾鄉高氏春秋學之所從出也又案吏部員外郎忻乃其弟嘗撰右丞行狀一卷見直齋書錄解題

紫微講友

吏部許子禮先生忻

許忻字子禮梓材案宋史本傳未稱其字此據朱子文集補之襄邑人宣和三年進士高宗時爲吏部員外郎極論和議不便請正王倫賣國之罪以圖興復疏入不省後託故乞從外補乃授荊湖南路轉運判官謫居撫州起知邵陽卒同上

雲濠謹案復齋學案本傳云吏部郎襄陵許忻直道清節屏居臨川閉門少所賓接見復齋與語凡治體之升降舊章之損益前輩聞人之律度軌轍皆亹亹言之可以見所得中原文獻之傳矣

伊川門人胡周再傳

清節蕭三顧先生楚

蕭楚字子荊廬陵人紹聖中遊太學貢禮部不第于時蔡京方專國先生憤嫉其姦謂京且將爲宋王莽誓不復仕遂退而著書明春秋

之學建炎四年卒曾敏行獨醒雜志稱所著春秋經辯行于世雲濠案經義考摭錄胡澹庵序當作春秋辯疑大旨爲權姦柄國而發而持論正大實有合尼山筆削之義陳直齋書錄解題稱其門人胡澹庵銓以春秋登第歸拜牀下先生告之曰學者非但拾一第身可殺學不可辱毋禍我春秋乃佳後澹庵以孤忠讜論震耀千秋則其師弟之于春秋非徒口講耳受者矣參四庫書目提要

香溪家學

舍人范蒙齋先生端臣

范端臣字元卿香溪先生從子也范氏子弟多從學于香溪者而先生最有名于時成紹興進士累官至中書舍人酷嗜學雖入官不少怠書法歷溯篆隸以來諸體無弗工學者稱爲蒙齋先生所著有蒙齋集

香溪門人

虞先生唐佐

虞唐佐字堯卿盈川人也從學于香溪者十年中淳而外謹刻意學問善領略香溪稱其十年不異一日也

柴先生喆

柴喆字吉卿永豐人也束書從學于香溪得聞物理性命之學洒然以喜其有志于治心養氣蓋惓惓也

陳先生九言

陳九言字永叔義烏人也香溪之兄孫壻因從之學養親讀書香溪稱其有志而能勉于行亦自修之士也

邵先生恂

邵恂字子信壽昌人也香溪稱其趨向甚端植志甚篤用力于存心之學

高先生栴 父廉

高栴蘭溪人也其父廉善訓子嘗謂香溪曰兒材下所望先生教以行己之一二世有挾藝射科速化之術非所敢望也香溪稱其知本而先生持身謹慎卒爲范門高第

張先生龜年

張龜年諸暨人也香溪稱其胸中易直無岐徑服習不懈爲同舍生所推重

子禮門人

文達陸復齋先生九齡 別爲梭山復齋學案

三顧門人胡周三傳

忠簡胡澹庵先生銓別見武夷學案

樞密馮先生澥父山

馮澥字長源安岳人爲清節先生高第嘗請列春秋于學宮似不負師門之託顧其後位至執政無可稱者惟張才叔死象州獨爲卹其家稍可稱云鴻碩先生馮山精于春秋其父也雲濠案謝山學案劄記云馮鴻碩先生春秋通解文定取之

梓材謹案陳直齋云蔡京用事蕭子荊與其徒馮澥書言蔡將爲宋王莽誓不復仕是澥爲三顧高弟故與言肺腑如是惜其不副所重也

蒙齋門人香溪再傳

侍御范逸齋先生處義

范處義字逸齋香溪先生之族也以進士累官殿中侍御史精于經學所著有詩補傳解頤新語等書雲濠案詩補傳三十卷新語佚私淑于蒙齋之門者也

崧老續傳

高萬竹先生元之別見龜山學案

玉山學案表

汪應辰 武夷石微橫浦湍紫門人元城龜山鴈山了翁和靖震澤再傳 安定泰山焦氏荆公涑水百源二程橫渠清敏三傳高平廬陵濂溪鄭江西湖四傳

- 子 伯時
- 子 逵
- 尤袤 別見龜山學案
- 呂祖謙 別爲東萊學案
- 章穎
- 張杰
- 趙焯
- 鄭僑 附從父厚樵
  - 子 寅
  - 王介 別見麗澤諸儒學案
- 呂大同 別見紫微學案
- 趙汝愚 父善應
  - 子 崇憲
    - 孫 必愿
      - 曾孫 良淳 別見雙峯學案
  - 子 崇度
  - 子 崇模

朱熹別爲晦翁學案——子崇實

陸九齡別爲梭山復齋學案

並玉山學侶

陳峴——子昉——孫均別見西山眞氏學案

忠定同調

宋元學案卷四十六

鄞縣全祖望補本
後學慈谿馮雲濠校刊
鄞縣王梓材重校
道州何紹基重刊

玉山學案

祖望謹案玉山汪文定公少受知於端石其本師爲横浦又嘗從紫微然横浦紫微並佞佛而玉山粹然一出於正斯其爲幹蠱之弟子也述玉山學案梓材案玉山學案亦謝山所特立其稿尚存

呂張門人劉楊再傳

文定汪玉山先生應辰

汪應辰字聖錫信州玉山人也本農家子喻端石爲玉山尉一見奇之許以女以書充匳遂聞伊洛之學已而趙豐公鼎帥江西辟喻爲僚先生從之豐公亦奇焉置之館塾先生由端石以從諸前輩湖南則胡文定公浙東則呂舍人居仁皆奇之勉以正學年十八成進士高宗覽其對以爲陛下勵精圖治求復父兄之仇亦歷年而駐蹕無一定之地戰守無一定之策進退無一定之人所施行事無一定之

規畫何以奏功是在陛下反求諸己而決定之高宗意以爲老儒擢置第一及唱名則少年大喜特書中庸以賜豐公出班謝先生本名洋至是改賜名將即除館職豐公請且歷外任以老其才乃授鎮東簽判待闕狀元故事無待闕者而先生省試亦居前列合以陞甲轉官豐公又令姑已之先生感豐公意厚聞張橫浦講學又往從之橫浦故與湍石善見先生來喜曰少年登上第乃急忙來就學邪豐公出帥紹興先生始之任幕府事皆諮焉方旱令先生禱之而即應越人歌之曰此相公雨豐公笑曰此狀元雨也召爲秘書省正字時金人方歸河南地先生上疏謂和議不諧非所患和議諧而因循無備之可患異議不息非所患異議息而上下相蒙之可患今雖通好疆埸之上宜各戒嚴以備他盜乃方且肆赦褒寵以爲遂休兵息民矣縱忘積年之恥獨不思異日意外之患乎此所謂因循無備者也力排羣議大則竄逐小則罷黜于是輕躁者阿諛以取寵畏懦者循默以固位忠臣正士無以自立于羣小之閒此所謂上下相蒙者也入則無法家拂士出則無敵國外患此其時矣秦檜大怒出爲建州判遂請祠寓居常山之蕭寺饘粥不給處之裕如益以講學爲事已改判袁州以趙豐公喪經其郡遣兵三十人護行祭文有忌諱爲衢守

章傑所發被訊祭文已火胡致堂爲言之檜得不竟及爲廣州判檜將興大獄以誣張魏公連逮者數十家先生與焉獄甫具檜死先生幸免明年召爲尙書吏部郎遷右司先生流落嶺嶠十有七年至是賜環方向用顧以親老乞外知婺州丁艱服除以祕書少監權吏部侍郎尋權吏部尙書奏駁李顯忠冒賞尋權戶部侍郎兼侍講力裁宂費時方內禪一時大典禮多出先生先生故與張魏公相知及魏公三出師先生卻以爲未可謂魏公曰相公不如且爲上正心誠意以固其本然後議邊事魏公不能用會議上皇尊號先生謂元豐所罷不當復舉又謂光堯二字之非堯豈可光上皇聞之不喜先生乞外知福州未幾召爲敷文閣待制請以朱子自代二年以敷文閣直學士充四川制置使知成都府時蜀困于徵求民力且竭先生撫循甚至益除百方詳見樓宣獻公所作行實文繁不載雲濠案宣獻攻媿集無文定行實同知樞密院事劉珙進言應辰與陳良翰張栻臣所不及有旨召還道中再乞祠不許入對以畏天愛民爲言幷爲上言蜀弊政之未盡去者請幷除之除吏部尙書兼翰林學士幷侍讀敷陳六事廟堂議者多不合皆忌之而先生嘗爲上言陳良祐在蜀多誕良祐聞而譖之良祐故亦負時名至是以私憾進閒言上遂疑

之先生多革夙弊中貴人尤側目德壽宮方甃石池以水銀浮金鳧魚于上上皇指以示上曰水銀正乏此買之汪尚書家上怒曰應辰力言朕置房廊與民爭利乃自販水銀邪先生知之力求去已而復出發運均輸之旨嘆曰吾不可留乃力爭之遂以端明殿學士知平江府韓玉以揀馬過平江先生簡其禮玉歸復譖之遂以平江米綱有歉貶秩先生力請祠自是臥家不起尋復端明殿學士淳熙三年卒又七十三年賜謚文定先生于學博綜諸家其知福州也延致李延平講道甫至而卒其骨鯁極似橫浦多識前言往行以畜德似紫微而未嘗佞佛粹然爲醇儒高孝二宗皆知之而卒不能竟其用爲可惜學者稱爲玉山先生有文集五十卷雲濠案先生文多散佚四庫重輯爲二十四卷

玉山文集

君子不願乎外是以不怨天盡其在我是以不尤人禍福得喪在天而不在人我何怨是非毀譽在人而不在我又何尤惟行法以俟命推誠以待物答徐漢英

聖人仰觀俯察制禮作樂皆有至義存乎其間不然則是紛紛者贅矣故曰其數可陳也其義難知也孔子觀于蜡而曰仁之至義之盡

觀于鄉飲而知王道之易易也論郊社之禮禘嘗之義而曰治國其猶示諸掌乎季札觀韶箾之舞而知帝德之廣大韓宣子見易象春秋知周公之德與周所以王此豈拘著于刑名度數與文字之間哉

與汪叔嘉

天下之事常傷于銳而無漸弊之在人者固不可以不革然使其有忠信誠慤之心則當究弊之所從來慮其始而及其終行之以漸消之以晦而持之以久固未有初不考究但見其于人情不合率然以爲非是不俟終日而盡罷之者矣則美矣然出于銳氣非出于誠心先甲三日後甲三日革弊之難如此今人于交友間苟見其過猶爲掩覆保全諫之于密況君臣乎 答徐知止

文潛性論爲謂善惡混固非然彼蓋質之心以爲誠然而後言者也今之謂性善者蓋尊信孟子而云耳未必心見其誠然也曷求見其誠然者乎謂格物爲扞格竊恐未安克伐怨欲不行孔子不以爲仁此可見矣 答葉南美

天下之禍有養成者有激成者西漢張禹孔光之流此養成者也東漢之君子此激成者也爲君子者豈無中道于其間伊川嘗曰中則正矣正或未必中也世嘗有正而未必中者不可以其未中而謂之

不正答梁子輔

學問之道止是揆于心而安稽于古而合措于事而宜所以體究涵養躬行日用要以盡此道而已若家務人事以至應舉從仕終不相妨與方叔輿

示喻于平易處蹉過益見體道之功久而日親道無遠近高卑之異但見有不同然方其未至雖欲便造平易而勢有未能與朱元晦

陰陽隔屏理有常數修庶政以召和氣罄誠意以求多福弭禍于未形起福于將來與程尚書

世之自謂得道者以前言往行爲糟粕芻狗以治天下國家爲緒餘土苴迄之放棄典刑闊略世務至于爲西晉之禍或者出而矯之曰吾之道固所以經世也然而天人異觀物我殊歸高明中庸析爲二致迹其行事則私智之鑿而已道果如是乎讀滎陽公書

梓材謹案謝山節錄玉山文集二十九條今移二條爲家學立傳于後又移入安定學案一條移入高平學案一條又一條移入案語又移入廬陵學案一條移入涑水學案二條移入伊川學案二條移入范呂諸儒一條移入元城學案一條移入景迂學案一條移入龜山學案一條移入陳鄒諸儒一條移入豫章

學案一條移入橫浦學案一條移入蜀學略二條又一條分作
兩條移入高平濂溪學案各一條

附錄

呂東萊與端明書曰侍郎丈出處進退之際實消長否泰之端儻誠意交孚元氣可復則固當身任天下之重先後本末自有次第不必徇匹夫之小諒避世俗之小嫌苟或未然則道不可輕用物不可苟合謂宜明去就之義以感悟上心風示天下

朱子祭之曰惟公學貫九流而不自以爲足才高一世而不自以爲名道高德備而不自以爲德位高勢重而不自以爲榮蓋玩心乎文武之未墜抗志乎先民之所程巍乎其若嵩岱之雄峙浩乎其若滄海之涵渟

玉山學侶

呂先生大同別見紫微學案

忠定趙先生汝愚父善應

趙汝愚字子直宗室楚恭憲王七世孫居餘干縣父善應官終修武郎江西兵馬都監性純孝篤行聞于世先生早有大志每曰丈夫得汗青一幅紙始不負此生擢進士第一歷遷校書郎轉著作郎知信

州台州除江西運判入爲吏部郎兼太子侍講遷祕書少監兼權給事中奏撤內侍陳源總戎之任自是內侍不復兼兵職權吏部侍郎兼太子右庶子論知閤王抃招權預政出抃外祠以集英殿修撰帥福建分羌勢以弭邊患孝宗謂其有文武威風召還光宗受禪趣召未至殿中侍御史范處義論其稽命除知潭州改太平州進敷文閣學士知福州紹熙二年召爲吏部尚書上以貴妃黃氏暴薨得疑疾不朝重華宮先生往復規諫帝后皆悟乃詣北內從容竟日四年知貢舉與監察御史汪義端有違言先生除同知樞密院事義端言宗室不爲執政詆先生植黨沽名臺諫陰附疏入不報上爲黜義端補郡未幾遷知樞密院事五年孝宗崩先生以上有疾乞太皇太后垂簾且請攝行祭禮又以國本係乎嘉王奏正儲位以安人心御批歷事歲久念欲退閑留正懼佯仆于庭密爲去計先生與徐子宜葉水心謀遣韓侂胄以內禪之意請于憲聖憲聖乃命皇子卽位卽喪次召還留正長百僚命朱子待制經筵悉收召士君子之在外者以先生兼權參知政事先生乞免兼職乃除特進右丞相辭不拜乃以特進爲樞密使侂胄自以有定策功且依託肺腑出入宮掖居中用事朱子與彭忠肅皆以言去侂胄勢益張引其黨謀擯先生指當時賢

者姓名爲先生之黨上意不能無疑于是陳止齋吳畏齋劉後溪各先後斥退而衣冠之禍始矣正言李沐奏先生以同姓謀危社稷遂罷右相除觀文殿學士知福州臺臣合辭乞寢出守之命博士楊敬仲太府丞呂子約亦以爲言太學生楊宏中等六人伏闕訴先生之忠侂胄忌先生益甚謂不重貶人言不已以中丞何澹御史胡紘連疏妄劾責永州安置先生怡然就道謂諸子曰觀侂胄之意必欲殺我我死汝曹尚可免也至衡州病作爲守臣錢鍪所窘暴卒天下聞而冤之先生學務有用常以司馬溫公富鄭公韓魏公范文正公自期凡平昔所聞于師友如張南軒朱晦翁呂子約汪玉山王梅溪胡澹庵李巽巖林艾軒之言欲次第行之未果所著詩文十五卷太祖實錄舉要若干卷類宋朝諸臣奏議三百卷先生旣沒黨禁寖解復資政殿學士太中大夫已而贈少保侂胄誅盡復元官賜謚忠定贈太師追封沂國公理宗詔配享寧宗廟廷追封福王進封周王子九人崇憲其長子也參史傳

梓材謹案先生於朱張行輩相等大畧已後之玉山以至艾軒其年皆長于朱張先生于玉山里居爲近雖難斷爲汪氏弟子列爲學侶可也又案謝山劄記南宋宰輔趙忠定公家登學案

者四世六人先生四子及孫必愿見本卷其一人則先生曾孫

艮淳也見雙峯學案

附錄

呂東萊與周子充書曰子直庶幾善道而于事物似未盡諳如陸務觀疏放封駁豈爲過當方人才難得之時其辭翰儁發多識典故又趨向實不害正棄瑕使過亦何妨公與子直厚胡不語之

王深寧困學紀聞曰南塘挽趙忠定公云空令考亭老垂白注離騷

楊楫跋楚辭集注云慶元乙卯治黨人方急趙公謫死于道先生憂時之意屢形于色一日示學者以所釋楚辭一篇

文公朱晦庵先生熹別爲晦翁學案

文達陸復齋先生九齡別爲梭山復齋學案

忠定同調

宣奉陳東齋先生峴

陳峴字壽南温之平陽人以祖遺澤補官調邵武南尉淳熙十四年以博學宏辭科賜第歷遷祕書郎後省封還除書指先生爲故相趙公黨黜知全州最聞以祕郎召累進顯謨閣待制知泉州未上以兵部侍郎兼直院召卒贈宣奉大夫開禧初韓侂胄將啓兵端欲用其

親吏蘇師旦爲節度使密諭詞臣使草制時先生以中書舍人兼直學士院語人曰節鉞以待將臣之功高者師旦何人可辱斯授必以此見命吾有去而已未幾中貴人有以特旨躐遷遙郡者先生復論之中貴人者侂胄之所主也御史探權臣意遂假駁死獄事劾之以免士論高之著有東齋集三十卷參真西山集

玉山家學劉楊三傳

汪先生伯時

汪伯時玉山子其在官也玉山與之書云惟公與正乃萬事之本又須行之以恕居之以寬庶幾久而無愧又云韓忠憲公家書曰管罪亦不可輕用明則有人非幽則有鬼責忠憲八子貴盛其報也今豈求干福但求免禍用刑尤宜哀矜

尚書汪先生逵

汪逵字季路玉山子乾道進士官國子司業韓侂胄用事斥僞學善類皆不自安劉德秀因乞考核邪正真僞所逐多名士先生入劄子辯之德秀以先生爲妄言并斥之閒居七年參政李壁力言于朝嘉定初召爲太常卿遷至吏部尚書端明殿學士參江西人物志

梓材謹案先生爲玉山次子樓攻媿題其所藏高宗宸翰言其

能繼世科恪守家法博學多識綽有父風

玉山門人

文簡尤遂初先生袤 別見龜山學案

成公呂東萊先生祖謙 別爲東萊學案

文肅章先生穎

章穎字茂獻新喻人以兼經中鄉薦孝宗嗣服下詔求言先生爲萬言書附驛以聞禮部奏名第一孝宗稱其文似陸贄調道州教授作周濂溪祠以平宜章寇召對除太學錄禮部正奏第一人初任郎召對者自先生始累遷左司諫時右相葛邲當國先生論邲不足任大事從官議欲超除先生俾去言職光宗曰是好諫官何以遷之寧宗立韓侂胄用事先生以侍御史兼侍講論趙汝愚無聽其去御史劾先生阿黨罷先生家居久之侂胄誅累遷禮部尚書考訂甲寅龍飛誣筆丐去奉祠以嘉定十一年卒年七十八先生操履端直生平風節不爲窮達所移黨論方興朱子遺以書曰世道反覆已足流涕而握其事者怒猶未已然宗社有靈公論未泯異日必有任是責者非公吾誰望邪贈光祿大夫謚文肅 參史傳

附錄

張南軒答先生書曰汪端明以正大二字奉告此意固美然要須有下手處宏毅乃學者下手處也學者用功常患于偏宏則懼夫肆毅則懼夫拘是非宏毅也氣習之所乘也在學者初用功亦無怪其有此然要知其爲病而致吾存養窮索之功

縣令張先生杰

張杰字孟遠衢州人也大父澄從韓蘄王討閩死王事先生明雋闊達才氣橫厲嘗遊張魏公之門魏公奇之乾淳閒遍與張朱呂三公交而師事者爲玉山以上書見忤于趙衞公知安吉大水蠲民租太守不可先生力與之抗太守上章求避先生亦請祠終身不出亦不媿師門者也觀東萊所以稱先生其人大類同甫一流

司直趙先生焯

趙焯字景昭開封人也東萊介之以見玉山曰新太平州司戶趙焯舊與從遊有志于正學練達世故于輩流中不易得願一聽謦欬儻有以語之想必能佩服亦季路同年也先生復師事玉山最與張杰善官司直

忠惠鄭先生僑附從父厚樵

鄭僑字惠叔莆田人也從父曰厚曰樵世所稱溪東溪西二先生者

也溪東西兄弟以稽古之學傳其家而先生又壻于玉山之門故其踐履醇如也乾道五年進士第一高宗崩孝宗在德壽宮欲行終喪之禮羣臣表請還內先生疏爭之曰喪不離次禮也孝宗爲之泣下使金以其主有疾欲令于閤門投進國書先生以敵國禮爭之訖得成禮累官參知政事知樞密院事朱子之罷四入劄留之不報黨禁起高似孫作右道學圖以先生爲巨首謂其庇之也出知福州陛辭請平國論而無偏聽嚴邊防而無輕信說者以爲侂胄始于錮道學終于用兵先生兩言盡其生平以觀文殿學士卒贈太師謚忠惠

趙氏家學

安撫趙先生崇憲

趙崇憲字履常忠定長子淳熙八年以取應對策第一時忠定侍立殿上降再拜以謝孝宗顧近臣曰汝愚年幾何已有子如此越三年復以進士擢甲科上謂執政曰此汝愚子豈卽前科取應對第一人者邪忠定帥蜀辟書寫機宜文字改江西轉運司幹辦公事忠定既貶卒先生闔門自處後復忠定官升先生爲籍田令先生拜命感泣陳疏力辭以爲先臣之寃未白而其孤先被寵光非公朝所以勸忠孝勵廉恥之意復引陳了翁論司馬溫公呂申公復官事申言之乞

下三省集議辯其誣衊昭示中外使先臣之讒謗既明而憲聖擁佑之功德益顯并請改正誣史垂萬世之公累遷著作佐郎兼權考功郎因閔雨上封事勉聖學以廣聰明教儲貳以固根本防左右近習竊弄之漸察奸險餘黨窺伺之萌皆懇懇爲上言之請外知江州疏蠲和糴以紓民困瑞昌民負茶引錢新舊累積追及子孫亟請以新券一償舊券二詔從其議遷轉運判官兼帥漕司事初忠定捐私錢百餘萬創養濟院俾四方賓族之疾病者得藥與食歲久寖移爲他用先生至尋修復立規約數十條以愈疾之多寡爲賞罰並收鞠棄兒更定社倉利弊知靜江府廣西經略安撫減平賦稅嚴民夷交通之禁條上朝廷頗采其言然未及盡用也先生天性篤孝父歿終喪不飲酒食肉比御猶弗入都監而後累世以孝行聞時人難之參史傳

朝請趙節齋先生崇度

趙崇度字履節號節齋忠定子由承務郎爲右曹郎中提舉湖南常平改江西終朝散大夫先生自少聰穎年十六謁朱文公于考亭文公器之授以大學一編曰修己治人之法不出此書後忠定歸臥里門又授以通鑑曰讀是可以見古今興壞存亡之故先生天才逸發

落筆娓娓動人而文公迪之以經欲其知道以立本也忠定博之以史欲其知變以致用也先生衣被父師之教自勵如玉雪不忍秋毫點污真西山銘其墓稱先生勁氣直節實似忠定擬諸忠宣昆季各得文正之一體著有磬湖集左氏常談史髓節齋聞記等書參真西山集

機幕趙先生崇模

趙崇模者忠定子也劉後溪帥荊襄辟爲機幕時亦辟趙師劭之弟先生以師劭官藥局時請斬忠定以謝天下義不與其子弟接草箋辭謝後溪遽勒回師劭之弟

京幕趙先生崇實

趙崇實者忠定少子也誠樸出于天性游京幕爲元寮有聲早卒

直閣趙先生必愿

趙必愿字立夫忠定孫安撫子勉齋之徒也初以恩補承務郎登進士知崇安縣修學政鄉選善士授湖廣總所幹辦公事居父喪從學于勉齋服除知全州訪立周濂溪後後知台州一循大父之政建陳了翁祠政教兼舉累遷至戶部侍郎同詳定敕令請立國本兼給事中權戶部尚書抗言全蜀遺燼靡有孑遺君臣動色太平自賀又以

言忤丞相史嵩之司諫鄭起潛論罷以寶謨閣直學士奉祠淳祐五年起知福州兼福建安撫使以平易近民忠信厚俗行鄉飲酒禮旌賢士獎高年裁僧寺尤留意武備以軍禮見戎帥申明左翼軍節制事宜凡四年卒贈銀青光祿大夫先生才周器博心平量廣而又早聞家庭忠孝之訓師友正士之言淵源有自故所立卓然可稱參史傳

知州趙先生良淳別見雙峯學案

陳氏家學

清惠陳先生昉

陳昉字叔方宣奉峴之子以父任知浦城縣盜起鄰郡先生措置得宜迄不犯境繼而老弱阻饑極力賑救境內以安真西山薦之朝與劉克莊等號端平八士遷司農丞累權吏部侍郎丐去知福州重士愛民威惠兼至蠲宿逋卻例冊去郡之日終庾充牣閩人論良牧必以先生爲首召爲工部侍郎景定初知建寧府屬邑產禾一本四十餘穗人以爲善政所感除吏部尚書拜端明殿學士致仕卒謚清惠參温州舊志

承旨陳公齊先生均別見西山真氏學案

鄭氏家學劉楊四傳

直閣鄭先生寅

鄭寅字子敬忠惠子也累官知吉州召對以言濟王寃狀忤權臣黜端平初召爲左司郎兼權樞密副都承旨首請爲濟王立廟又力陳三邊無備宿患未除正紀綱抑僥倖裁濫賞汰冗兵以張國勢出知漳州進直寶章閣先生博習典故得其外王父玉山之傳李燔陳宓皆重之

鄭氏門人

忠簡王渾尺先生介別見麗澤諸儒學案

宋元學案卷四十六

艾軒學案表

林光朝　陸子正門人　和靖震澤再傳　伊川三傳　安定濂溪涑水百源四傳

- 林亦之
  - 陳藻
    - 林希逸
    - 劉翼
- 劉夙
  - 子 彌臣
    - 孫 克莊
      - 洪天錫
        - 邱葵　別見北溪學案
    - 孫 克遜
  - 子 彌邵
  - 孟渙　別見槐堂諸儒學案
- 劉朔
  - 子 起晦
  - 孟渙　別見槐堂諸儒學案
- 陳士楚
- 黃芻
- 林阿盥

黃叔盥
魏幾

陳俊卿 別見武夷學案
吳松年 別見周許諸儒學案
趙汝愚 別見玉山學案
陸九淵 別爲象山學案
方蕭 別見震澤學案
陳昭度——黃鐘
並艾軒講友

宋元學案卷四十七

餘姚黃宗羲原本

男百家纂輯

後學慈谿馮雲濠校刊

鄞縣全祖望修定

鄞縣王梓材重校

道州何紹基重刊

艾軒學案

祖望謹案和靖高弟如呂如王如祁皆無門人可見鹽官陸氏獨能傳之艾軒於是紅泉雙井之閒學派興焉然愚讀艾軒之書似兼有得於王信伯蓋陸氏亦嘗從信伯遊也且艾軒宗旨本於和靖者反少而本於信伯者反多實先槐堂之三陸而起特槐堂貶及伊川而艾軒則否故晦翁於艾軒無貶詞終宋之世艾軒之學別爲源流述艾軒學案梓材案艾軒傳錄自黃氏補本梨洲原本或有之其學派則謝山修補頗詳

子正門人尹王再傳

文節林艾軒先生光朝

林光朝字謙之莆田人自少聞吳中陸子正學於尹和靖因往從之由是專心聖賢踐履之學隆興元年年五十始進士及第調袁州司戶參軍與劉朔咸以名儒薦對論龍大淵曾覿罪改左承奉郎知永

福縣累官國子司業兼太子侍讀兼史職因不往賀樞密張說出爲廣西提點刑獄廣東荊襄茶寇爲亂先生乃自將郡兵檄摧鋒統制路海鈐轄黃進各以軍分控要害會徙轉運副使留屯不去督二將遮擊之賊驚懼宵遁帝聞喜其儒生知兵加直寶謨閣召拜國子祭酒兼太子左諭德淳熙四年除中書舍人封還曾覿所薦謝廓然內批改工部侍郎不拜以集英殿修撰出知婺州因引疾提舉興國宮卒年六十五謚文節學者稱艾軒先生先生學通六經貫百氏言動必以禮四方來學者亡慮數百人然未嘗著書（雲濠案先生著有艾軒集九卷附錄一卷）惟口授學者使之心通理解嘗曰道之本體全於太虛六經既發明之後世注解已涉支離若復增加道愈遠矣又曰日用是根株言語文字是注脚（梓材案艾軒家傳一卷其從子成季所述見直齋書錄解題）說者謂南渡後倡伊洛之學於東南者自先生始云

艾軒語

不亦說乎說不餒也時習如車輪運轉時此尚未見得如何纔頃刻推不去便覺前者爲說之義起居語默運轉不停此爲時習纔一失節則餒矣乃知不餒即爲說

忠恕者謂夫子之道乃如是忠恕有足者皆可至也非是以忠恕說一貫忠恕違道不遠要當如是發語耳

有才藻之人纔有一分簡忽氣象要做甚吾夫子謂雖有周公之才之美使驕且吝卽不足觀此語久久乃如一泓秋水鬚眉自見

梓材謹案以上三條蓋皆艾軒與楊次山書中語

世閒惟有榮辱毀譽所不到者爲建德之國

附錄

公與龜山之孫楊次山書有云某幼聞李太白石曼卿之爲人卽踴躍道其事又讀晉書見一樣人物如寒蟬孤潔不入俗調心甚樂之一日對方次雲及六兄談六兄乃夾漈也古人如此終是不俗六兄云此數人來孔子之門一日著腳不定某乃悟夫子之門爲人物準的千歲人物要得入此窠樣中乃無愧千歲而上有多少豪傑可以共學入道恨不令聞此語陳寔管寧元德秀婁熹如許數百年中乃一見又卻不聞道此大可惜

答人問忠恕而已矣曰南人偏識荔枝奇滋味難言只自知剛被北人來借問香甜兩字且酬伊

自喻有曰修水佳人白玉蘭花前何似妾容顏從來未省傷春意猶

自樓頭畫遠山又曰莫怪騷人太頡頏曾聞阿母語劉郎神仙本是
無言說尸解由來最下方
林竹溪鬳齋學記曰詩序不出於子夏亦未必出於毛公非溪西艾
軒二先生未有具此眼者補

艾軒講友

正獻陳先生俊卿別見武夷學案
知州吳先生松年別見周許諸儒學案
忠定趙先生汝愚別見玉山學案
文安陸象山先生九淵別爲象山學案
正字方次雲先生翥別見震澤學案
縣令陳西軒先生昭度
陳昭度字元矩仙遊人與林艾軒方次雲友善自號西軒子爲藤州
教授以致知謹獨教學者終長樂令補

艾軒門人尹王三傳

文介林網山先生亦之
林亦之字學可福清人一作龍江人艾軒嘗講學於莆之紅泉及卒
學者請先生繼其席趙忠定帥閩嘗以先生之行業上於朝未幾卒

學者稱綱山先生景定閒贈迪功郎有集雲濠案綱山集非復原本四庫書目稱掇拾叢殘姑備插架

梓材謹案閩書言先生師艾軒三十餘年爲學一本躬行能繼其師說趙忠定帥閩辟入東井書堂又云景定閒林希逸追舉其賢賜謚文介

著作劉先生夙

劉夙字賓之莆田人也生毀齒日讀千字嘗時時習誦其所記憶者同門黃芻笑曰患健忘邪答曰我心樂此誦久樂益深矣偕其弟朔受業艾軒之門以紹興二十一年進士累官温州教授永嘉人才正盛陳止齋葉水心方爲諸生先生一見即奇之召試館職策問薦舉之敝對曰此執政大臣爲惠而不知爲政致之也陳執中章子厚人知其爲小人也然能不以官私其親今將告執政曰子爲執中乎爲子厚乎則艴然怒矣至其行事則有爲二人所不爲者時傳誦之除正字移樞密院編修兼國史院編修乞侍養不就陳良祐周操合疏留之除著作佐郎孝宗銳意恢復內廷設射馳毬大雨水蝗害稼而曾覿龍大淵挾聲勢陰進退士大夫皆相顧莫敢言言輒逐隆興二年七月先生輪對奏曰羣臣不以堯舜事陛下臣不識忌諱竊深憤

之上曰天下事可言者第言勿隱對曰自去夏至今日再食東南三地震比又積陰彌月所至水潦蝗食雨中爲異尤大在廷謂陛下宜避殿損膳自責矣而至今不聞德音左右近習盜陛下權且長淮無一兵之戍而陛下乃親技擊馳銜轡豈緩急欲爲自將地乎閤德陳敏近墮馬失臂梁珂亦摧折頷死陛下所親見也上爲改容遂下詔曰政事不修災異數見江浙水潦害於秋成朕甚懼焉其自八月朔不御正殿減常膳令侍從至館職疏朕闕失及當今急務先生又上封事曰陛下引舊寮謀政事得如張闡王十朋可也乃與覿大淵輩觴詠唱酬字而不名罷宰相易大將待其言而後決嚴法守裁徼倖自宮掖近侍始可也梁珂一年三受醲賞他內目一日遷四使而但減卿監郎曹數十員昔姚崇以十事要其君曰能用則就不用則去今陛下以五事要其臣曰不能如是則去能如是則留然則安用大臣孔道輔首論曹利用羅崇勳使罷去呂誨范純仁力諫濮王不可稱親今么麽如楊倓輩尙孰視不敢議然則安用臺諫又言國初僭叛雖平人情未一故設邏卒今徒用之以監謗豈可不畏又曰禹惡旨酒湯不邇聲色夫宴遊無度甚則有流蕩戲狎之患御幸無節其終爲人獸雜亂之禍願陛下罷行前事應天以實庶可消弭災變疏

入亟求罷留之數日不可以爲湖北安撫參議不行乾道元年奉祠三年覿大淵出起先生知衢州復奏君子小人之辨曰人主不示天下以所好而常禁其所偏上然之在州期年政平訟簡州人繪像祠之曾覿副賀金正旦使道衢入謁先生不內移知温州會旱全家淡食請命雖奉母亦以素饌已而以病奉祠州人爲之出涕其歸也蕭亦大旱手條捄荒十餘事行之得以不饑孝宗之志恢復也士無不以此說進雖朱子亦言之嘗遇先生於李侍郎浩座上先生弗是也侍郎亦如先生意他日朱子謂人曰吾乃爲賓之德遠夾攻南軒張子尤重先生曰王龜齡弗逮也先生兄弟並以名德重於朝顧皆不得大用乾道六年其弟卒年四十四先生以次年亦卒年四十八四方悲之如親戚艾軒皆爲位而哭周益公因率諸朝士哭之於其邸艾軒曰吾爲國受弔也又曰賓之愛君均於愛親憂國過於憂身古有遺直今難其人所著有春秋解修

附錄

乾道五年曾覿召歸過衢州守臣劉賓之諭以入城決不相見覿乃取道城外

真西山序春秋講義曰昌黎公寄玉川子詩有春秋三傳束高閣之

語學者疑之謂未有舍傳而可求經者今觀著作劉公講義一以聖筆爲據依其論秦穆公以人從死者晉文之召王宋襄之用人於社皆以經證傳之失所謂偉然者也昔歐陽子患僞說之亂經著爲論辯自謂時雖莫同千歲之後必有予同曾未二百年而劉公之論春秋蓋與之合公而有知當不恨後世之無子雲矣所講纔十有二條麟經大旨略盡於此其言曰吾聞法吏以一字輕重矣未聞聖人以一字輕重春秋也旨哉言乎足以破世儒之陋學者其深味之

正字劉先生朔

劉朔字復之雲濠案先生名一作翔攷閩書翔字圖南福州水口人紹興十五年進易解者別一人著作弟也天下稱爲二劉以紹興三十年進士爲溫州司戶少治易其兄謂曰春秋爲王氏茅塞久矣由是更治春秋名其家溫州大饑繼以大疫先生計口受祿以其餘散糜粥日有常數同僚以及富人爭效之親爲病者切脈施藥晨往晏罷徑入徐出或謂之曰將毋爲堂上憂曰此吾老母意也所全活數萬人聚道旁棄兒常百計募乳嫗飼之聽無子者擇取比滿秩災疫尚未盡消民泣曰司戶去吾儕且死先是著作以先生迎養於溫故亦求其教授於溫旣召試先生攝學事永嘉學術之盛兄弟皆與有

力焉召對奏曰陛下何不延納憤激敢言之士而聽訐直難堪之言因以自考成敗得失因言曾覿龍大淵罪狀以是不得留先生乞奉嶽祠孝宗念之猶得知福清縣福之支邑月責羨錢而無經賦先生盡罷之復請緩輸數月大帥感其言爲并旁縣俱寬之聽訟使兩辭自詰無追呼者市食挂錢於門民當其物持錢而去縣庭常空不復知械索所在王參政之望爲帥自尊僚屬卑屈甚先生以友誼責之之望不悅也於是復請祠歸再召對虞允文贊恢復銳甚希進者趨和之先生諫曰臣觀今日通和未爲失策昔富弼累增歲幣今減十萬矣往時兩淮不許備守今江北諸城增陴浚隍矣前此江上教兵彼輒呵問今沿淮分屯鼓聲達泗頻矣敵或示我弱殆不可測宜選兵將廣儲峙責成於端重堪事者從容以待其變若募彼人嚮導挾異國濟師合中原響赴而兵不必衆就敵人儲聚而粟不必多憑虛蹈空過爲指料將有臨危失據之憂此所謂決天下於一擲者也上竦然除正字時朝列之以持重觀釁爲詞者惟先生兄弟旣而允文卒無功先生又言歸附人宜散處州縣不當聚畿甸從之以疾求福建參議行至信安卒自先生去溫其兄復守溫惠政相埒溫人念念不置每見莆人輒問二劉公安否聞其相繼卒也哭之失聲先生與

其兄齊名著作挺特不肯輕以聲色假人先生稍濟以和易至於輕祿位而重出處厚名分而薄勢利盡言於朝盡心於官公是非勵廉隅則所同也嘗謂朋友講習爲古今至樂又曰天下至大也千歲至遠也所不可一日無者公論也朋友羣居敬畏之心所由生而公論之所由出也窮山永夕篝燈共語嘗聞鐘聲未已其卒也家無留貲所著有春秋紀年圖著作二子其著者曰彌正彌邵正字二子其著者曰起晦 修

附錄

林謙之劉復之以名儒薦對及曾龍畀惡皆補縣自是無敢言者

侍講陳先生士楚

陳士楚字英仲莆田人早從林艾軒遊乾道中登第淳熙末召爲國子監簿光宗立除司封郎兼嘉王府直講還軍器少監出使江東寧宗朝歷起居舍人明年除侍講嘗講周書無逸篇喻小人在朝君子在野之意上嘉納之未幾卒 補

縣丞黃先生翻

黃翻字季野艾軒門人志行高古同遊士自劉夙劉朔林亦之而下皆推讓焉一第而夭竟止懷安縣丞 修

林先生阿盥

陳先生叔盥合傳

林阿盥字載德福清人與同邑陳叔盥並遊艾軒之門閩人謂之二盥阿盥問六經根源無所入而欲投江艾軒稱之爲漁鹽中膠鬲叔盥少從於紅泉出揖客面容赬然艾軒曰心不負人面無赬容叔盥悟而自力遂以行義名參福清儒林傳

魏先生幾

魏幾字天隨福清人受學艾軒以克己復禮問答曰五湖明月因以穎悟賦丹霞夾明月有半白在梨花之句人以半白梨花目之同上

西軒門人

縣尉黃定齋先生鐘

黃鐘雲濠案鐘一作鍾字器之興化人號定齋從陳昭度遊乾道中登第待次德化尉講學授徒里人服其教調漳州錄事參軍先生喜著述有周禮集解荀楊續註杜詩註釋史要諸書補

網山門人尹王四傳

文遠陳樂軒先生藻

陳藻字元潔號樂軒居福清之橫塘初網山師艾軒網山之徒又推樂軒爲高弟閉門授徒不足自給至浮游江湖崎嶇嶺海歸買田數畝輒爲人奪去士之窮無過於此矣而以樂軒自扁此固先生所聞於師者與著有論語解 雲濠案先生尚有樂軒集八卷論語解佚

梓材謹案福州府志言先生家貧篤學不求人知課妻子耕織務本師林網山得艾軒經學之傳一時學者多從之遊既卒門人林希逸請于朝贈迪功郎謚文遠

附錄

後村劉氏作三先生祠堂有曰里中前一輩及艾軒之門者衆矣然數十年更相推讓卒以傍邑二士接艾軒之傳所謂公論在人心者邪

雲濠謹案三先生謂艾軒網山樂軒也

林竹溪鬳齋學記曰退之送文暢序先師樂軒云退之只是說得亦未必盡知之 補

又曰虞翻以坤艮爲虎馬融以兌爲虎郭璞以兌艮爲虎坤爲虎坤交乾也艮爲虎寅位也天文尾爲虎艮也兌爲虎參伐之次也龍德所銜爲虎亦兌也易之取象果如是乎獨樂軒以理言象八卦之外

不喜穿鑿曰乾爲馬坤爲牛而牝馬地類坤彖辭也論易象者當以爲法補

又序樂軒詩筌曰在昔隆乾閒士之師道立浙有東萊呂氏建有晦庵朱氏湘有南軒張氏江西有象山陸氏莆有艾軒林氏皆以道師授並世而立名者也艾軒於時猶爲前輩號南夫子獨不喜著書門人又益微黃懷安紛最高弟最先夭二劉著作正字雖暫顯亦蚤卒世其學者網山一人再傳樂軒又皆以布衣死艾軒在網山以艾軒名網山在樂軒以網山名近二十年鄉井聞見日陋張呂諸儒以其書在可磔裂欺世故人能言之言象山者疑信已半至若艾軒姓氏則問之晚少年漫不省樂軒雖得壽後網山死四十年衰白窮槁人以爲常人矣且面背譏笑不小其文既不適時閒出語又驚世駭俗至於今譏笑未已也樂軒卒十年予請於宗伯而祠之或詈或排幾不就役昨之日猶有難予者曰子之師何如人也笑而應之曰人矣乎烏乎長曰奚短哉烏乎學曰奚道哉以文名乎曰玉質金相春明秋潔絕出羣言探入微賾先生之文若是已名則吾不知以詩名乎曰洗削穠華完復素樸羣詺鄙里自謂奇崛先生之詩若是已名則吾不知然則至道矣乎曰玩神遺形甘約保獨傲睨乎鬼神兄老而

弟佛撓挑浮游至死不厭道邪非邪予亦不知也客艴然而去予方追歎未已蘧文甫適以詩筌來覽之泣下遂志諸卷首而系之曰師學之傳豈直以詩詩又不傳學則誰知後千年無人已而已而後千年有人留以竢之柰何乎噫

著作家學

侍郎劉退翁先生彌正

劉彌正字退翁著作夙之長子也幼率諸弟勤苦為學貧不能得膏火旁媼夜績有光射牖輒攜書就之以進士入官方靜簡質與人不苟立同異至臨事鯁峭除民疾痛剛果立發必達其志而後已知臨川縣太守責畸零之稅先生以為於法不當徵不奉行也太守械其胥而廷詬之先生曰以喜怒罪令則可稅不可得入為太常寺簿累遷寺丞時方啓邊禍使先生行兩淮議用鐵錢返言無故而先發天理不順無豫而輕舉人謀不從宰相怒不聽已而果敗先生言今金頓兵要我復和急之則權在人矣緩敵莫難於財若今任帥守監司管軍以上貲豪其地者皆有以佐軍需而宮掖之奉吏胥之蠹食悉加裁撙使國用未甚屈則金可力持而計可徐定也陳自強惡其不附己時方以軍敗復議和欲陷之死地乃以為賀金國生辰使議和

未定詔使者留潤州以俟傳言金且復犯淮於是通泰提舉鹽運官皆遯乃卽京口用先生爲淮東提舉亦自強困之也先生曰鹽在北而移司於南卽金不至亦剽奪盡矣遂渡江貸亭戶積舟相接數千里賣之而鹽運之利得如故乃爲淮東諸城具樓櫓儲粟麥而眞州以北漸安集明年卽用爲運判議和亦定以運司留錢護使者往來至再又以先生爲接送伴留遣使召入朝累遷左司郎中直寶謨閣出爲兩浙運判遷運副自渡江後帥漕二司爲應辦官日不暇給先生一清如水無敢以私相干者內臣往來不與相見又入朝累遷起居舍人遂爲吏部侍郎甫一月以病乞身朝議方向用之不許然竟卒自先生二父以威名不竟其施先生兄弟世其家學稍躋通顯者惟先生而亦未究其用君子惜之補

祖望謹案退翁定朱子謚

劉習靜先生彌邵

劉彌邵字壽翁夙之子中歲棄科舉務向上事業行義爲鄉先生家貧食於學晚舍去幷學俸卻之郡守楊楝卽學創尊德堂以處先生僅一至後楝使本道又論薦於朝未報卒有易稿漢考讀書日記諸書學者稱習靜先生補

著作門人

運判孟先生渙別見槐堂諸儒學案

正字家學

正字劉先生起晦

劉起晦字建翁正字朔之子登第歷貴溪令召爲祕書省正字蔚有時望識者謂其材行不忝其父云補

正字門人

運判孟先生渙別見槐堂諸儒學案

樂軒門人尹王五傳

舍人林竹溪先生希逸

林希逸字肅翁號竹溪福清人端平進士淳祐中還祕省正字景定中官司農少卿終中書舍人有鬳齋集易義春秋傳考工記解雲濠案鬳齋前集六十卷易義春秋傳俱佚鬳齋續集三十卷考工記解二卷行世

鬳齋學記補

和靖曰事當爲者豈可不爲廢事便是廢人道乃引莊子匿而不可不爲者事也和靖語自正莊子意又別

和靖嘗以易傳序體用一原顯微無閒如太洩露天機問於伊川伊川曰如此分明說破人猶不解愚因此語深知和靖質實之意使和靖在今日見字義語錄編類諸書又不知如何太息也雖然天機正何曾漏洩得

馮忠恕嘗問於和靖曰某父晚年不信陰陽拘忌之說更不擇日亦無辟忌恐是伊川家風和靖曰不須異人之所畏不得不畏從俗何害此更見和靖質實不自異處

祖望謹案此說雖是然卻啓人沈溺術數之學

和靖曰伊川不言人短每見人論前輩則曰汝輩且取他長處此語甚有益於後學亦有論伊川於滎陽者滎陽曰何不談他好處意與此同

和靖曰孟子論仲子曰以其小者信其大者奚可哉此極本之言以小信大只是啓詐僞之端今人正有此弊

梓材謹案謝山補錄盧齋學記十二條今移爲艾軒附錄一條樂軒附錄二條又移入震澤學案一條移入新學略二條移入蜀學略一條

劉先生翼

劉翼字躔文福唐人與虜齋同登樂軒之門著有心遊摘稿從黃氏
補本錄入

退翁家學

文定劉後村先生克莊

劉克莊字潛夫彌正子官至工部尚書龍圖閣學士謚文定補
梓材謹案先生嘗受業于真西山萬姓統譜載先生生有異質日誦萬言爲文援筆立就真西山以學貫古今文追騷雅進之著有後村文集名大全集

知州劉先生克遜

劉克遜字無競彌正子以父任入官知潮州初銀買未昂每丁賦錢五百後以買昂加至四倍下令蠲之曰以此得罪無恨也終於知泉州清貧有守工詩爲水心南塘所稱許補

後村門人尹王六傳

文毅洪陽嚴先生天錫

洪天錫字君疇晉江人寶慶二年進士授廣州司法長史盛氣待僚屬先生糾正爲多丁內艱免喪調潮州司理改知古田縣行鄉飲酒禮通判建寧府擢諸司料院拜監察御史至說書累疏言天下之患

三宦官也外戚也小人也劾董宋臣謝堂厲文翁天雨土先生以其異爲蒙力言陰陽君子小人之所以辨又言修內司之爲民害者蜀中地震浙閩大水又言上下窮空遠近怨疾獨貴戚宦閹享富貴耳舉天下窮且怨陛下能獨與數十人者共天下乎會吳民仲大論等列愬宋臣奪其田先生下其事有司而御前提舉所移文謂田屬御莊不當白臺儀鸞司亦牒常平先生謂御史所以雪冤常平所以均役若中貴人得以擅之則內外臺可廢猶爲國有紀綱乎乃申劾宋臣併盧允升而枚數其惡上猶力護之疏上至六七最後請還御史印謂明君當爲後人除害不當留患以遺後人今朝廷輕給舍臺諫輕百司庶府而北司獨重倉卒之際臣實懼焉言雖不果行然終宋世閹人不能竊弄主威者皆先生之力也而先生亦自是去朝廷矣改大理少卿再遷太常皆不拜改廣東提點刑獄五辭起知潭州戢盜賊尊先賢踰年大治遷廣東轉運判官召爲祕書監兼侍讀以曠辭升祕閣修撰福建轉運副使又辭度宗卽位以侍御史兼侍讀召累辭不許在道閒監察御史張材劾罷之少進工部侍郎加顯文閣待制湖南安撫使知潭州改漳州皆力辭又改福建安撫使力辭不許召爲刑部尚書不起屢進華文閣直學士致仕加端明殿學士轉

一官疾革草遺表以規君相上震悼特贈正議大夫謚文毅先生言動有準繩居官清介臨事是非不可回折所著奏議經筵講義進故事通禮輯略味言發墨陽巖文集參史傳

梓材謹案先生誌劉後村墓自稱門人又爲後村謚議稱先師則先生後村弟子也

陽巖門人尹王七傳

隱君邱釣磯先生葵別見北溪學案

晦翁學案表

朱熹 韋齋子 延平白水籍溪屏山門人 元城龜山譙氏武夷豫章再傳 涑水明道伊川三傳 安定泰山濂溪四傳

子 塾 —— 孫 鑑

子 埜

子 在 —— 曾孫 浚

從孫 洪範 別見介軒學案

蔡元定 別爲西山蔡氏學案

黃榦 別爲勉齋學案

李燔

張洽 並爲滄洲諸儒學案

輔廣 別爲潛庵學案

輔萬 別見潛庵學案

陳埴 別爲木鐘學案

葉味道 別見木鐘學案

杜煜

杜知仁 並爲南湖學案
蔡淵
蔡沆 並見西山蔡氏學案
蔡沈 別爲九峯學案
陳淳 別爲北溪學案
陳易 別見北溪學案
廖德明
李方子 並見滄洲諸儒學案
余元一
趙師恕 並見勉齋學案
趙崇憲
趙崇度 並見玉山學案
趙蕃
宋之源

劉黼
許子春 並見清江學案
彭龜年
趙善佐
張巽
潘友端
胡大時 並見嶽麓諸儒學案
王瀚
王洽
詹儀之
李大同
周介
鄒補之
黃謙

王介並見麗澤諸儒學案
呂喬年別見東萊學案
高松別見止齋學案
傅定別見說齋學案
舒璘別爲廣平定川學案
傅夢泉
孫應時
諸葛千能
周艮
包揚
包約
包遜
石斗文
石宗昭

喻仲可

趙師葴

趙師雍　並見槐堂諸儒學案

又一百五十五人並見滄洲諸儒學案

私淑　樓鑰　別見邱劉諸儒學案

吳柔勝──子淵

父口　子潛　並見槐堂諸儒學案

陳績──子□┈┈孫□

柴中行　別見邱劉諸儒學案

魏了翁　別爲鶴山學案

詹初　別見勉齋學案

蔡和　別見北溪學案

李道傳　別見劉李諸儒學案

李大有　別見東萊學案

謝夢生別見木鐘學案
陳均
趙汝騰
孫必𢍰
陳仁伯
陳旅別見草廬學案
方鎔別見北山四先生學案
趙復別見魯齋學案
余季芳別見介軒學案
俞浙
黃奇孫別見潛庵學案
熊朋來
子太古
俞琰
王都中別見魯齋學案
並朱學續傳

張栻別爲南軒學案
呂祖謙別爲東萊學案
趙汝愚別見玉山學案

趙汝靚
韓元吉別見和靖學案
潘時別見元城學案
方耒別見劉胡諸儒學案
張杰別見玉山學案
石𡼖——杜煜
　　　　杜知仁並爲南湖學案
何鎬並晦翁講友
項安世
黃樵仲
陳景思並晦翁學侶
趙不息——孫汝談別見滄洲諸儒學案

孫汝諧別見水心學案

劉靖之

劉清之並爲清江學案

劉光祖別爲邱劉諸儒學案

並晦翁同調

餘姚黃宗羲原本　　後學慈谿馮雲濠校刊
男百家纂輯　　鄞縣王梓材重校
鄞縣全祖望次定　　道州何紹基重刊

晦翁學案

祖望謹案楊文靖公四傳而得朱子致廣大盡精微綜羅百代矣江西之學浙東永嘉之學非不岸然而終不能諱其偏然善讀朱子之書者正當偏求諸家以收去短集長之益若墨守而屏棄一切焉則非朱子之學也述晦翁學案梓材案朱子學案本稱紫陽謝山序錄定爲晦翁學案又案諸儒學派自龜山而豫章爲一傳自豫章而延平爲再傳自延平而朱子爲三傳序錄謂文靖四傳而得朱子蓋統四先生言之其實朱子本師劉白水爲龜山門人亦秖再傳耳

延平門人楊胡再傳

文公朱晦庵先生熹

朱熹字元晦一字仲晦徽州婺源人父韋齋先生松第進士歷官司勳吏部郎以不附和議忤秦檜去國行誼爲學者所師嘗爲閩延平

尤溪縣尉建炎四年罷官寓尤溪城外毓秀峯下之鄭氏草堂生先生先生自幼穎悟五歲讀孝經卽題曰不若是非人也年十八登紹興十八年進士第授泉州同安主簿選邑秀民充弟子員日與講說聖賢修己治人之道禁婦女之爲僧道者士思其教民懷其德不忍其去至五考而後罷二十八年請嶽祠二十九年以陳康伯薦召以疾辭孝宗卽位詔求直言先生上封事帝王之學必先格物致知以極夫事物之變使義理所存纖悉畢照則自然意誠心正而可以應天下之務次言修攘之計所以不時定者講和之說誤之也夫金人于我有不共戴天之讎則不可和也明矣願閉關絕約任賢使能立紀綱厲風俗俟數年之後國富兵強徐起而圖之次言四海之利病係斯民之休戚斯民之休戚係守令之賢否監司者守令之綱朝廷者監司之本本源之地亦在于朝廷而已隆興元年復召對其一言大學之道在乎格物以致其知陛下未嘗隨事以觀理卽理以應事平治之效所以未著其二言君父之讎不與共戴天今日所當爲者非戰無以復讐非守無以制勝且陳古先聖王所以強本折衝威制遠人之道時相湯思退方倡和議除先生武學博士待次歸乾道元年趣就職既至而洪适爲相復主和論不合復請祠歸三年劉公珙

在樞府薦爲樞密院編修官待次五年丁內艱六年工部侍郎胡公銓以詩人薦與王庭珪同召以未終喪辭七年免喪復召以祿不及養辭九年梁克家相申前命又辭孝宗曰朱熹安貧守道廉退可嘉特改令入官主管台州崇道觀淳熙二年除祕書郎力辭乃主管武夷山沖佑觀五年史浩再相除知南康軍值歲不雨講求荒政全活甚多訪白鹿洞書院遺址奏復其舊爲學規俾守之明年夏大旱上疏言天下之務莫大于恤民而恤民之本在人君正心術以立紀綱蓋天下之紀綱不能以自立必人主之心術公平正大無偏黨反側之私然後有所繫而立必親賢臣遠小人講明義理之歸閉塞私邪之路然後乃可得而正今宰相臺省師傅賓友諫諍之臣皆失其職而陛下所與親密謀議不過一二近習之臣上以蠱惑陛下之心志使陛下不信先王之大道而悅于功利之卑說不樂莊士之讜言而安于私暬之鄙態下則招集天下士大夫之嗜利無恥者文武彙分各入其門交通貨賂所盜者皆陛下之財命卿置將所竊者皆陛下之柄使陛下之號令黜陟不復出于朝廷而出於一二人之門莫大之禍必至之憂近在朝夕而陛下獨未之知孝宗讀之大怒宰相趙雄曰士之好名陛下疾之愈甚則人譽之愈衆無乃適所以高之不

若因其長而用之彼漸當事任能否自見矣孝宗以爲然乃除先生提舉江西常平茶鹽旋錄救荒之勞除直祕閣會浙東大饑改提舉浙東入對首陳災異之由與修德任人之說次言近習便嬖側媚之態既足以蠱心志而胥吏狡獪之術又足以眩聰明邪佞充塞貨賂公行人人皆得滿其所欲惟有陛下了無所得而顧乃獨受其弊孝宗爲動容先生拜命卽日單車就道日鉤訪民隱按行境內郡縣官吏憚其風采至自引去所部肅然于救荒之餘隨事處畫必爲經久之計復奏言爲今之計獨有責躬求言然後君臣相戒痛自省改其次惟有盡出內庫之錢以供大禮之費爲收糴之本詔戶部免徵舊負詔漕臣依條檢放租稅詔宰臣沙汰監司守臣之無狀者遴選賢能責以荒政庶幾猶足下結人心不然臣恐所憂者不止於饑殍而將在於盜賊蒙其害者不止於官吏而上及於國家也知台州唐仲友與王淮同里爲姻家吏部尚書鄭丙侍御史張大經交薦之遷江西提刑未行先生行部至台訟仲友者紛然按得其實章前後六上淮不得已奪仲友江西新命以授先生辭不拜遂歸且乞奉祠時鄭丙疏詆程學且以沮先生淮又擢陳賈爲監察御史賈面對首論道學者大率假名以濟僞願擯棄勿用蓋指先生也十年詔主管台州

崇道觀連奉雲臺鴻慶之祠者五年十四年以楊公萬里薦除提點江西刑獄十五年淮罷相周相必大奏趣先生之任遂入奏首言近年刑獄失當獄官當擇其人次言經總制錢之病民及江西諸州科罰之弊而其末言陛下即位二十七年因循荏苒無尺寸之效可以仰酬聖志無乃燕閒蠖濩之中虛明應物之地天理有所未純人欲有所未盡是以爲善不能充其量除惡不能去其根願陛下自今以往一念之頃必謹而察之無一毫之私欲得以介乎其閒而天下之事將惟陛下所欲爲無不如志矣是行也有要之于路以爲正心誠意之論上所厭聞戒勿以爲言先生曰吾生平所學惟此四字豈可隱默以欺吾君乎及奏孝宗曰久不見卿浙東之事朕自知之今當處卿清要不復以州縣爲煩也時曾覿已死王抃亦逐獨內侍甘昪尚在先生力以爲言孝宗曰昪乃德壽所薦爲其有才爾先生曰小人無才安能動人主翌日除兵部郎官以足疾奉祠本部侍郎林栗嘗與先生論易西銘不合劾先生本無學術徒竊張載程頤緒餘謂之道學所至輒攜門生數十人妄希孔孟歷聘之風邀索高價不肯供職其僞不可掩孝宗曰林栗言似過周必大言先生上殿之日足疾未瘳勉強登對孝宗曰朕亦見其跛曳左補闕薛叔似亦奏援先

生乃令依舊職江西提刑先生辭免太常博士葉適疏與栗辯謂其
言無一實者謂之道學一語無實尤甚往日王淮表裏臺諫陰廢正
人蓋用此術會胡晉臣除侍御史首論栗喜同惡異無事而指學者
爲黨乃黜栗知泉州除先生直寶文閣主管西京嵩山崇福宮未踰
月再召先生又辭始先生嘗以爲口陳之說有所未盡乞具封事以
聞至是投匭進封事曰今天下大勢如人有重病內自心腹外達四
支無一毛一髮不受病者且以天下之大本與今日之急務爲陛下
言之大本者陛下之心急務則輔翼太子選任大臣振舉綱紀變化
風俗愛養民力修明軍政六者是也古先聖王兢兢業業持守此心
是以建師保之官列諫諍之職凡飲食酒漿衣服次舍器用財賄與
夫宦官宮妾之政無一不領於冢宰使其左右前後一動一靜無不
制以有司之法而無纖芥之隙陛下所持守其心果有如此之切乎
所以正其左右果有如此之效乎至于輔翼太子則自王十朋陳良
翰之後稱職者鮮而又時使邪佞儇薄闒冗庸妄之輩參其閒師傅
賓客既不復置而詹事庶子有名無實其左右春坊遂直以使臣掌
之既無以發其隆師親友尊德樂義之心又無以防其戲慢媟狎奇
袤雜進之言宜討論前典置師傅賓友之官罷去春坊使臣而使詹

事庶子各復其職至于選任大臣則以陛下之聰明豈不知天下之事必得剛明公正之人而後可以任哉直以一念之閒未能徹其私邪之蔽若用公明剛正之人則恐其有以妨吾之事害吾之人而不得肆是以排擯此等而後取凡疲懦輭熟平日不敢直言正色之人而揣摩之又于其中得其至庸極陋決可保其不至于有所妨者然後舉而加之于位是以除書未出而物色先定姓名未顯而中外已逆知其決非天下之第一流矣至于振肅紀綱變化風俗則今日官省之閒禁密之地而天下不公之道不正之人顧乃得以窟穴盤據于其閒是以紀綱不正于上風俗頹弊于下大率習爲輭美依阿甚者以金珠爲脯醢以契券爲詩文惟得之求無復廉恥一有剛毅正直守道循理之士出乎其閒則羣議衆排指爲道學而禁錮之必使無所容其身而後已此豈治世之事哉至于愛養民力修明軍政則自虞允文之爲相也盡取版曹歲入羨餘之數而輸之內帑以備宅日用兵進取不時之需二十餘年內帑歲入不知幾何而認爲私貯典以私人日銷月耗以奉燕私之費曷嘗聞其能易敵人之首如太祖之言哉徒使版曹經費闕乏日甚督促日峻中外承風競爲苛急此民力之所以重困也諸將之求進也必先掊克士卒以殖私財然

後以此自結于陛下之私人而祈以姓名達于陛下之貴將貴將以付軍中使自什伍以上保稱材武陛下以爲公薦可以得人而豈知其論價輸錢已若晚唐之債帥哉彼智勇材略之人孰肯抑心下首于宦官宮妾之門而陛下之所得皆庸夫走卒而猶望其修明軍政激勸士卒以強國勢豈不誤哉凡此六事本在于陛下之一心一心正則六事無有不正矣疏入夜漏下七刻孝宗已就寢亟起秉燭讀之終篇明日除主管太乙宮兼崇政殿說書先生力辭除祕閣修撰奉外祠光宗卽位再辭職名仍舊直寶文閣降詔獎諭居數月除江東轉運副使以疾辭改知漳州奏除無名之賦七百萬減經總制錢四百萬以習俗未知禮采古喪葬嫁娶之儀揭以示之嘗病經界不行會朝論欲行汀漳泉三州經界先生乃訪事宜上之宰相留正泉人也其里黨亦多以爲不可行布衣吳禹圭上書訟其擾人有旨先行漳州經界明年以子喪請祠時史浩入見請收天下人望乃除先生祕閣修撰主管南京鴻慶宮再辭詔論撰之職以寵名儒乃拜命除荆湖南路轉運副使辭漳州經界竟報罷以言不用自劾除知靜江府辭主管南京鴻慶宮未幾差知潭州力辭黄裳爲嘉王府翊善自以學不及先生乞召爲宮僚王府直講彭龜年亦爲大臣言之留

正曰正非不知熹但其性剛恐到此不合反爲累耳先生方再辭有旨長沙巨屏得賢爲重遂拜命會洞獠擾屬郡先生遣人諭以禍福皆降之申敕令嚴武備戢姦吏抑豪民所至興學校明教化四方學者畢至寧宗即位趙忠定汝愚首薦先生及陳傅良除煥章閣待制侍講入對首言乃者太皇太后躬定大策陛下寅紹丕圖可謂處之以權而不失其正今三月矣或反不能無疑于逆順名實之際臣願陛下盡負罪引慝之誠致溫清定省之禮而大倫正大本立矣時論者以寧宗未還大内恐名體不正而疑議生有旨修葺舊東宮爲屋至數百間欲徙居之先生奏疏言此必有左右近習倡爲此說以誤陛下而欲因以遂其姦心臣恐上帝震怒災異數出不當興此大役以咈譴告警動之意亦恐畿甸百姓阽于死亡之際怨望忿切以生他變又聞太上皇后懼忤太上皇帝聖意不欲其聞太上之稱又不欲其聞内禪之說此又慮之過者父子大倫三綱所繫久而不圖亦將有借其名以造謗生事者此又臣之所大懼也願陛下罷修葺東宮之役回就慈福重華之閒草創寢殿使粗可居下詔自責減省輿衛入宮之後暫變服色如唐肅宗之改服紫袍執鞚馬前者則太上皇帝雖有忿怒之情亦且霍然消散而歡意浹洽矣至若朝廷之紀

綱則凡號令弛張人才進退一委之二三大臣使之反覆校量有不
當者繳駮論難擇其善者稱制臨決則不惟近習不得干預朝權大
臣不得專任己私而陛下亦得以益明習天下之義而無所疑于得
失之算矣若夫山陵之卜則願黜臺史之說別求草澤以營新宮使
壽皇之遺體得安而宗社生靈皆蒙福矣疏入不報然寧宗亦未有
怒先生意也每以所講編次成帙以進寧宗亦開懷容納先生又奏
自漢文短喪歷代因之三綱不明千有餘年壽皇聖帝易月之外猶
執通喪朝衣朝冠皆用大布閒者遺詔初頒太上皇帝偶違康豫不
能躬就喪次陛下以世嫡承大統則承重之服著在禮律所宜遵壽
皇已行之法遂用漆紗淺黃之服臣竊痛之然既往之失不及追改
將來啓殯發引禮當復用初喪之服會孝宗祔廟議宗廟迭毀之制
自太祖首建僖順翼宣四祖之廟治平閒議者以世數寖遠請遷僖
祖于夾室後王安石等奏僖祖有廟與稷契無異請復其舊時相趙
忠定雅不以復祀僖祖爲然侍從多從其說吏部尚書鄭僑欲且祧
宣祖而祔孝宗先生以爲神宗得禮之正所謂有舉之而莫敢廢者
乎又擬其廟制以辯以爲物豈有無本而生者廟堂不以聞即毀撤
僖宣廟室更創別廟以奉四祖始寧宗之立韓侂冑自謂有定策功

居中用事先生憂其害政上疏斥言左右竊柄之失在講筵復申言之御批云憫卿耆艾恐難立講已除卿宮觀趙忠定袖還御筆且諫且拜內侍王德謙徑以御筆付先生臺諫爭留不可樓宣獻鑰與陳傅良旋封還錄黃修注官劉光祖鄧馹封章交上先生行被命除寶文閣待制與州郡差遣辭尋除知江陵府辭詔依舊煥章閣待制提舉南京鴻慶宮初忠定既相收召四方知名之士中外引領望治先生獨惕然以侂冑用事爲慮既屢爲寧宗言又數以手書啓忠定勿使得預朝政忠定謂其易制不以爲意及是忠定亦以誣逐而朝廷大權悉歸侂冑矣先生始以廟議自劾不許以疾再乞休致詔依舊祕閣修撰二年沈繼祖爲監察御史誣先生十罪詔落職罷祠門人蔡元定亦送道州編管四年先生以年近七十申乞致仕五年依所請明年卒年七十一疾且革手書屬其子在及門人范念德黃榦拳拳以勉學及修正遺書爲言翌日正坐整衣冠就枕而逝先生登第五十年仕于外者僅歷同安簿知南康軍提舉浙東常平茶鹽知漳洲潭州凡五任九考及經筵纔四十日家故貧少依父友劉子羽寓建之崇安後徙建陽之考亭簞瓢屢空晏如也諸生之自遠而至者豆飯藜羹率與之共往往稱貸于人以給用而非其道義則一介不

取也自先生去國侂胄勢益張何澹爲中司首論專門之學文詐沽
名乞辨眞僞劉德秀仕長沙不爲南軒之徒所禮及爲諫官首論留
正引僞學之罪僞學之稱自此始太常少卿胡紘言比年僞學猖獗
圖爲不軌望宣諭大臣權住進擬遂召陳賈爲兵部侍郎未幾先生
有奪職之命劉三傑以前御史論先生趙汝愚劉光祖徐誼等前日
之僞黨至此而又變爲逆黨卽日除三傑右正言右諫議大夫姚愈
論道學權臣結爲死黨窺伺神器乃命直學士院高文虎草詔諭天
下于是攻僞學日急選人余嚞至上書乞斬先生方是時士之繩趨
尺步稍以儒名者無所容其身從遊之士特立不顧者屏伏丘壑依
阿巽懦者更名他師過門不入甚至變易衣冠狎遊市肆以自別其
非黨而先生日與諸生講學不休或勸其謝遣生徒者笑而不答有
籍田令陳景思者故相康伯之孫也與侂胄有姻連勸侂胄勿爲已
甚侂胄意亦漸悔先生既沒將葬言者謂四方僞徒期會送僞師之
葬會聚之閒非妄談時人短長則繆議時政得失望令守臣約束從
之嘉泰初學禁稍弛二年詔先生以致仕除華文閣待制與致仕恩
澤後侂胄死詔賜先生遺表恩澤謚曰文尋贈中大夫特贈寶謨閣
直學士理宗寶慶三年贈太師追封信國公改徽國始先生少時慨

然有求道之志年十四韋齋公病亟嘗屬先生曰籍溪胡原仲白水劉致中屏山劉彥沖三人學有淵源吾所敬畏吾即死汝往事三人謂胡憲劉勉之劉子翬也故先生之學既博求之經傳復徧交當世有識之士延平李愿中先生老矣嘗從學于羅仲素先生先生歸自同安不遠數百里徒步往從之其爲學大抵窮理以致其知反躬以踐其實而以居敬爲主全體大用兼綜條貫表裏精粗交底于極嘗謂聖賢道統之傳散在方冊聖經之旨不明而道統之傳始晦于是竭其精力以研窮聖賢之經訓其于百家之支二氏之誕不憚深辯而力闢之所著書有易本義啓蒙蓍卦攷誤詩集傳大學中庸章句或問論語孟子集註太極圖通書西銘解楚辭集註辯證韓文考異所編次有論孟集議孟子指要中庸輯略孝經刊誤小學書通鑑綱目宋名臣言行錄家禮近思錄河南程氏遺書伊洛淵源錄皆行于世平生爲文凡一百卷生徒問答凡八十卷別錄十卷紹定末祕書郎李心傳乞以司馬溫公周濂溪邵康節張橫渠程明道程伊川及先生七子列于從祀不報淳祐元年正月理宗視學手詔以張周二程及先生從祀孔廟元至正二年封韋齋公爲獻靖公明洪武初詔以先生之書立于學宮天下學者咸宗之嘉靖中祀稱先儒朱子韋

齋公從祀啓聖祠先生墓在崇安之九峯山下子三塾埜在皆賢在
紹定中爲吏部侍郎今新安考亭各世襲博士一員

百家謹案紫陽以韋齋爲父延平白水屏山籍溪爲師南軒東萊諸君子爲友其傳道切磋之人俱非夫人之所易姤也稟穎敏之資用辛苦之力嘗自言曰某舊時用心甚苦思量這道理如過危木橋子相去只在毫髮之閒才失脚便跌下去可見先生用功之苦矣而又孜孜不肯一刻放懈其爲學也主敬以立其本窮理以致其知反躬以踐其實而博極羣書自經史著述而外凡夫諸子佛老天文地理之學無不涉獵而講究也其爲閑世之鉅儒復何言哉

中和說一 自注云此書非是但存之以見議論本末耳下篇同此

與張敬夫曰人自有生卽有知識事至物來應接不暇念念遷革以至于死其閒初無頃刻停息舉世皆然也然聖人之言則有所謂未發之中寂然不動者夫豈以日用流行者爲已發而指夫暫而休息不與事接之際爲未發時邪嘗試以此求之則泯然無覺之中邪暗鬱塞似非虛明應物之體而幾微之際一有覺焉則又便爲已發而非寂然之謂蓋愈求而愈不可見于是退而驗之日用之閒則凡感

之而通觸之而覺蓋有渾然全體應物而不窮者是乃天命流行生生不息之機雖一日之閒萬起萬滅而其寂然之本體則未嘗不寂然也所謂未發如是而已矣夫豈別有一物限于一時拘于一處而可以謂之中哉

劉蕺山曰說得大意已是猥不是限于一時拘于一處但有覺處不可便謂之已發此覺性原自渾然原自寂然

中和說二

答張敬夫曰日前所見累書所陳者只是儱侗見得大本達道底影像便執認以爲是了蓋只見得箇直截根源傾湫倒海底氣象日閒但覺爲大化所驅如在洪濤巨浪之中不容少頃停泊以故應事接物處但覺粗厲勇果而無寬裕雍容之氣雖竊病之而不知其所自來也今而後乃知浩浩大化之中一家自有一箇安宅正是自家安身立命主宰知覺處所以立大本行達道之樞要所謂體用一原顯微無閒乃在于此道邇求遠亦可笑矣

劉蕺山曰這知覺又有箇主宰處正是天命之性統體大本達道者端的端的

中和說三

答張敬夫曰近復體察見得此理須以心爲主而論之則性情之德中和之妙皆有條而不紊蓋人之一身知覺運動莫非心之所爲則心者所以主于身而無動靜語默之閒者也方其靜也事物未至思慮未萌而一性渾然道義全具其所謂中乃心之所以爲體而寂然不動者也及其動也事物交至思慮萌焉則七情迭用各有攸主其所謂和乃心之所以爲用感而遂通者也然性之靜也而不能不動情之動也而必有節焉是則心之所以寂然感通周流貫徹而體用未始相離者也然人有是心而或不仁則無以著此心之妙人雖欲仁而或不敬則無以致求仁之功蓋心主乎一身而無動靜語默之閒是以君子之于敬亦無動靜語默而不致其力焉未發之前是敬也固已主乎存養之實已發之際是敬也又常行乎省察之閒方其存也思慮未萌而知覺不昧是則靜中之動復其見天地之心也及其發也事物紛糾而品節不差是則動中之靜艮之所以不獲其身不見其人也有以主乎靜中之動是則寂而未嘗不感有以察乎動中之靜是則感而未嘗不寂寂而常感感而常寂此心之所以周流貫徹而無一息之不仁也

劉蕺山曰以心爲主及主敬之說最爲諦當

中和說四

答湖南諸公曰向來講論思索直以心爲已發而日用工夫亦止察識端倪爲最初下手處以故缺卻平日涵養一段工夫使人胸中擾擾無深潛純一之味而其發之言語事爲之閒亦嘗急迫浮露無復雍容深厚之風蓋所見一差其害乃至于此不可不審也

劉蕺山曰畢竟求之未發之中歸之主靜一路然較濂溪爲少落邊際蓋朱子最不喜儱侗說道理故已見得後仍做鈍根工夫○此朱子特參中庸奧指以明道也第一書先見得天地閒一段發育流行之機無一息之停待乃天命之本然而實有所謂未發者存乎其閒卽已發處窺未發絕無彼此先後之可言者也第二書則以前日所見爲儱侗浩浩大化之中一家自有一箇安宅爲立大本行達道之樞要是則所謂性也第三書又以前日所見爲未盡而反求之于心以性情爲一心之蘊心有動靜而中和之理見焉故中和只是一理一處便是仁卽向所謂立大本行達道之樞要然求仁工夫只是一敬心無動靜敬無動靜也最後一書又以工夫多用在已發爲未是而專求之涵養一路歸之未發之中云合而觀之第一書言道體也第二書言性體也第三書合性于心

言工夫也第四書言工夫之究竟處也見解一層進一層工夫一節換一節孔孟而後幾見小心窮理如朱子者愚按朱子之學本之李延平由羅豫章而楊龜山而程子而周子自周子有主靜立極之說傳之二程其後羅李二先生專教人默坐澄心看喜怒哀樂之未發時作何氣象朱子初從延平遊固嘗服膺其說已而又參以程子主敬之說靜字爲稍偏不復理會迨其晚年深悔平日用功未免疏于本領致有辜負此翁之語固已深信延平立教之無弊而學人向上一機必于此而取則矣湖南答問誠不知出于何時考之原集皆載在敬夫次第往復之後經輾轉折證而後有此定論則朱子生平學力之淺深固于此窺其一斑而其卒傳延平心印以得與于斯文又當不出此書之外無疑矣夫主靜一語單提直入惟許濂溪自開門戶而後人往往從依傍而入其流弊便不可言幸而得亦如短販然本薄利奢叩其中藏可盡也朱子不輕信師傳而必遠尋伊洛以折衷之而後有以要其至乃所爲善學濂溪者

百家謹案中和舊說序先生自敘幼從學延平求喜怒哀樂未發之旨未達聞張欽夫得衡山胡氏學往問之亦未省退而沈

思謂人自嬰兒至老死莫非已發特其未發者爲未嘗發耳後

忽自疑復取程氏書虛心平氣而徐讀之未及數行凍解冰釋然後知性情之本然聖賢之微旨平正明白如此

觀心說

或問佛者有觀心說然乎曰夫心者人之所以主乎身者也一而不二者也爲主而不爲客者也命物而不命于物者也故以心觀物則物之理得今復有物以反觀乎心則是此心之外復有一心而能管乎此心也然則所謂心者爲一邪爲二邪爲主邪爲客邪爲命物者邪爲命于物者邪此亦不待教而審其言之謬矣或者曰若子之言則聖賢所謂精一所謂操存所謂盡心知性存心養性所謂見其參于前而倚于衡者皆何謂哉應之曰此言之相似而不同正苗莠朱紫之閒而學者之所當辨者也夫謂人心之危者人欲之萌也道心之微者天理之奥也心則一也以正不正而異其名耳惟精惟一則居其正而審其差者也絀其異而反其同者也能如是則信執其中而無過不及之偏矣非以道爲一心人爲一心而又有一心以精一之也夫謂操而存者非以彼操此而存之也舍而亡者非以彼舍此而亡之也心而自操則亡者存舍而不操則存者亡耳然其操之也

亦曰不使旦晝之所爲得以梏亡其仁義之良心云爾非塊然兀坐以守其炯然不用之知覺而謂之操存也若盡心云者則格物窮理廓然貫通而有以極夫心之所具之理也存心云者則敬以直內義以方外若前所謂精一操存之道也故盡其心而可以知性知天以其體之不蔽而有以究夫理之自然也存心而可以養性事天以其體之不失而有以順夫理之自然也是豈以心盡心以心存心如兩物之相持而不相舍哉若參前倚衡之云者則爲忠信篤敬而發也蓋曰忠信篤敬不忘乎心則無所適而不見其在是云爾亦非有以見夫心之謂也且身在此而心參于前身在輿而心倚于衡是果何理也邪大抵聖人之學本心以窮理而順理以應物如身使臂如臂使指其道夷而通其居廣而安其理實而行自然釋氏之學以心求心以心使心如口齕口如目視目其機危而迫其途險而塞其理虛而其勢逆蓋其言雖有若相似者而其實之不同蓋如此也然非夫審思明辨之君子其亦孰能無惑于斯邪

仁說

天地以生物爲心者也而人物之生又各得夫天地之心以爲心者也故語心之德雖其總攝貫通無所不備然一言以蔽之則曰仁而

已矣請試詳之蓋天地之心其德有四曰元亨利貞而元無不統其運行焉則爲春夏秋冬之序而春生之氣無所不通故人之爲心其德亦有四曰仁義禮智而仁無不包其發用焉則爲愛恭宜別之情而惻隱之心無所不貫故論天地之心者則曰乾元坤元則四德之體用不待悉數而足論人心之妙者則曰仁人心也則四德之體用亦不待徧舉而該蓋仁之爲道乃天地生物之心即物而在情之未發而此體已具情之既發而其用不窮誠能體而存之則衆善之源百行之本莫不在是此孔門之教所以必使學者汲汲于求仁也其言有曰克己復禮爲仁言能克去己私復乎天理則此心之體無不在而此心之用無不行也又曰居處恭執事敬與人忠則亦所以存此心也又曰事親孝事兄弟及物恕則亦所以行此心也又曰求仁得仁則以讓國而逃諫伐而餓爲能不失乎此心也又曰殺身成仁則以欲甚于生惡甚于死而能不害乎此心也此心何心也在天地則坱然生物之心在人則溫然愛人利物之心包四德而貫四端者也或曰若子之言則程子所謂愛情仁性不可以愛爲仁者非歟曰不然程子之所謂以愛之發而名仁者也吾之所論以愛之理而名仁者也蓋所謂情性者雖其分域之不同然其脈絡之通各有攸屬

者則曷嘗判然離絕而不相管哉吾方病夫學者誦程子之言而不求其意遂至于判然離愛而言仁故特論此以發明其遺意而子顧以爲異乎程子之說不亦誤哉或曰程氏之徒言仁多矣蓋有謂愛非仁而以萬物與我爲一爲仁之體者矣亦有謂愛非仁而以心有知覺釋仁之名者矣今子之言若是然則彼皆非歟曰彼謂物我爲一者可以見仁之無不愛矣而非仁之所以爲體之眞也彼謂心有知覺者可以見仁之包乎智矣而非仁之所以得名之實也觀孔子答子貢博施濟衆之問與程子所謂覺不可以訓仁者則可見矣子尙安得復以此而論仁哉抑泛言同體者使人含糊昏緩而無警切之功其弊或至于認物爲己者有之矣專言知覺者使人張皇迫躁而無沈潛之味其弊或至于認欲爲理者有之矣一忘一助二者蓋胥失之而知覺之云者于聖門所示樂山能守之氣象尤不相似子尙安得以此而論仁哉因幷記其語作仁說

百家謹案浙本誤以南軒先生仁說爲先生仁說而以先生仁說爲序今正之

語要

問理在氣中發見處如何曰如陰陽五行錯綜不失條緒便是理若

氣不結聚時理亦無所附著

或問理在先氣在後曰理與氣本無先後之可言但推上去時卻如理在先氣在後相似

姜定庵曰畢竟理從氣而見說不得理在先

太極自是涵動靜之理卻不可以動靜分體用蓋靜卽太極之體也動卽太極之用也

太極之有動靜是天命之流行也或疑靜處如何流行曰惟是一動一靜所以流行如秋冬之時謂之不流行可乎若謂不能流行何以謂之靜而生陰也觀生之一字可見

陰陽只是一氣陽之退便是陽之生不是陽退了又別有箇陰生陰陽只是一氣陰氣流行卽爲陽陽氣凝聚卽爲陰非直有二物相對也

梓材謹案此條梨洲錄自文集答楊元範書

天地始初混沌未分時想只有水火二者水之滓腳便成地今登高而望羣山皆爲波浪之狀便是水泛如此只不知因甚麼事凝了初間極輭後來方凝得硬問想得如潮水湧起沙相似曰然水之極濁便成地火之極清便成風霆雷電日星之屬

問自開闢以來至今未萬年不知已前如何曰已前亦須如此一番明白來又問天地會壞否曰不會壞只是相將人無道極了便一齊打合混沌一番人物都盡又重新起

方渾淪未判陰陽之氣混合幽暗及其既分中間放得開闊光朗而兩儀始立邵康節以十二萬九千六百年爲一元則是十二萬九千六百之前又是一箇大闔闢更以上亦復如此直是動靜無端陰陽無始小者大之影只晝夜便可見五峯所謂一氣太息震蕩無垠海宇變動山勃川湮人物消盡舊迹大滅是謂鴻荒之世嘗見高山有螺蚌殼或生石中此石卽舊日之土螺蚌卽水中之物下者卻變而爲高柔者卻變而爲剛此事思之至深有可驗者

天明則日月不明天無明夜半黑淬淬地天之正色

道夫言向者先生教思量天地有心無心近思之竊謂天地無心仁便是天地生物之心若使其有心必有思慮有營爲天地曷嘗有思慮來然其所以四時行百物生者蓋以其合當如此便如此不待思維此所以爲天地之道曰如此則易所謂復其見天地之心正大而天地之情可見又如何如所說祇說得他無心處爾若果無心則須牛生出馬桃樹上發李花他又卻自定程子曰以主宰謂之帝以性

子謂之乾他這名義自定心便是他箇主宰處所謂天地以生物爲心中閒欽夫以爲某不合如此說某謂天地別無句當只是以生物爲心一元之氣運轉流通略無停閒只是生出許多萬物而已問程子謂天地無心而成化聖人有心而無爲曰這是說天地無心處且如四時行百物生天地何所容心至于聖人則順理而已復何爲哉所以明道云天地之常以其心普萬物而無心聖人之常以其情順萬事而無情說得最好問普萬物莫是以心周徧而無私否曰天地以此心普及萬物人得之遂爲人之心物得之遂爲物之心草木禽獸接著遂爲草木禽獸之心只是一箇天地之心爾今須要知得他有心處又要見得他無心處只恁定說不得

天地初閒只是陰陽之氣這一箇氣運行磨來磨去磨得急了便拶許多渣滓裏面無處出便結成箇地在中央氣之清者便爲天爲日月爲星辰只在外常周環運轉地便在中央不動不是在下

姜定庵曰磨得急了急字未安易久字如何

問鬼神便是精氣魂魄如何曰然且就這一身看自會笑語有許多聰明知識這是如何得恁地虛空之中忽然有風有雨忽然有雷有電這是如何得恁地這都是陰陽相感都是鬼神看得到這裏見得

到一身只是箇軀殼在這裏內外無非天地陰陽之氣所以夜來說道天地之塞吾其體天地之帥吾其性思量來只是一箇道理又云如魚之在水外面水便是肚裏面水鱖魚肚裏水與鯉魚肚裏水一般仁父問魂魄如何是陰陽曰魂如火魄如水

先儒言口鼻之噓吸爲魂耳目之聰明爲魄也只說得大槪卻更有箇母子這便是坎離水火煖氣便是魂冷氣便是魄魂便是氣之神魄便是精之神會思量計度底便是魂會記當去底便是魄又曰見于目而明耳而聽者是魄之用老氏云載營魄營是晶熒之義魄是一箇晶光堅凝物事釋氏之地水火風其說云人之死也風火先散則不能爲祟蓋魂先散而魄尚存只是消磨未盡少閒自塌了若地水先散而風火尚遲則能爲祟蓋魂氣尚存爾又曰無魂則魄不能以自存今人多思慮役役魂都與魄相離了老氏便只要守得相合所謂致虛極守靜篤全然守在這裏不得動又曰專氣致柔不是守字卻是專字便只是專在此全不放出氣便細若放些子出便粗了也

陰陽之始交天一生水物生始化曰魄既生魄煖者爲魂先有魄而後有魂故魄爲主爲幹

人生初間是先有氣既成形是魄在先形既生矣神知發矣既有形後方有精神知覺子產曰人生始化曰魄既生魄陽曰魂數句說得好

動者魂也靜者魄也動靜二字括盡魂魄凡能運用作爲皆魂也魄則不能也今人之所以能運用都是魂使之爾魂若去魄則不能也月之黑暈便是魄其光者乃日加之光爾他本無光也所以說哉生魄旁死魄莊子曰日火外影金水內影此便是魂魄之說

或問口鼻呼吸者爲魂耳目之聰明爲魄曰精氣爲物魂乃精氣中無形迹底淮南子云魂者陽之神魄者陰之神釋氏四大之說亦是竊見這意思人之一身皮肉之類皆屬地涕唾之類皆屬水煖氣運動爲風地水陰也火風陽也

或問氣之出入者爲魂耳目之聰明爲魄然則魄中復有魂魂中復有魄邪曰精氣周流充滿于一身之中噓吸聰明及其發而易見者爾然既周流充滿于一身之中則鼻之知臭口之知味非魄乎耳目之中皆有煖氣非魂乎推之徧體莫不皆然佛書論四大處似亦祖述此意問先生嘗言體魄自是二物然則魂氣亦爲兩物邪曰將魂氣細推之亦有精粗但其爲精粗也甚微非若體魄之懸殊爾問以

目言之目之輪體也睛之明魄也耳則何如曰竅即體也聰即魄也
又問月魄之魄豈只指其光而言之而其輪則體邪曰月不可以體
言只有魂魄爾月魄即其全體而光處乃其魂之發也
魂屬木魄屬金所以說三魂七魄是金木之數也
梨洲破邪論論魂魄篇曰或問醫家言心藏神脾藏意肝藏魂肺
藏魄腎藏精與志信乎曰非也此以五行相配多爲名目其實人
止有魂魄二者而已禮記曰魂者陽之盛也魄者陰之盛也延陵
季子之葬子曰骨肉歸復于土命也若魂氣則無不之也不言魄
者已葬故不及魄易曰精氣爲物游魂爲變所謂精氣即魄也神
與意與志皆魂之所爲也魂魄如何分別曰昭昭靈靈者是魂運
動作爲者是魄魄依形而立魂無形可見故虎死眼光入地掘之
有物如石謂之虎威自縊之人其下亦有如石者猶星隕如石皆
魄也凡戰場之燐火陰雨之哭聲一切爲厲者皆魄之爲也魂無
與焉譬之于燭其炷是形其燄是魄其光明是魂子產曰人生始
化曰魄旣生魄陽曰魂是人之生先有魄而後有魂也及其死也
有魂先去而魄尚存者今巫祝家死後避哀之說是也有魄已落
而魂尚未去者如楚穆王弒成王謚之曰靈不瞑曰成乃瞑中行

穆子死而視不可含是也然則釋氏投胎之說有之乎曰有之而不盡然也史傳如羊叔子識環之事甚多故不可謂之無或者稟得氣厚或者培養功深或專心致志透過生死凶暴之徒性與人殊投入異類亦或有之此在億兆分之中有此一分其餘皆隨氣而散散有遲速總之不能留也釋氏執其一端以概萬理以爲無始以來此魂常聚輪迴六道展轉無已若是則盛衰消息聚散有無成虧之理一切可以抹卻矣試觀天下之人尸居餘氣精神憒憒卽其生時魂已欲散焉能死後而復聚乎且六合之內種類不同似人非人地氣隔絕禽蟲之中牛象蟣蝨大小懸殊有魄無魂何所憑以爲輪迴乎然則儒者謂聖賢凡愚無有不散之氣同歸于盡者然乎否也曰亦非也吾謂有聚必散者爲愚凡而言也聖賢之精神長留天地寧有散理先儒言何曾見堯舜做鬼來決其必散堯舜之鬼綱維天地豈待其現形人世而後謂之鬼乎文王陟降在帝左右豈無是事而詩人億度言之邪周公之金縢傳說之箕尾明以告人凡後世之志士仁人其過化之地必有所存之神猶能以仁風篤烈拔下民之塌葺固非依草附木之精魂可以誣也死而不亡豈不信乎或疑普天之下無有不祭其祖先者而

謂凡愚之魂盡散乃虛拘乎曰凡愚之魂散矣而有子孫者便是他未盡之氣儒者謂子孫盡其誠意感他魂之來格亦非也他何曾有魂在天地間其魂卽在子孫思慕之中此以後天追合先天然亦甚難故必三日齊七日戒陰厭陽厭又立一尸以生氣迎之庶幾其一綫之氣若非孝子孝孫則亦同一散盡也

鬼神只是氣屈伸往來者氣也天地間無非氣人之氣與天地之氣常相接無間斷人自不見人心纔動必達于氣便與這屈伸往來者相感通如卜筮之類是皆心自有此物只說你心上事纔動必應也

問伊川言鬼神造化之迹此豈亦造化之迹乎曰皆是也若論正理則似樹上忽生出花葉此便是造化之迹又如空中忽然有雷霆風雨皆是也但人所常見故不之怪忽聞鬼嘯鬼火之屬則便以爲怪不知此亦造化之迹但不是正理故爲怪異如家語云山之怪曰夔魍魎水之怪曰龍罔象土之怪曰羵羊皆是氣之雜糅乖戾所生亦非理之所無也專以爲無則不可如冬寒夏熱此理之正也有時忽然夏寒冬熱豈可謂無此理但既非理之常便謂之怪孔子所以不語學者亦未須理會也

死而氣散泯然無迹者是其常道理恁地有託生者是偶然聚得氣

不散又怎生去湊著那生氣便再生然非其常也伊川云左傳伯有之爲厲又別是一理言非死生之常理也

問伯有之事別是一理如何曰是別是一理人之所以病而終盡則其氣散矣或遭刑或忽然而死者氣猶聚而未散然亦終于一散釋道所以自私其身者便死時亦只是留其身不得終是不甘心死銜冤憤者亦然故其氣皆不散浦城山中有一道人常在山中燒丹後因一日出神乃祝其人云七日不返時可燒我未滿七日其人焚之後其道人歸叫罵取身亦能于壁間寫字但墨較淡不久又無嘗見張天覺有一事亦然鄧隱峯一事亦然其人只管討身隱峯曰說底是甚麼其人悟謝之而去

用之問先生答廖子晦書云氣之已散者既化而無有矣而根于理而日生者則固浩然而無窮也故上蔡謂我之精神即祖考之精神蓋謂此也根于理而日生者浩然而窮此是說天地氣化之氣否曰此氣只一般周禮所謂天神地示人鬼雖有三樣其實只一般若說有子孫底引得他氣來則不成無子孫底他氣便絕無了他血氣雖不流傳他那箇亦是浩然日生無窮如禮書諸侯因國之祭祭其國之無主後者如齊太公封于齊便用祭甚爽鳩氏季萴逢伯陵蒲姑

氏之屬蓋他先主此國來禮合祭他然聖人制禮惟繼其國者則合祭之非在其國者便不當祭便是理合如此道理合如此便有此氣如衞侯夢康叔云相奪予享蓋衞侯都帝邱夏后相亦都帝邱則都其國自合當祭不祭宜其如此又如晉侯夢黃熊入寢門以爲鯀之神亦是此類不成說有子孫底方有感格之理便使其無子孫其氣亦未嘗亡也如今祭句芒他更是遠然既合當祭他便有此氣要之通天地人只是這一氣所以說洋洋然如在其上如在其左右虛空偪塞無非此理自要人看得活難以言曉也所以明道答人鬼神之問云要與賢說無何故聖人卻說有要與賢說有賢又來問某討說只說到這裏要人自看得孔子曰未能事人焉能事鬼而今且去理會緊要道理少閒看得道理通時自然曉得上蔡所說已是殺分曉了

問鬼神之義來教云只是上蔡祖宗精神便是自家精神一句則可見其苗脈矣必大嘗讀太極圖義有云人物之始以氣化而生者也氣聚成形則形交氣感遂以形化而人物生生變化無窮是知人物在天地閒其生生不窮者固理也其聚而生散而死者則氣也有是理則有是氣氣聚于此則其理亦命于此今所謂氣者既已化而無

有矣則所謂理者抑于何而寓邪然吾之此身卽祖考之遺體祖考之所具以爲祖考者蓋于我而未嘗亡也是其魂升魄降雖已化而無有然理之根于彼者既無止息氣之具于我者復無間斷吾能致精竭誠以求之此氣既純一而無所雜則此理自昭著而不可揜此其苗脈之較然可覩者也上蔡云三日齊七日戒求諸陰陽上下只是要集自家精神蓋我之精神卽祖考之精神在我者既集卽是祖考之來格也然古人于祭祀必立之尸其義精甚蓋又是因祖考遺體以凝聚祖考之氣氣與質合則其散者庶幾復聚此教之至也故曰神不歆非類民不祀非族曰所喻鬼神之說甚精密大抵人之氣傳于子孫猶木之氣傳于實也此實之傳不泯則其生木雖枯毀無餘而氣之在此者猶自若也

梓材謹案此條錄自文集答吳伯豐書

問鬼神恐有兩樣天地之間二氣氤氳無非鬼神祭祀交感是以有感有人死爲鬼祭祀交感是以有感無曰是所以道天神人鬼神便是氣之伸此是常在底鬼便是氣之屈此是已散了底然以精神去合他又合得在問不交感時常在否曰若不感而常有則是有餒鬼矣

論萬物之一原則理同而氣異觀萬物之異體則氣猶相近而理絕不同或問理同而氣異此一句是說方才付與萬物之初以其天命流行只是一般故理同以其二五之氣有清濁純駁故氣異下句是就萬物已得之後說以其雖有清濁之不同而同此二五之氣故氣相近以其昏明開塞之甚遠故理絕不同中庸是論其方付之初集註是看其已得之後曰氣相近如知寒煖識饑飽好生惡死趨利避害人與物都一般理不同如蜂蟻之君臣只是他義上有一點子明虎狼之父子只是他仁上有一點子明其他更推不去恰似鏡子其他處都暗了中閒只有一點子明大凡物事稟得一邊重便占了其他的如慈愛之人少斷制斷制之人多殘忍蓋仁多便遮了那義義多便遮了那仁問所以婦人臨事多怕亦是氣偏了曰婦人之仁只流從愛上去底

梓材謹案梨洲原本此下有一條移入呂范諸儒學案藍田傳後

問枯槁之物亦有性是如何曰枯槁之物謂之無生意則可謂之無生理則不可如朽木無所用止可付之爨竈是無生意矣然燒甚麼木則是甚麼氣亦各不同這是理元如此且如大黃附子亦是枯槁

然大黃不可爲附子附子不可爲大黃一草一木皆天地和平之氣問動物有知植物無知何也曰動物有血氣故能知植物雖不可言知然一般生意亦可默見若戕賊之便枯悴不復悅澤亦似有知者嘗觀一般花樹朝日照曜之時欣欣向榮有這生意皮包不住自迸出來若枯枝老葉便覺憔悴蓋氣行已過也問此處見得仁意否曰只看戕賊之便彫悴亦是義底意思

百家謹案泰西人分人物三等人爲萬物之首有靈魂動物能食色有覺魂草木無知有生魂頗諦當

或問氣稟有清濁不同曰氣稟之殊其類不一非但清濁二字而已今人有聰明事事曉者其氣清矣而所爲未必皆中于理是其氣不醇也有謹厚忠信者其氣醇矣而所知未必皆達于理則是其氣不清也推此求之可見

性者心之理情者心之動才便是那情之會恁地者情與才絶相近但情是遇物而發路陌曲折恁地去底才是那會如此底要之千頭萬緒皆是從心上來

又問如此則才與心之用相類曰才是心之力是有氣力去做底心是管攝主宰者此心之所以爲大也心譬水也性水之理也性所以

立乎水之靜情所以行乎水之動欲則水之流而至于濫也才者水之氣力所以能流者然其流有急有緩則是才之不同伊川謂性稟于天才稟于氣是也

動靜眞僞善惡皆對而言之是世之所謂動靜眞僞善惡非性之所謂動靜眞僞善惡也惟求靜于未始有動之先而性之靜可見矣求眞于未始有僞之先而性之眞可見矣求善于未始有惡之先而性之善可見矣

又曰天下之理無異道也天下之人無異性也性惟其不可見孟子始以善形之惟能自性而觀則其故可求苟自善而觀則理一而見二

問心是知覺性是理心與理如何得貫通爲一曰不須去著貫通本來貫通如何本來貫通曰理無心則無著處

所見者心之理能覺者氣之靈

梓材謹案此下有發明心字曰一言以蔽之至仁則生矣三十八字蓋梨洲案語然與後問覺是人之本心條心字以下複刪之

知覺從君臣父子處便是道心

有道理底人心便是道心饑欲食渴欲飲者人心也得飲食之正者道心也須是一心只在道上少間那人心自降伏得不見了人心與道心爲一恰似無了那人心相似只是要得道心純一道心都發見在那人心上

問形體之動與心相關否曰豈不相關自是心使他動曰喜怒哀樂未發之前形體亦有運動耳目亦有視聽此是心已發抑未發曰喜怒哀樂未發又是一般然視聽言動亦是心向那裏若形體之行動心都不知便是心不在行動都沒理會了說甚未發未發不是漠然全不省亦常醒在這裏不恁地困心無間于已發未發徹頭徹尾都是那處截做已發未發如放僻邪侈此心亦在不可謂非心

問人心形而上下如何曰如肺肝五臟之心卻是實有一物若今學者所論操舍存亡之心則自是神明不測故五臟之心受病則可用藥補之這箇心則非菖蒲茯苓所可補也問如此則心之理乃是形而上否曰心比性則微有迹比氣則自然又靈

問先生嘗言心不是這一塊義剛竊謂滿體皆心也此特其樞紐爾曰不然此非心也乃心之神明升降之舍人有病心者乃其舍不寧也凡五臟皆然心豈無運用須常在軀殼之內譬如此建陽縣知縣須

常在衙裏始管得這一縣也義剛曰然則程子言心要在腔子裏謂當在舍之內而不當在舍之外邪曰不必如此若言心不可在脚上又不可在手上只得在這些子上也

性猶太極也心猶陰陽也太極只在陰陽之中非能離陰陽也然至論太極自是太極陰陽自是陰陽惟性與心亦然所謂一而二二而一也

心主宰之謂也動靜皆主宰非是靜時無所用及至動時方有主宰也言主宰則混然體統自在其中心統攝性情非儱侗與性情爲一物而不分別也

問意是心之運用處是發處曰運用是發了問情亦是發處何以別曰情是性之發情是發出恁地意是主張要恁地如愛那物是情所以去愛那物是意情如舟車意如人去使那舟車一般

未動而能動者理也未動而欲動者意也

心之所之謂之志日之所之謂之時志字從之從心時字從之從日如日在午時在寅時制字之義由此志是心之所之一直去底意又是志之經營往來底是那志底脚凡營爲謀度往來皆意也所以橫渠云志公而意私

百家謹案意如好好色如惡惡臭見其直遂不可揜故曰誠若經營往來是好色有不好惡臭有不惡之意矣所患不誠者謂其欺也欺則謂人不己知而可己欺也究之揜不善而著善亦知人有不可欺故揜之又謂人能己欺故著之總是知不致故不誠耳不誠意謂不著實去正心上用故曰欲誠其意者先致其知橫渠志公而意私似未安

問知與思于人身最緊要曰然二者也只是一事知如手相似思是交這手去做事也思所以用夫知也

性只是理情是流去運用處心之知覺卽所以具此理而行此情者也具此理而覺其爲是非者非心也此處分別只在毫釐之間精以察之乃可見爾

心性理拈著一箇則都貫串惟觀其所指處輕重如何養心莫善于寡欲雖有不存焉者寡矣存雖指理言然心自在其中操則存此存雖指心言然理自在其中

公不可謂之仁但公而無私便是仁敬不可謂之中但敬而無失便是中

無私以間之則公公則仁譬如水若些子礙便成兩截須是打併了

障塞便滔滔流去
心之德是統言愛之理是就仁義禮智上分說如義便是宜之理禮便是別之理智便是知之理但會得愛之理便理會得心之德又曰愛雖是情愛之理是仁也仁者愛之理愛者仁之事仁者愛之體愛者仁之用愛是箇動物事仁是箇靜物事理便是性緣裏面有這愛之理所以發出來無不愛程子曰心如穀種其生之性乃仁也生之性便是愛之理
因舉天地萬物同體之意極問其理曰須是近裏著身推究未干天地萬物事也須知所謂心之德者即程先生所謂穀種之說愛之理者則正爲仁是未發之愛愛是已發之仁爾只以此意推之不須外邊添入道理若于此處認得仁字即不妨與天地萬物同體若不會得便將天地萬物同體爲仁卻轉無交涉矣孔門之教說許多仁卻未曾有定說出蓋此理真是難言若立下一箇定說便該括不盡且直于自家身分上體究久之自然通達程子謂四德之元猶五常之仁偏言則一事專言則包四者須是統看仁如何卻包得數者又卻分看義禮智如何亦謂之仁大抵于仁上見得盡須知發于剛果處亦是仁發于辭遜是非亦是仁且款曲研究識盡全體正猶觀山所

謂橫看成嶺直看成峯若自家見他不盡初謂只是一嶺及少時又見一峯出來便是未曾盡見全山到底無定據也

以生字說仁生自是上一節事當求天地生我底意而今須要自體認得試自看一箇物堅硬如頑石成甚物事此便是不仁藹乎若春陽之溫盎乎若醴酒之醇此是形容仁底意思

或問存得此心便是仁曰且要存得此心不爲私欲所勝遇事每每著精神照管不可隨物流去須要緊緊守著若常存得此心應事接物雖不中不遠思慮紛擾于中都是不能存此心此心不存合視處也不知視合聽處也不知聽或問莫在于敬否曰敬非別是一事常喚醒此心便是人每日只鶻鶻突突過了心都不曾收拾得在裏面又曰仁雖是有剛直意畢竟本是箇溫和之物但出來發用時有許多般須得是非辭遜斷制三者方成仁之事及至事定三者各退仁仍舊溫和緣是他本性如此人但見有是非節文斷制卻謂是仁之本意則非也春本溫和故能生物所以說仁爲春

仁義互爲體用動靜仁之體本靜而其用則流行不窮義之體本動而其體則各止其所

先生答叔重疑問曰仁體剛而用柔義體柔而用剛廣請曰自太極

之動言之則仁爲剛而義爲柔自一物中陰陽言之則仁之用柔義
之用剛曰也是如此仁便有箇流動發越之義然其用則慈柔義便
有箇商量從宜之義然其用則決裂尋常人施恩惠底心便發得易
當刑殺時此心便疑可見仁屬陽屬剛義屬陰屬柔直卿云只將收
斂二字看便見喜則舒怒則斂

禮者仁之發智者義之藏且以人之資質言之溫厚者多謙遜通曉
者多刻剝

義之嚴肅卽是仁底收斂

仁禮屬陽屬健義智屬陰屬順問義則截然有定分有收斂底意思
自是屬陰順不知智如何解曰智更是截然更是收斂如知得是知
得非知得便了更無作用不似仁義禮三者有作用智只是知得了
便交付惻隱羞惡辭遜三者他那箇更收斂得快

問仁是天地之生氣義禮智又于其中分別然其初只是生氣故爲
全體曰然問肅殺之氣亦只是生氣曰不是二物只是收斂春夏秋
冬亦只是一氣又曰若曉得此理便見得克己復禮私欲盡去便純
是溫和沖粹之氣乃天地生物之心其餘人所以未仁者只是中心
未有此氣象問向聞先生語吾學者五行不是相生合下有時都有

如何曰此難說然會得底便自然不相悖喚做一齊有也得喚做相生也得便雖不是相生他氣亦自相灌注如人五臟固不曾有先後但其灌時自有次序久之又曰仁字如人釀酒酒方微發時便是義到得成酒後卻只與水一般便是智又如一日之閒早閒天氣清明便是仁午閒極熱時便是禮晚下漸涼便是義夜半全然收斂無些形迹時便是智只如此看甚分明

天理之渾然既謂之理則便是箇有條理底名字故其中所謂仁義禮智四者合下便各有一箇道理不相混雜以其未發莫見端緒不可以一理名是以謂之渾然非是渾然裏面都無分別而仁義禮智卻是後來旋次生出四件有形有狀之物也須知天理只是仁義禮智之總名仁義禮智便是天理之件數

性是太極渾然之體本不可以名字言但其中含具萬理而綱領之大者有四故命之曰仁義禮智孔門未嘗備言至孟子而始備言之者蓋孔子時性善之理素明雖不詳著其條而說自具至孟子時異端鑫起往往以性爲不善孟子思有以明之于是別而言之蓋四端之未發也雖寂然不動而其中自有條理自有閒架不是儱侗都無一物所以外邊纔感中閒便應如赤子入井之事感則仁之理便應

而惻隱之心于是乎形如過朝過廟之事感則禮之理便應而恭敬之心于是乎形蓋由其中衆理渾具各各分明故外邊所過隨感而應所以四端之發各有面貌之不同是以孟子析而爲四以示學者使知渾然全體之中而燦然有條若此則性之善可知矣然四端之未發也所謂渾然全體無聲臭之可言無形象之可見何以知其燦然有條如此蓋是理之可驗乃依然就他發處驗得凡物必有本根性之理雖無形而端的之發最可驗故由其惻隱所以必知其有仁由其羞惡所以必知其有義由其恭敬所以必知其有禮由其是非所以必知其有智使其本無是理于內則何以有是端于外由其有是端于外所以必知其有是理于內而不可誣也故孟子言乃若其情則可以爲善矣乃所謂善也是則孟子之言性善蓋亦溯其情而逆知之爾

梓材謹案此條錄自文集答陳器之書其全篇載木鐘學案

韓子說所以爲性者五而今之言性者皆雜佛老而言之所以不能不異在諸子中最爲近理蓋如吾儒之言則性之本體便只是仁義禮智之實如老佛之言則先有箇虛空底性後方旋生此四者出來不然亦說性是一箇虛空底物裏面包得四者今人卻爲不曾曉得

自家道理只見得他說得熟故如此不能無疑又纔見說四者爲性之體便疑實有此四塊之物磊塊其閒皆是錯看了也須知性之爲體不離此四者而四者又非有形象方所可撮可摩也但于渾然一理之中識得箇意思情狀有界限而實非有牆壁遮攔分別處也然此處極難言故孟子亦只于發處言之如言四端又言乃若其情則可以爲善之類是以發處教人識取不是本體中元來有此如何用處發得此物出來但體無著莫處故只可用處看便省力爾

梓材謹案此條錄自文集答林德久書

仁只是一箇理理舉著便無欠缺但如言著仁則都在仁上言著誠則都在誠上言著忠恕則都在忠恕上言著忠信則都在忠信上只爲只是這箇道理自然血脈貫通體是這箇道理用是他用處如耳聽目視自然如此理也開眼看物著耳聽聲便是用江西人說箇虛空底體涉事物便喚做用

書不記熟讀可記義不精細思可精惟有志不立直是無著力處只如而今貪利祿而不貪道義要作貴人而不要作好人皆是志不立之病直須反復思量究見病痛起處勇猛奮躍不復作此等人一躍躍出見得聖賢所說千言萬語都無一事不是實語方始立得此志

就此積累工夫迤邐向上去大有事在

梓材謹案此條錄自文集滄洲精舍又諭學者

直須抖擻精神莫要昏鈍如救火治病然豈可悠悠歲月

學者只是不爲己故日閒此心安頓在義理上時少安頓在閒事上時多于義理卻生于閒事卻熟

學者須是熟熟時一喚便在目前不熟時須著旋思索到思索得來意思已不如初了

學問須是大進一番方始有益若能于一處大處攻得破見那許多零碎只是這一箇道理方是快活然零碎底非是不當理會但大處攻不破縱零碎理會得些少終不快活曾點漆雕開已見大意只緣他大處看得分曉今且道他那大底是甚物事天下只有一箇道理學只要理會得這一箇道理這裏纔通則天理人欲義利公私善惡之辨莫不皆通

或問氣質之偏如何救得曰纔說偏了又著一箇物事去救他偏越見不平正了越討頭不見要緊只是看教大底道理分明偏處自見得如暗室求物把火來便照見若只管去摸索費盡心力只是摸索不見若見得大底道理分明有病痛處也自會變移不自知不消得

費力

爲學必須于平日氣稟姿質上驗之如滯固者疏通顧慮者坦蕩智巧者易直苟未如此轉變要是未得力爾須要公平觀理而撤戸牖之小嚴敬持身而戒防範之踰周密而非發于避就精察而不安于小成此病痛皆所素共點檢者爾

理義無窮才知有限非全放下終難湊泊然放下正自非易事也

今學者之病所患在于未有灑然冰解凍釋處縱有力持守不過只是苟免顯然尤悔而已似此皆不足道也

聖人與理爲一是恰好其他以心處這理卻是未熟要將此心處理有一分心向裏得一分力有兩分心向裏得兩分力世閒萬事須臾變滅皆不足置胸中惟有窮理修身爲究竟法爾

爲學當以存主爲先而致知力行亦不可以偏廢縱使己有一長未可遽恃以輕彼而長其驕吝克伐之私況其有無之實又初未可定乎凡日用閒知此一病而欲去之則卽此欲去之心便是能去之藥但當堅守常自警覺不可妄意推求必欲舍此拙法而別求妙解

知得如此是病卻便不如此是藥若更問何由得如此則是騎驢覓驢只是一場閒話矣騎驢覓驢傳燈錄云參禪有二病一是騎驢覓

驢一是騎驢不肯下此病皆是難醫若解下方喚作道人又云不解
卽心是佛真是騎驢覓驢
爲學大要只在求放心此心泛濫無所收拾將甚處做管轄處其他
用功總閒漫須先就自心上立得定決不雜則自然光明四達照用
有餘凡謂是非善惡亦不難辨況天理人欲決不兩立須得全在天
理上行方見人欲消盡義之與利不待分辨而明至若所謂利者凡
有分毫求自利便處皆是便與克去不待顯著方謂之利此心須令
純純只在一處不可令有外事參雜遇事而發合道理處便與果決
行去勿顧慮若臨事見義方便遲疑則又非也仍須勤勤把將做事
不可俄頃放寬日日時時如此便須見驗人之精神習久自成大凡
人心若勤緊收拾莫令寬縱逐物安有不得其正者若真箇提得緊
雖半月見驗可也
今于日用閒空閒時收得此心在這裏截然這便是喜怒哀樂未發
之中便是渾然天理事物之來隨其是非便自見得分曉是底便是
天理非底便是逆天理常常恁地收拾得這心在便如執權衡以度
物人若要洗刷舊習都淨了卻去理會此道理若無是理只是收放
心把持在這裏便須有箇真心發見從此便去窮理

問靜中常用涵養曰說得有病一動一靜無時不養學者工夫且去翦截那浮泛底思慮學者常用提省此心使如日之升則羣邪自息他本是光明廣大自家則著些子力去提省照管他便了不要苦著力則反不是

以敬爲主則內外肅然不忘不助而心自存不知以敬爲心而欲存心則不免將一箇心把捉一箇心外面未有一事時裏面已有三頭兩緒不勝其擾也就使實能把捉得住只此已是大病況未必真能把捉得住乎

人心纔覺時便在孟子說求放心求字已是遲了

或謂人心紛擾時難把持曰真箇是難把持不能得久又被事物及閑思慮引將去孟子牛山之木一章最要看操之則存舍之則亡或又謂把持不能久勝物欲不去曰這箇不干別人事雖是難亦是自著力把持常惺惺不要放倒覺得物欲來便著緊不要隨他去這箇須是自家理會若說把持不得勝他不去是自壞了更說甚爲仁由己而由人乎哉又曰把心不定喜怒憂懼四者皆足以動心問心不能自把捉否曰自是如此蓋心便能把捉自家自家卻如何把捉得他惟有以義理涵養爾

問學者于已發處用功此卻不枉費心曰存養于未發之前則可求中于未發之前則不可然則未發之前固有平日存養之功矣不必待已發然後用功也問涵養于未發之初令不善之念全消則易爲力若發後則難制曰聖賢之論正要就發處制惟子思說喜怒哀樂未發之謂中孔子教人多從發處說未發時固當涵養不成發後便都不管或云這處最難因舉橫渠戰退之說曰此亦不難只要明得一箇善惡每日遇事須體認見得是善從而保養自然不肯走在惡上去

問心思擾擾曰程先生曰嚴威整肅則心便一一則自無匪僻之干只纔整頓起處便是天理別無天理但常常整頓處思慮自一此心此性人皆有之所以不識者物欲昏之爾欲識此本根亦須合下且識得箇持養工夫次第而加功焉方始見得見得之後又不舍其持養之功方始守得蓋初不曾外來只持養得便自著見但見窮理工夫互相發爾

人心中大段惡念卻易制伏最是那不大段計利害乍往乍來底念慮相續不斷難爲驅除

人固有終身爲善而自欺者不特外面有心中欲爲善而常有箇不

肯底意思便是自欺也須是打疊得盡蓋意誠而后心正過得這一關後方可進

有箇天理便有箇人欲蓋緣這箇天理有箇安頓處才安頓得不恰好便有人欲出來天理人欲分數有多少天理本多人欲也便是天理裏面做出來雖是人欲人欲中自有天理問莫不是本來全是天理否曰人生都是天理人欲都是後來沒把鼻生底人只箇天理人欲此勝則彼退彼勝則此退無中立不進退之理凡人不進便退也譬如劉項相拒于滎陽成皋閒彼進得一步則此退一步此進一步則彼退一步初學者只要牢劄定腳與他捱捱到一毫去則逐旋捱將去此心莫退終須有勝時勝時甚氣象人只是此一心今日是明日非不是將不是底換了是底今日不好明日好不是將好底換了不好底只此一心便看天理人欲之消長何如爾以至千載之前千載之後與天地相爲終始只此一心學者須是革盡人欲復盡天理方始是學又曰天理人欲此長彼必短此短彼必長未知學問此心渾爲人欲既知學問天理自然發見而人欲漸漸消去者固是好矣然克得一層又有一層大者固不可有而纖微者尤要密察

問五峯所謂天理人欲同行異情莫非這裏要分別否曰同行異情

只如渴飲饑食等事在聖賢無非天理在小人無非人欲所謂同行異情者如此此事若不曾尋著本領只是說得他名義而已矣說得名義儘分曉畢竟無與我事須就自家身上實見得私欲錮蔽時如何天理發見時如何其閒正有好用工夫處蓋天理在人亙古今而不泯隨甚如何蔽錮而天理常自若無時不是私意中發出但人不自覺正如明珠大貝混雜砂礫中零星逐時出來但只于這箇道理發見處當下認取打合零星漸成片段到得自家好底意思日長月益則天理自然純固向之所謂私欲者自然消磨退散久之不復萌動矣若專務克治私欲而不能充長善端則吾心與所謂私欲者日相鬭敵縱一時安伏得下又當復作矣初不道隔去私欲後別尋一箇道理主執而行才如是又只是自家私意只如一件事見得如此爲是如此爲非便從是處行將去誤了一事必須知悔只這知悔處便是天理孟子說牛山之木既曰若此其濯濯也又曰萌櫱生焉既曰旦晝梏亡又曰夜氣所存如說求放心心既放了如何又求得只爲這些道理根于一性者渾然至善故發于日用者多是善底道理只要人自識得雖至惡人亦只患他頑然不知省悟若心裏稍知不穩便從這裏改過亦豈不可做好人孟子曰人之所以異于禽獸者

幾希庶民去之君子存之去只是去這些子存只是存得這些子學者所當深察也

問父母之于子有無窮憐愛欲其聽明欲其成立此之謂誠心也曰父母愛其子正也愛之無窮而必欲其如此則邪矣此天理人欲之閒正當決審

要知天之與我者只如孟子說無惻隱之心非人也無羞惡之心非人也無是非之心非人也無辭讓之心非人也今人非無惻隱羞惡是非辭讓發見處只是不省察若于日用閒誠省察此四端者分明迸攢出來就此便操存涵養將去便是下手處只為從前不省察了此端纔見又被物欲汩了所以秉彝不可泯滅處雖在而終不能光明正大如其本然古人瞽史誦詩之類是規戒警悔之意有時不然便被他恁地詑自是使人住不著大抵學問須是警省今說求放心吾輩卻要得此心主宰得定方賴此做事業如中庸說天命之謂性即此心也率性之謂道亦此心也修道之謂教亦此心也以至于致中和贊化育亦只此心也致知即心致也格物即心格也克己即心克也非禮勿視聽言動勿與不勿只爭毫髮地爾所以明道說聖賢千言萬語只是欲人將已放之心收拾入身來自能尋向上去今且

須就心上做得主定方驗得聖賢之言有歸著自然有契如中庸所謂尊德性致廣大極高明蓋此心本自如此廣大但爲物欲隔塞故其廣大有虧本是高明但爲物欲係累故于高明有蔽若能常自省察警覺則高明廣大者常自若非有所損益之也其道問學盡精微道中庸等工夫皆自此做儘有商量也若此心上工夫則不待商量睹當卽今見得如此則更無閑時行時坐時讀書時應事接物時皆有著力處大抵只要見得收之甚易而不難也文字講說得行而意味未深者正要本原上加功須是持敬以靜爲主此意須要于不做工夫時頻頻體察久而自熟但是著實自做工夫不干別人事爲仁由己而由人乎哉此語的當更看有何病痛知有此病必去其病此便是療之之藥如覺言語多便用簡默意思疏闊更加細密覺得輕浮淺易便須深沈厚重程先生所謂矯輕警惰蓋如此人有此心便知有此身人昏昧不知有此心便如人困睡不知有此身人雖困睡得人喚覺則此身自在心亦如此方其昏蔽得人警覺則此心便在這裏覺者工夫只在喚醒上問人放縱時自去收斂便是喚醒否曰放縱只爲昏昧之故能喚醒則自不昏昧則自不放縱矣心只是一箇心非是以一箇心治一箇心所謂存所謂收只是喚醒心不專靜

純一故思慮不精明便要養此心令虛明專靜使道理從裏面流出便好問何以能如此莫只在靜坐否曰自去點檢且一日閒試看此幾箇時在內幾箇時在外小說中載趙公以黑白豆記善惡念之起此是古人做工夫處如此點檢則自見矣李先生嘗云人之念慮若是于顯然過惡萌動此却易見易除却怕于近似閒底事爆起來纏繞思念將去不能除此尤害事某向來亦是如此

問凡人之心不存則亡而無不存不亡之時故一息之頃不加提省之力則淪亡而不自覺天下之事不是則非而無不是不非之處故一事之微不加精察之功則陷于惡而不自知近見如此不知如何曰道理固是如此然初學亦能便如此也

問人之手動足履須還是都覺得始得看來不是處都是心不在後錯過了曰須是見得他合當是恁地

問立則見其參于前在輿則見其倚于衡只是熟後自然見得否也曰也只是隨處見得那忠信篤敬是合當如此又問近見敬齋箴中云擇地而蹈折旋蟻封遂如行步時要步步覺得他移動要之無此道理只是常常提撕曰這病痛須一一識得方得且如事父母方在那奉養時又自著注腳解說道這箇是孝如事長方在那順承時又

自著注脚解說道這箇是弟便是兩箇了問只是如事父母當勞苦有倦心之際卻須自省覺說這箇是當然曰是如此或曰每常處事或思慮之發覺得發之正者心常安其不正者心常不安然義理不足以勝私欲之心少閒安者卻容忍不安者卻依舊被私欲牽將去及至事過又卻悔悔時依舊是本心發處否曰然只那安不安處便是本心之德孔子曰志士仁人無求生以害仁有殺身以成仁求生如何便害仁殺身如何便成仁只是箇安與不安而已又曰不待接事時方流入于私欲只那未接物時此心已自流了須是未接物時也常剔抉此心教他分明少閒接事便不至于流上蔡解爲人謀而不忠云爲人謀而忠非特臨事而謀至于平居靜慮所思以處人者一有不盡則非忠矣此雖于本文說得來太過然卻如此今人未到爲人謀時方不忠只平居靜慮閒思念時便自懷一箇利便于己將不好處推與人之心矣須自于此處常常照管得分明方得

問覺是人之本心不容泯沒故乘閒發見之時直是昭著不與物雜于此而自識則本心之體卽得其眞矣上蔡謂人須自識其眞心竊恐謂此然此恐亦隨在而有蓋此心或昭著燕閒靜一之時如孟子言平旦之氣或發見于事物感動之際如孟子言人乍見孺子將入

井皆有怵惕惻隱之心或求文字而怡然有得如程伊川先生所謂有讀論語了後其中得一兩句喜者或索之講論而恍然有悟如夷子聞孟子極論一本之說遂憮然為閒而受命凡此恐皆是覺處若素未有覺之前但以為己有是心而求以存之恐昏隔在此不知實為何物必至覺時方始識其所以為心者既嘗識之則恐不肯甘心以其虛靈不昧之體迷溺于卑汚苟賤之中此所以汲汲求明益不能已而其心路已開亦自有可進步處與夫茫然未識旨趣者大不侔矣故某嘗竊疑覺為大學小學相承之機不知是否曰所論甚精但覺似少渾厚之意心字一言以蔽之曰生而已天地之大德曰生人受天地之氣而生故此心必仁仁則生矣

梓材謹案此下有與劉平甫書一條移入劉胡諸儒學案分作兩條

一之問存養多用靜否曰不必然孔子卻都就用處教人做工夫今雖說主靜然亦非棄物事以求靜既為人自然用事君親交朋友撫妻子御童僕不成捐棄了只閉門靜坐事物之來且曰候我存養又不可只茫茫隨他事物中走二者須有箇思量倒斷始得頃之復曰動時靜便在這裏動時也有靜順理而應則雖動亦靜也故曰知止

而后有定定而后能靜事物之來若不順理而應則雖塊然不交于物以求靜心亦不能得靜惟動時能順理則無事時能靜靜時能存則動時得力須是動時也做工夫靜時也做工夫兩莫相靠使工夫無閒斷始得若無閒斷靜時固靜動時心亦不動動亦靜也若無工夫則動時固動靜時雖欲求靜亦不可得而靜靜亦動也動靜如船之在水潮至則動潮退則止有事則動無事則靜一云事來則動事過則靜如潮頭高船也高潮頭下船也下雖然動靜無端亦無截然爲動爲靜之理如人之氣吸則靜噓則動又問答之際答則動也止則靜矣凡事皆然且如涵養致知亦何所始但學者須是截從一處做去程子謂學莫先于致知是知在先又曰未有致知而不在敬者則敬也在先從此推去只管恁地

梓材謹案此下有李伯誠條移入滄洲諸儒學案

靜中動起念時動中靜是物各付物

或問而今看道理不出只是心不虛靜否曰也是不曾去看會看底就看自虛靜這箇互相發

主敬存養雖說必有事焉然未有思慮作爲亦靜而已所謂靜者固非枯木死灰之謂而所謂必有事者亦豈求中之謂哉

梓材謹案此條錄自文集答何叔京書

問伯羽如何用功曰且學靜坐痛抑思慮曰痛抑也不得只是放退可也若全閉眼而坐卻有思慮矣又言也不可全無思慮但要無邪思爾問某尋常覺得資質昏愚但持敬則此心虛靜覺得好若敬心稍不存則裏面固是昏雜而發于事亦兀突所以專于敬而無失上用功曰這裏未消說敬與不敬在蓋敬是第二節事而今把來夾雜說則鶻突了愈難理會且只要識得那一是一二是二便是虛靜也要識得這物事不虛靜也要識得這物事如未識這物事則所謂虛靜亦是黑底虛靜不是白底虛靜而今須是要打破那黑底虛靜換做箇白底虛靜則八窗玲瓏無不融通不然則守定那裏底虛靜終身黑淬地莫之通曉也問每日暇時略靜坐以養心但覺意自然紛起要靜越不靜曰程子謂心自是活底物事如何窒定教他不思只是不可胡亂思才著箇要靜底意思便添了多少思慮且不要恁地拘迫他須自有寧息時又曰要靜便是先獲便是助長便是正

或問延平先生靜坐之說如何曰這事難說靜坐便理會道理自不妨只是既要靜坐則不可理會得道理明透自然是靜今人都是討靜坐以省事則不可蓋心下熱鬧如何看得道理出須是靜方看得

出所謂靜坐只是打疊心下無事則道理始出道理既出則心愈明靜矣

問人之思慮有正有邪若是大段邪僻之思都容易制惟是許多頭無端頭面不緊要底思慮不知何以制之曰此亦無他只是覺得不當思量底則莫要思量便從覺下做工夫久久純熟自然無此等思慮矣譬如人坐不定者兩脚常要行但纔要行時便自省覺不要行久久純熟亦自然不要行而坐得定矣前輩有欲澄治思慮者于坐處置兩器每起一善念則投一粒白豆于器中每起一惡念則投一粒黑豆于器中初時黑豆多白豆少後來白豆多黑豆少到後來遂不復有黑豆最後則雖白豆亦無之矣然此只是箇死法若更加以讀書窮理底工夫則去那般不正底思慮何難之有又如人喜做不要緊事如寫字作詩之屬初時念念要做更遏禁不得若能將聖賢言語來玩味見得義理分曉則漸漸覺得此重彼輕久久不知不覺自然剝落消隕去何必橫生一念要得別尋一捷徑盡去了意見然後能如此此皆是不耐煩去修治他一箇身心了作此見解譬如人做官則當致誠去做職業卻不耐煩去做須要尋箇倖門去鑽道鑽得這裏透時便可以超躐將去今欲去意見者皆是這箇心學者但

當就意見上分真妄存其真者去其妄者而已若不問真妄盡欲除之所以游游蕩蕩虛度光陰都無下工夫處因舉中庸曰喜怒哀樂未發謂之中發而皆中節謂之和中也者天下之大本和也者天下之達道致中和天地位焉萬物育焉只如喜怒哀樂也皆人之所不能無者如何要去得只是要發而中節爾所謂致中如孟子之求放心與存心養性是也所謂致和如孟子論平旦之氣與充廣其仁義之心是也今卻不耐煩去做這樣工夫只管要捷徑去意見只恐所謂去意見者正未免爲意見也聖人教人如一條大路平平正正自此直去可以到聖賢地位只是要人做得徹做得徹時也不大驚小怪只是私意剝落淨盡純是天理融明爾又曰興于詩立于禮成于樂聖人做出這一件物事來使學者聞之自然歡喜情願上這一條路去四方八面攛掇他去這路上行又曰所謂致中者非但自在中而已纔有些子偏倚便不可須是常在那中心十字上立方是致中譬如射雖射中紅心然在紅心邊側亦未當須是正當紅心之中乃爲中也輔廣云此非常存戒謹恐懼底工夫不可曰固是只是箇戒謹恐懼便是工夫又曰博我以文約我以禮聖門教人只此兩事須是互相發明約禮工夫深則博文底工夫愈明博文工夫至則約禮

底工夫愈密
或問先生人事之煩曰大凡事只得耐煩做將去方起厭心便不得
或問理會應變處曰今且當理會常未要理會變常底許多道理未能理會得盡如何便要理會變聖賢說話許多道理平鋪在那裏且要闊著心胸平去看通透後自能應變不是硬捉定一物便要討常便要討變今也須如僧家行腳接四方之賢士察四方之事情覽山川之形勢觀古今興亡治亂得失之迹這道理方見得周徧士而懷居不足以爲士矣不是塊然守定這物事在一室閉戶獨坐便了便可以爲聖賢自古無不曉事情底聖賢亦無不通變底聖賢亦無關門獨坐底聖賢聖賢無所不通無所不能那箇事理會不得如中庸天下國家有九經便要理會許多物事如武王訪箕子陳洪範自身之貌言視聽思極至于天人之際以人事則有八政以天時則有五紀稽之于卜筮驗之于庶徵無所不備如周禮一部書載周公許多經國制度便有國家當自家做只是古聖賢許多規模大體也要識蓋這道理無所不該無所不在且如禮樂射御書數許多周旋升降文章品節之繁豈有妙道精義在只是也要理會理會得熟時道理便在面上又如律歷刑法天文地理軍旅官職之類都要理會雖未

能洞究其精微然也要識箇規模大概道理方浹洽通透若只守箇些子捉定在這裏把許多都做閑事便都無事了如此只理會得門內事門外事便了不得所以聖賢教人要博約須是博學之審問之愼思之明辨之篤行之子曰我非生而知之者好古敏以求之者也文武之道布在方策在人賢者識其大者不賢者識其小者夫子焉不學而亦何常師之有聖人雖是生知然也事事理會過無一之不講這道理不是只就一件事上理會見得便了學時無所不學理會時卻是逐一件上理會去凡事雖未理會得詳密亦有箇大要處縱詳密處未曉得而大要處已被自家見了今只就一線上窺見天理只恁地了便要去通那萬事不知如何通得萃百物然後觀化工之神聚衆材然後知作室之用于一事一義上欲窺見聖人之用心非上智不能也須開心胸去理會天理大所包得亦大且如五常之教自家而言只有箇父子兄弟夫婦才出外便有朋友朋友之中事已殺多及身有一官君臣之分便定這裏面又殺多事多事都合講過他人未做工夫底亦不敢向他說如吾友于己分上已自見得若不說與公又可惜了他人于己分上不曾見得泛而觀萬事固是不得而今已有箇本領卻只捉定這些子便了也不得如今只道是持敬

收拾人心日用要合道理無差失此固是好然出應天下事應這事得時應那事又不得學之大本中庸大學已說盡了大學首說格物致知爲甚要格物致知便是要無所不格無所不知物格知至方能意誠心正身修推而至于家齊國治天下平自然滔滔去都無障礙

梓材謹案此下有一條移入南軒學案

熹舊時亦要無所不學禪道文章楚辭詩兵法事事要學一日忽思之曰且慢我只一箇渾身如何兼得許多自此逐時去了學者須是主一上做工夫若無主一工夫則所講底義理無安著處都不是自家物事工夫到時纔主一便覺意思好卓然精神不然便散漫消索了沒意思做工夫只自脚下便做將去固不免有散緩時但纔覺便收斂將來漸漸做去但得收斂時節多散緩之時少便是長進處故孟子說學問之道無他求其放心而已所謂求放心者非是別去求箇心存著只纔覺放心便在此孟子又曰雞犬放則知求之心放則不知求某嘗謂雞犬猶在外面纔放了須去外面捉將來若是自家心更不用別求纔覺便在這裏雞犬放猶有求不得時自家心則無求不得之理

梓材謹案此條末有因言橫渠說做工夫至說得來大段精切

八十六字移入橫渠學案

聖人言語當初未曾關聚如說出門如見大賓使民如承大祭等類皆是敬之目到程子始關聚說出一箇敬來教人然敬有甚物只如畏字相似不是塊然兀坐耳無聞目無見全不省事之謂只收斂身心整齊純一不恁地放縱便是敬

孔子之所謂克己復禮中庸所謂致中和尊德性道問學大學所謂明明德書曰人心惟危道心惟微惟精惟一允執厥中聖人千言萬語只是教人存天理滅人欲人性本明如寶珠沈溷水中明不可見去了溷水則寶珠依舊自明自家若知得是人欲蔽了便是明處只是這上便緊緊著力主定一面格物今日格一物明日格一物正如游兵攻圍拔守人欲自銷鑠去所以程先生說敬字只謂我自有一箇明底物事在這裏把箇敬字抵敵常常存箇敬在這裏則人欲自然來不得夫子曰爲仁由己而由人乎哉緊要處正在這裏

聖賢言語大約似乎不同然未始不貫只如夫子言非禮勿視聽言動出門如見大賓使民如承大祭言忠信行篤敬這是一副當說話到孟子又卻說求放心存心養性大學則又有所謂格物致知正心誠意至程先生又專一發明一箇敬字若只恁地看似乎參錯不齊

千頭萬緒其實只一理道夫曰泛泛于文字閒秖覺得異實下功則貫通之理始見曰然只就一處下工夫則餘者皆兼攝在裏聖賢之道如一室然雖門戶不同自一處行來便入得但恐不下工夫爾

因歎敬字工夫之妙聖賢之所以成始成終者皆由此故曰修己以敬下面安人安百姓皆由于此只緣子路問不置故聖人復以此答之只是箇修己以敬則其事皆了或曰自秦漢以來諸儒皆不識這敬字直至程子方說得親切學者知所用力曰程子說得如此親切了近世程沙隨猶非之以爲聖賢無單獨說敬字時只是敬親敬君敬長方著箇敬字全不成說話聖人說修己以敬曰敬而無失曰聖敬日躋何嘗不單獨說來若說有君有親有長時用敬則無君無親無長之時將不敬乎

敬之一字學者若能實用其力則雖程子兩言之訓猶爲賸語如其不然則言愈多心愈雜而所以病夫敬者益深矣當使截斷嚴整之時多膠膠擾擾之時少方好

敬不是萬慮休置之謂只是隨事專一謹畏不放逸爾非專是閉目靜坐耳無聞目無見不接事物然後爲敬整齊收斂這身心不敢放縱便是敬嘗謂敬字似甚字卻似箇畏字

周先生只說一者無欲也然這話頭高卒急難湊泊尋常人如何便得無欲故伊川只說箇敬字教人只就這敬字上捱去庶幾執捉得定有箇下手處縱不得亦不至失要之皆只要人于此心上見得分明自然有得爾然今之言敬者乃皆裝點外事不知直截于心上求功遂覺累墜不快活不若眼下于求放心處有功則尤省力也但此事甚易只如此提醒莫令昏昧一二日便可見效且易而省力只在念不念之閒爾何難而不為

敬卽是此心自做主宰處

問下學與上達固相對是兩事然下學卻當大段多著工夫曰聖賢教人多說下學事少說上達事說下學工夫要多也好但只理會下學又局促了須事事理會過來也要知箇貫通處不去理會下學只理會上達卽都無事可做恐孤單枯燥程先生云但是自然更無玩索既是自然便卻無可理會了譬如耕田須是種下種子便去耘耡灌溉然後到那熟處而今只想像那熟處卻不曾下得種子如何會熟

問為學道理日用閒做工夫所以要步步縝密者蓋緣天理流行日用之閒千頭萬緒無所不在故不容有所欠缺便于天理湊得著曰

也是如此理只在事物之中做工夫須是密然亦須就那疏處斂向密又就那密處展放開若只拘要那縝密處又卻局促了問放開樣子如何曰亦只是見得天理是如此人欲是如此便做將去或云無時不戒謹恐懼則天理無時而不流行有時而不戒謹恐懼則天理有時而不流行此語如何曰不如此也不得然也不須將戒謹恐懼說得太重不是恁地驚恐只是常常提撕認得這物事常常存得不失今人只見他說此四箇字重便作臨事驚恐看了如臨深淵如履薄冰曾子也只是認這道理常常恁地把捉去不成便恁地驚恐學問只是要此心常存若不用戒謹恐懼而此理常流通者惟天地與聖人不勉而中不思而得從容中道亦只是此心常存理常明故能如此賢人所以異于聖人衆人所以異于賢人亦只爭這些子境界存與不存而已嘗謂人無有極則處便是堯舜周孔不成說我是從容中道不要去戒謹恐懼那工夫亦自未嘗得息

持養之久則氣漸和氣和則温裕婉順望之者意消忿解而無招咈取怒之患矣體察之久則理漸明理明則諷導詳款聽之者心喻慮移而無起爭見卻之患矣更須參觀物理深察人情體之以身揆之以時則無偏蔽之失也持養察識之功要當並進更當于事事物物

試驗學力若有窒礙齟齬即深求病源所在而鋤去之

問持其志無暴其氣古人在車聞鸞和行則有佩玉凡此皆所以無暴其氣今人既無此不知何如而爲無暴曰此人多動作多笑語做力所不及底事皆是暴其氣今學者須事事節約莫教過當此便是養氣之道也

問夜氣平旦之氣曰這一段其所以主卻在心熹嘗謂只有程先生夜氣之所存者良知也良能也諸家解註惟此說爲當

梨洲師說曰平旦之氣即是良心不是良心發見于此氣也又曰孟子言良心何不指其降衷之體言之而形容平旦之氣似落于迹象不知此即流行之命也知此即爲知命猶之太虛何處不是生意然不落土則生機散漫無所收拾佛氏以虛無爲體正坐不知命

梓材謹案此下有洪慶將歸一條移入滄洲諸儒學案

學者須是培養今不做培養工夫如何窮得理程子言動容貌整思慮則自生敬敬只是主一也存此則自然天理明又曰整齊嚴肅則心便一一則自無匪僻之干此意但涵養久之則天理自然明今不會做得此工夫胸中膠擾駁雜如何窮得理一如他人不讀書是不

肯去窮理又無持敬工夫從陸子靜學如楊敬仲輩持守得亦好若肯去窮理須窮得分明然他不肯讀書只任一己私見有似箇稊稗今若不做培養工夫便是五穀不熟又不如稊稗也

人也有靜坐無思念底時節也有思量道理底時節豈可畫爲兩途說靜坐時與讀書時工夫迥然不同當靜坐涵養時正要體察思繹道理只此便是涵養不是說喚醒提撕將道理去卻那邪思妄念只自家思量道理時自然邪念不作言忠信行篤敬立則見其參于前在輿則見其倚于衡只是見這忠信篤敬在眼前自然邪念無自而入非是要存這忠信篤敬去除那不忠不敬底心今人之病正在其靜坐讀書時二者工夫不一所以差

惺惺乃心不昏昧之謂只此便是敬心若昏昧燭理不明雖強把捉豈得爲敬

日用之閒隨時隨處提撕此心勿令放逸而于其中隨事觀理講求思索沈潛反復庶于聖賢之教漸有默相契處則自然見得天道性命真不外乎此身而吾之所謂學者舍是無有別用力處

學固不在乎讀書然不讀書則義理無由明要之無事不要理會無書不要讀若不讀這一件書便缺了這一件道理不理會這一件事

一 珍倣宋版印

便缺了這一件道理要他底須著些精彩方得然泛泛做又不得故程先生教人以敬爲本然後心定理明孔子言出門如見大賓使民如承大祭也是散說要人敬但敬便是關聚底道理

嘗愛古人說得學有緝熙于光明此句最好蓋心地本自光明只被利欲昏了今所以爲學者要令其光明處轉光明所以下緝熙字心地光明則此事有此理此物有此理自然見得且如人心何嘗不光明見他人做得是便道是做得不是便知不是何嘗不光明然只是才明便昏了又有一種人自謂光明而事事物物原不曾照見似此光明亦不濟得事

大學是聖門最初用功處格物又是大學最初用功處然格物是夢覺關格得來是覺格不得只是夢誠意是善惡關誠得來是善誠不得只是惡過得此二關上面工夫卻一節易如一節了到得平天下處尚有些工夫只爲天下闊須著如此點檢

學者讀書須是于無味處當致思焉至于羣疑並興寢食俱廢乃能驟進因歎驟進二字最下得好須是如此若進得些子或進或退若存若亡不濟事如用兵相殺爭得些兒小可一二十里地也不濟事須大殺一番方是善勝爲學之要亦是如此

讀書始讀未知有疑其次則漸漸有疑中則節節是疑過了這一番後疑漸漸解以至融會貫通都無所疑方始是學

學者要看義理須是胸次放開磊落明快恁地去第一不可先責效才責效便有憂愁底意思只管如此胸中便結聚一餅子不散今且放置閑事不要閑思量只專心去玩味義理便會心精心精便會熟

讀書須是有精力至之曰亦須是聰明曰雖是聰明亦須是靜方運得精神昔見延平說羅先生解春秋也淺不似胡文定後來隨人入廣在羅浮山住三兩年去那裏心靜須看得較透某初疑春秋干心靜甚事後來方曉蓋靜則心虛道理方看得出

看書與日用工夫皆要放開心胸令其平易廣闊方可徐徐旋看道理浸灌培養切忌合下便立己意把捉得太緊了卽氣象急迫田地狹隘無處著工夫也今人觀書先自立了意後方觀書牽古人言語入做自家意思中來如此則是推廣得自家意思如何得見古人意思須是虛此心將古人言語放前面看他意思倒殺向何處去如此玩心方可得古人意有長進處且如孟子說詩要以意逆志是爲得之逆者等待之謂也如前途等待一人未來時且須耐心等將來自有來時候他未來其心急切又要進前尋來卻不是以意逆志卻是

以意捉志也如此只是牽古人言語入做自家意思中來終無進益讀書理會道理只是將勤苦捱將去不解得不成文王猶勤而況寡德乎今世上有一般議論成就後生懶惰如云不敢輕議前輩不敢妄立論之類皆中怠惰者之意前輩固不敢妄議然論其行事之是非何害固不可鑿空立論然讀書有疑有所見自不容不立論其不立論者只是讀書不到疑處爾將諸家說相比並以求其是便是有合辯處

經之有解所以通經經既通自無事于解借經以通乎理爾理得則無俟乎經今意思只滯在此則何時得脫然會通也且所貴乎簡者非謂欲語言之少也乃在中與不中爾若句句親切雖多何害若不親切愈少愈不達矣某嘗說讀書須細看得意思通融後都不見註解但見有正經幾箇字在方好

大抵思索義理到紛亂窒塞處須是一切掃去放教胸中空蕩蕩地了卻舉起一看便是覺得有下落處此說向見李先生曾說來今日方真實驗得如此非虛語也

問力行何如說是淺近語曰不明道理只是硬行又問何以爲淺近曰他只見聖賢所爲心下愛硬依他行這是私意不是當行若見得

道理時皆是當恁地行

梓材謹案此下有廖晉卿一條移入滄洲諸儒學案又方伯謨一條移爲附錄

人多言爲事所奪有妨講學此謂不能使船嫌江曲者也遇富貴就富貴上做工夫遇貧賤就貧賤上做工夫兵法一言最佳因其勢而利導之人謂齊人弱田忌乃因其弱以取勝又如韓信特地送許多人安于死地乃始得勝學者若有絲毫氣在必須盡力除非無了此氣這口不會說話方可休也

古人所以從事于學者其果何爲而然哉天之生斯人也則有常性人之立于天地之閒也則有常事在身有一身之事在家有一家之事在國有一國之事其事也非人之所能爲也性之所有也弗勝其事則爲弗有其性弗有其性則爲弗克若天矣克保其性而不悖其事所以順乎天也然則舍講學其能之哉凡天下之事皆人之所當爲君臣父子兄弟夫婦朋友之際人事之大者也以至于視聽言動周旋食息至纖至悉何莫非事者一事之不貫則天性之陷溺也然則講學其可不汲汲乎學所以明萬事而奉天職也雖然事有其理而著于吾心心也者萬事之宗也惟人放其良心故事失其統紀學

也者所以收其放而存其良也夏葛而冬裘饑食而渴飲理之所固有而事之所當然者凡吾于萬事皆見其若是也而後爲當其可學者求乎此而已嘗竊怪今世之學者異乎是鼓篋入學抑亦思吾所謂學者果何事乎聖人之立教者果何在乎而朝廷建學羣聚而教養者又果何爲乎嗟乎此獨未之思而已矣使其知所思則必竦然動于中而其朝夕所接君臣父子兄弟夫婦朋友之際視聽言動之間必有不得而遁者庶乎可以知入德之門矣

梓材謹案此條錄自文集

講究義理須要看得如饑食渴飲只是平常事若談高說妙便是懸空揣度去道遠矣近日學者論仁多只是要見得仁字意思縱使逼真亦終非實得看論語中聖人所言只欲人下工夫升高自下陟遐自邇循序積習自有所至存養省察固當並進存養是本工夫固不越于敬敬固主一此事惟用力者方知其難

講學不可以不精也毫釐之差則其弊有不可勝言者故夫專于攷索則有遺本溺心之患而騖于高遠則有躐等憑虛之憂二者皆其弊也考聖人之教固不越乎致知力行之端患在人不知所用力爾莫非致知也日用之閒事之所遇物之所觸思之所起以至于讀書

攷古知所用力則莫非吾格物之妙也其爲力行也豈但見于孝弟忠信之所發形于事而後行乎自息養瞬存以至于三千三百之閒皆合內外之實也行之力則知愈進知之深則行愈達

梓材謹案此條錄自文集

作事若顧利害其終未有不陷于害也古人臨事所以要回互時是一般國家大事係生死存亡之際有不可直情徑行處便要權其輕重而行之今則事事用此一向回互至于枉尺直尋而利亦可爲與是甚意思

問學者講明義理之外亦須理會時政凡事要一一講明使先有一定之說庶他日臨事不至面牆曰學者若得胸中義理明從此去量度事物自然泛應曲當人若有堯舜許多聰明自做得堯舜許多事業若要一一理會則事變無窮難以逆料隨機應變不可預定今世才人文士開口便說國家利害把筆便述時政得失終濟得甚事只是講明義理以淑人心

人最不可曉有人奉身儉嗇之甚充其操上食槁壤下飲黃泉底卻只愛官職有人奉身清苦而好色他只緣私欲不能克臨事只見這箇重都不見別箇了或曰似此等人分數勝已下底曰不得如此說

纔有病便不好更不可以分數論他只愛官職便弑父與君也敢古人尊貴奉之者愈備則其養德也愈善後之奉養備者賊之而已矣

爲血氣所使者只是客氣惟于性理說話涵泳自然臨事有別

處事須是慈祥和厚爲本如勇決剛果固不可無然用之有處所事

至于過當便是僞

學常要親細務莫令粗心問避嫌是否曰合避豈可不避如瓜田不納履李下不整冠豈可不避如君不與同姓同車與異姓同車不同服皆是合避處事有不當耐者豈可常學耐事學耐事其弊至于苟賤不廉學者須要有廉隅牆壁便可擔負得大事去如子路世閒病痛都沒了親于其身爲不善者不入此大者立也

恥有當忍者有不當忍者人須有廉恥孟子曰恥之于人大矣哉恥便是羞惡之心人有恥則能有所不爲今有一樣人不能安貧其氣錯屈以至立腳不住不知廉恥亦何所不至因舉呂舍人詩云逢人卽有求所以百事非如論語必須論富與貴是人之所欲也不以其道得之不處也貧與賤是人之所惡也不以其道得之不去也然後說君子去仁惡乎成名必先教取舍之際限界分明然後可做工夫

不然則立腳不定安能有進又云學者不干富貴貧賤上立定則是入門便差了也人之所以戚戚于貧賤汲汲于富貴只緣不見這箇道理若真見這箇道理何富貴之足羨而貧賤之足憂邪

學者常常以志士不忘溝壑爲念則道理重而計較死生之心輕矣況衣食至微末事不得亦未必死亦何用犯義犯分役心役志營營以求之邪某觀今人因不能咬菜根而至于違其本心者衆矣可不戒哉惟君子然後知義理之所必當爲與義理之所必可恃利害得失既無所入于其心而其學又足以應事物之變是以氣勇謀明無所懾憚不幸蹉跌死生以之小人之心一切反是以上梨洲原本

宗羲案涵養須用敬進學在致知此伊川正鵠也考亭守而勿失其議論雖多要不出此二言大較明道之言故欲揚之恐人滯考亭之言故欲抑之恐人蕩其用心則一也然考亭之悟畢竟在晚年陽明子爲朱子晚年定論雖或有出于早年者其大意則灼然不失也一輩學人胸無黑白不能貫通朱子之意但驚怖其河漢執朱子未定之論不敢信孔孟幷不敢信朱氏是豈朱子之所欲哉

西元二〇二一年六月一日重製一版

宋元學案 冊三

（清黃宗羲撰
全祖望補訂）

平裝六冊基本定價伍仟伍佰元正
（郵運匯費另加）

發行人：張敏君
發行處：中華書局
臺北市內湖區舊宗路二段一八一巷八號五樓（5FL., No. 8, Lane 181, JIOU-TZUNG Rd., Sec 2, NEI HU, TAIPEI, 11494, TAIWAN）
客服電話：886-8797-8396
公司傳真：886-8797-8909
匯款帳戶：華南商業銀行西湖分行
179100026931
印刷：維中科技有限公司
海瑞印刷品有限公司

No. N2044-3

國家圖書館出版品預行編目(CIP)資料

宋元學案/(清)黃宗羲撰 ; 全祖望補訂. -- 重製一
版. -- 臺北市 : 中華書局, 2021.06
冊 ; 公分
ISBN 978-986-5512-60-6(全套 : 平裝)

1.宋元哲學 2.學術思想

125 110009152